陶行知教育思想研究新视野丛书

杨冰 周红 著

张策华 主编

U1008437

# 行知美育思想研究

河海大学出版社
HOHAI UNIVERSITY PRESS
·南京·

**图书在版编目(CIP)数据**

陶行知美育思想研究 / 杨冰，周红著. -- 南京 ：
河海大学出版社，2021.10
（陶行知教育思想研究新视野丛书 / 张策华主编）
ISBN 978-7-5630-7215-6

Ⅰ. ①陶… Ⅱ. ①杨… ②周… Ⅲ. ①陶行知(
1891—1946)—美育—教育思想—文集 Ⅳ. ①G40—092.6

中国版本图书馆 CIP 数据核字(2021)第 205016 号

**书　　名**　陶行知美育思想研究
**书　　号**　ISBN 978-7-5630-7215-6
**责任编辑**　杜文渊　周　贤
**特约校对**　李　浪　杜彩平
**装帧设计**　秦永诚
**出版发行**　河海大学出版社
**地　　址**　南京市西康路 1 号(邮编:210098)
**电　　话**　(025)83737852(总编室)
　　　　　　(025)83722833(营销部)
**经　　销**　江苏省新华发行集团有限公司
**排　　版**　南京布克文化发展有限公司
**印　　刷**　南京迅驰彩色印刷有限公司
**开　　本**　718 毫米×1000 毫米　1/16
**印　　张**　13.75
**字　　数**　234 千字
**版　　次**　2021 年 10 月第 1 版
**印　　次**　2021 年 10 月第 1 次印刷
**定　　价**　49.80 元

# 序

值此纪念陶行知先生诞辰130周年之际，欣闻南京晓庄学院陶行知研究院编著的“陶行知教育思想研究新视野丛书”即将付梓面世，我谨致以学术上的热烈祝贺！

南京晓庄学院是全国知名的“师范特色”应用型高校。学校始于1927年3月由陶行知创办并任校长的晓庄试验乡村师范学校，蔡元培、陈鹤琴、赵叔愚等一批我国近代著名教育家曾于此执教。这里是中国乡村教育运动的试验场，是陶行知“生活教育”理论的发源地。2000年3月，南京师范专科学校、南京教育学院、南京晓庄师范学校合并组建成为全日制公办本科院校；2016年8月，南京幼儿高等师范学校也并入其中。建校90多年来，学校为社会培养输送了近10万名基础教育师资和社会急需的各类专门人才，其间涌现了数百名中小学特级教师和教学名师，被誉为“中小学教师的摇篮”。

研究、实践陶行知教育思想是晓庄发展的历史根基和教育传统。作为以教师教育为办学主体的地方本科高校，学校长期坚持以“大力弘扬陶行知教育思想、传承‘培养百万乡村教师’宏愿”为己任，形成了以“教学做合一”为校训、以“教人求真，学做真人”为校风的特色教育文化，建构了以培育创新意识和实践能力为目标、以“教学做合一”为特征的“以陶育人”的“晓庄模式”。学校开发了以“拜谒一次陶墓、参观一次陶馆、阅读一本陶著、观看一部陶行知影视剧、聆听一次关于陶行知的学术讲座、抒写一篇学陶师陶心得”为主要内容的系列师德教育课程，探索形成了以“坚定理想信念、厚植爱国情怀、传承大爱精神、铸造高尚师魂”为价值追求的师德教育模式。

赓续、弘扬陶行知教育思想是新时代学校事业高质量发展的重要路径。陶行知是我国近现代教育史上一位“大先生”，毛泽东称他为“伟大的人民教育家”，宋庆龄赞其为“万世师表”。习近平总书记在关于教育的许多重要论述中，多次引用陶行知的教育名言。2021年3月6日，习近平总书记在看望全国政协十三届四次会议医药卫生界、教育界委员时指出，要继承发扬老一辈教育工作者“捧着一颗心来，不带半根草去”的精神，以赤诚之心、奉献之心、仁爱之心投身于教育事业。2021 年 4 月 19 日，习近平总书记在考察清华大学时强调："教师要成为大先生，做学生为学、为事和为人的示范，促进学生成长为全面发展的人。"陶行知教育思想历久弥新，晓庄通过凝练研究方向、汇聚研究队伍、搭建研究平台等举措，进一步总结梳理新时代学陶、研陶、师陶的新经验。

今年 10 月 18 日是陶行知诞辰 130 周年纪念日。学校组织开展了以"陶行知教育思想的传承和创新"为主题的系列研讨活动，形成了诸多学术成果。陶行知研究院以纪念陶行知诞辰 130 周年为契机，以深化陶行知教育思想研究为目的，组织编著了"陶行知教育思想研究新视野丛书"。丛书包括《陶行知乡村教育思想与新时代乡村教育改革》（张济洲著）、《陶行知美育思想研究》（杨冰、周红著）、《陶行知劳动教育思想研究——"五育融合"的视角》（董美英、宁本涛著）、《陶行知德育思想新论——现代性的视域》（徐莹晖著）、《陶行知研究与生活教育新视野》（中国陶行知研究会、南京晓庄学院《生活教育》编辑部编）。创建陶行知研究特色，打造陶行知研究高地，是我校的历史责任和时代使命。面对"努力让每个孩子都能享有公平而有质量的教育"的基础教育改革目标，晓庄始终坚持将培育基础教育优质师资为重任，如何在学陶、研陶、师陶的行动研究中，拓展与形成富有时代意蕴的教师教育新理念、新经验、新模式，是我校"十四五"乃至更长时期的重要工作。陶行知研究院组织编著的"陶行知教育思想研究新视野丛书"，既是学校新时代学陶、研陶、师陶的重要成果，也是向陶行知诞辰 130 周年纪念活动的诚挚献礼。

中国特色社会主义进入了新时代，我国教育事业迎来了崭新发展阶段。面对人民群众对教育工作的新期待，面对基础教育发展对师资培养的新需求，我们务必继承陶行知艰苦办学精神，弘扬陶行知教育报国理想，深化陶行知教育思想研究，通过坚持不懈的奋斗，努力开创学术领域新境界，持续推动学校特色发展，培养造就一批批教师教育杰出人才，这是新时代晓庄人义不容辞的责任担当，愿与教育界同仁共勉。

我衷心祝愿南京晓庄学院陶行知研究院各位学者矢志不渝、接续奋战，与国内外陶研界专家多联系、多交流，在陶行知研究领域不断取得新业绩、达成新高度。

张策华

二〇二一年十月三日于南京

# 目录

CONTENTS

# 绪　论

## 第一节　美与美育

### 一、美的相关概念

人类的审美实践最早可以追溯至原始社会，包括工具、器物装饰、岩画和雕刻、舞蹈、音乐等在内的原始艺术类型，虽然其创造的初衷并不是审美，但却蕴含了人类最初的审美意识萌芽。“美不是预成的，而是伴随人类社会的生成而产生的。”在认识和改造世界的过程中，人逐渐与客观现实形成实用关系、道德关系、审美关系三种基本关系。实用关系指向求真，道德关系指向求善，审美关系指向求美。审美关系是“一定意义上超越了实用功利，是人对客观事物取关照态度而获取精神快适与情感愉悦的自由自觉、物我交融的关系”[①]。在审美关系的框架内，衍生出一系列与审美客体（对象）和审美主体（人）相关的重要课题。与审美客体相关的课题如“美是什么？”“什么是美？”，与审美主体相关的课题如“什么是美感？”“什么是审美理想？”“什么是审美境界？”，既与审美主体又与审美客体相关的课题如“什么是美育？”[②]。

历史为“美是什么”提供了诸多富有见解的答案。在中国，孔子提出过许多

① 曹廷华，许自强．美学与美育[M]．北京：高等教育出版社，1997：9．

② 曹廷华，许自强．美学与美育[M]．北京：高等教育出版社，1997：10-11．

关于美的著名论断，如“里仁为美”，“子谓《韶》：‘尽美矣，又尽善也。’谓《武》：‘尽美矣，未尽善也。’”（《论语·八佾》）。孟子认为“充实之谓美”。在西方，毕达哥拉斯学派主张“美在和谐”，柏拉图强调“美在理式”，沃尔夫认为“美在于一件事物的完善”，黑格尔倡导“美是理念的感性显现”。以休谟为代表的美学家秉持“美只存在于观赏者的心里”的观点，狄德罗等则提出“美在关系”。总之，哲学家和美学家们或从客体（物），或从主体（人），抑或是主客体关系的视角来探寻美的奥秘。但遗憾的是，对于“美是什么”，迄今为止仍无一致公认的答案①。“什么是美”相对容易解析，它关注的是主体可感知的美的具体形态，一般分为自然美、社会美、艺术美。其中，自然美是“自然事物、现象及其关系所呈现出来的美”②，社会美是“存在于社会生活各个领域的美”③，艺术美是“精神形态的艺术产品的美”④。

美感特指个体对美的欣赏活动，又称审美鉴赏、审美判断或趣味判断，“是对美的认识、欣赏与评价”，“是人接触到美的事物时所引起的一种感动，是一种赏心悦目和怡情的心理状态”⑤。审美理想是“人期待、憧憬和追求的最高最美境界，是人的社会理想、人生理想的组成部分和表现形式之一”⑥。审美理想因时代、民族和阶级而有所不同。例如，“尽善尽美”“温柔敦厚”是儒家的审美理想，体现“道”的大美是道家的审美理想，“理式世界”的永恒之美是柏拉图的审美理想，古典主义艺术的“和谐、静穆”则是黑格尔的审美理想。审美境界意指一种心灵自由的状态，处于这一状态的个体“摆脱一切强迫，感性与理性和谐交融，与社会与自然和谐交融”⑦。自古以来，美育存在美感教育、情感教育、审美观教育、审美能力教育、美学知识教育、人格教育，以及艺术教育、审美教育等不同的观点和说法。本质上，美育有狭义和广义之分。狭义的美育即“审美教育”，是以“陶冶人的情操、培养人的审美能力为目的的一种教育”；广义的美育即“美的教育”，

① 曹廷华，许自强. 美学与美育[M]. 北京：高等教育出版社，1997：10.

② 曹廷华，许自强. 美学与美育[M]. 北京：高等教育出版社，1997：79.

③ 曹廷华，许自强. 美学与美育[M]. 北京：高等教育出版社，1997：45.

④ 曹廷华，许自强. 美学与美育[M]. 北京：高等教育出版社，1997：94.

⑤ 杨辛，甘霖. 美学原理[M]. 北京：北京大学出版社，1983：305.

⑥ 朱立元. 美学大辞典[M]. 上海：上海辞书出版社，2014：68.

⑦ 孙宇刚，钟玉林，李正芳. 21世纪创新学生健康审美素质新概念（中）[M]. 通辽：内蒙古少年儿童出版社，2000：802.

是“运用美学理论和美的现象，在审美关系中实施的、以培养人爱美、审美、创美素质及能力的一种教育活动”[①]。本书对陶行知美育思想的研究，同时涉及美育的狭义和广义概念。

## 二、美育的历史回顾与当代考察

在西方，最早提出一套较为系统的美育思想的人是柏拉图，将美育提升至哲学高度加以深刻阐述的人是席勒[②]。《理想国》集中体现了柏拉图的美育理想。柏拉图始终坚持，“至高无上的艺术是治理国家的本领，政治家既是教育家又是立法者”[③]。柏拉图还认识到，健康的艺术是儿童成长过程中的养分，在理性能力成熟之前，儿童可以通过感官进入心灵世界，如此，模仿这些形式的艺术即能发挥有效作用。由于在儿童期形成的印象持久和难以磨灭，道德教育可始于让儿童接触优秀的艺术作品[④]。柏拉图成为强调美育辅德作用的先驱。1793 至 1794 年出版的《美育书简》被誉为西方第一部“美育宣言书”。在这本小册子中，席勒从完满人性的角度指出，感性冲动与理性冲动是人的天性中两种截然不同的要求，感性冲动追求将对象外化，理性冲动追求赋予外在的对象以形式。两种冲动的统一与和谐，即达到完满人性的理想境界。实现这两种冲动的和谐统一，需要借助个体后天的冲动形式——游戏冲动。游戏冲动能够帮助个体克服感性冲动与理性冲动的片面性，从而达到一种审美的状态。“如果要把人变为理性的人，唯一的途径就是先使他成为审美的人。”[⑤]帮助个体达成审美状态、成为“审美的人”的教育，即是美育。

在中国，古代的孔子等学者对美育提出了深刻见解，近代的蔡元培和王国维为美育的普及做出了毕生不懈的努力。孔子是中国美育的奠基者，在他的美育体系中，“仁”既是美育的出发点，也是美育的最终目的。关于“仁”，孔子有很多论述，包括“克己复礼，天下归仁”（《论语·颜渊》），“君子而不仁者有矣夫，未有

① 曹廷华，许自强. 美学与美育[M]. 北京：高等教育出版社，1997：15.

② 滕守尧. 审美心理描述[M]. 成都：四川人民出版社，1998：321.

③ 孙志宜，付琳. 西方美术教育史[M]. 合肥：合肥工业大学出版社，2014：20.

④ 孙志宜，付琳. 西方美术教育史[M]. 合肥：合肥工业大学出版社，2014：19.

⑤ 弗里德里希·席勒. 审美教育书简[M]. 冯至，范大灿，译. 北京：北京大学出版社，1985：77-78.

小人而仁者也"(《论语·宪问》),等等。在孔子那里,"仁"是由血缘基础、心理原则、人道主义和个体人格等因素构成的整体,其根本目标是"要求维护或恢复以血缘为基础的氏族统治体系",它突出了"原始氏族体制中所具有的民主性和人道主义"以及"个体人格的主动性和独立性"[①]。如何成人进而实现"仁",孔子提出了始于美育终于美育的成人主张。"兴于诗,立于礼,成于乐"是孔子对成人过程的高度概括。"兴于诗"意指言志的诗篇足以使人感发兴起,它是成人的起点。"立于礼"意指要认同并遵守以"礼"——由体现等级关系的典章制度、规矩等——构成的社会道德规范,这是成人的关键。"成于乐"意指要懂得乐,才是标志成人的最终完成。不论是"诗"还是"乐",必须体现"礼"才能达到成人进而协调个人和社会关系的目的。以此为准则,孔子进行了"删诗正乐"的美育实践。孔子的美育思想有着深厚的伦理性质,"使得中国美育一开始就蕴含了理性精神,并诱发了后世审美批评中的强大的道德主义倾向"[②]。与儒家美育"入世"不同的是,道家更多地强调美育在沟通作为宇宙生命本源的"道"与个体内在生命力之间的作用[③],"心斋""坐忘""天人合一"等均体现出强调人之自然性的理想。尽管道家美育思想并未在中国古代的官学中显现,"但它却滋养了古往今来众多的文人和艺术家"[④]。

在近代,由于受到西方文化思潮的影响,人们开始认识到美育对于启发民智、开化社会的重大作用。蔡元培、梁启超、王国维、鲁迅、陶行知等一批代表人物积极倡导美育。蔡元培被誉为"近代美育之父",他在西方美学思想和中国传统文化的双重影响下,提出"以美育代宗教"的主张,第一次将美育提高至国家教育方针的地位。蔡元培不仅在思想上重视美育,还将美育积极付诸教育实践,如在高校设立美学课,加强中小学艺术教育,加紧培养艺术教育专门人才等。在他的倡议和支持下,杭州、上海、北京等地陆续创立美术、音乐、戏曲等专业学校,使艺术教育突破了传统的师徒传授而走向科学,为我国现代美育奠定了基础。[⑤]"人人都有感情,而并非都有伟大而高尚的行为,这由于感情推动力的薄弱。要

① 李泽厚. 孔子再评价[J]. 中国社会科学,1980(2):77-96.

② 单世联,徐林祥. 中国美育史导论[M]. 桂林:广西教育出版社,1992:47.

③ 单世联,徐林祥. 中国美育史导论[M]. 桂林:广西教育出版社,1992:77.

④ 易晓明. 寻找失落的艺术精神——儿童艺术教育新论[D]. 南京:南京师范大学,2004:20.

⑤ 周红. 蔡元培美育思想及其对我国中小学艺术教育的启示[J]. 江苏教育学院学报(社会科学版),2006,22(5):7-9.

转弱而为强，转薄而为厚，有待于陶养。陶养的工具，为美的对象，陶养的作用，叫作美育。"(《美育与人生》)①蔡元培将美育视为情感教育，虽然其美育思想对中国教育产生了一定影响，但效果并不显著，因为其美育观同席勒一样带有空想的性质②。

中华人民共和国成立后，教育部颁布幼儿园、小学、中学暂行规定，强调学生德智体美的全面发展。改革开放后，国家在教育方针上做了系列调整。1985年，国家明确提出要使受教育者在德智体美劳五方面全面发展，确定了美育的重要地位。1999年，在第三次全国教育工作会议上，江泽民同志发表讲话指出："我们必须全面贯彻党的教育方针，坚持教育为社会主义、为人民服务，坚持教育与社会实践相结合，以提高国民素质为根本宗旨，以培养学生的创新精神和实践能力为重点，努力造就有理想、有道德、有文化、有纪律的，德育、智育、体育、美育等全面发展的社会主义事业建设者和接班人。"这一讲话精神，标志着美育被正式写入教育方针，美育在教育中的地位以法律形式得到确立③。

党的十八大以来，以习近平同志为核心的党中央高度重视美育工作。2015年，国务院办公厅印发《关于全面加强和改进学校美育工作的意见》，提出"到2020年，初步形成大中小幼美育相互衔接、课堂教学和课外活动相互结合、普及教育与专业教育相互促进、学校美育和社会家庭美育相互联系的具有中国特色的现代化美育体系"④。在2018年10月召开的全国教育大会上，习近平同志提出，"要培养德智体美劳全面发展的社会主义建设者和接班人"，"要全面加强和改进学校美育，坚持以美育人、以文化人，提高学生审美和人文素养"⑤。2019年，教育部印发《教育部关于切实加强新时代高等学校美育工作的意见》，提出将全面落实全国教育大会精神，围绕"普及艺术教育、专业艺术教育和艺术师范教

① 蔡元培．蔡元培美学文选[M]．北京：北京大学出版社，1983：220．

② 滕守尧．审美心理描述[M]．成都：四川人民出版社，1998：327．

③ 郭声健．艺术教育[M]．北京：教育科学出版社，2001：1．

④ 国务院办公厅印发《关于全面加强和改进学校美育工作的意见》[EB/OL]．(2015-09-28)[2020-12-20]．http://www.gov.cn/xinwen/2015-09/28/content_2939833.htm．

⑤ 习近平在全国教育大会上强调坚持中国特色社会主义教育发展道路 培养德智体美劳全面发展的社会主义建设者和接班人[EB/OL]．(2018-09-10)[2020-12-30]．http://www.moe.gov.cn/jyb_xwfb/s6052/moe_838/201809/t20180910_348145.html．

育"等重点领域,切实改进高校美育的薄弱现状①。2020 年 10 月,中共中央办公厅、国务院办公厅印发《关于全面加强和改进新时代学校美育工作的意见》,对深化新时代学校美育改革进行了战略部署:"到 2022 年,学校美育取得突破性进展,美育课程全面开齐开足,教育教学改革成效显著,资源配置不断优化,评价体系逐步健全,管理机制更加完善,育人成效显著增强,学生审美和人文素养明显提升。到 2035 年,基本形成全覆盖、多样化、高质量的具有中国特色的现代化学校美育体系。"②2021 年 5 月 6 日,教育部召开新闻发布会,进一步明确了推进学校美育改革的关键,具体提出三点:一是带动美育教学改革,二是改善学校美育办学条件,三是推动学校美育评价机制改革③。我们坚信,在党中央的领导下,我国的美育工作将取得突破性进展。

## 第二节 陶行知的美育人生

1891 年 10 月 18 日,陶行知出生于安徽歙县西乡黄潭源村。1908 年,进入杭州广济医学堂学习。1910 年,转入南京汇文书院,次年转入金陵大学文科。1914 年赴美留学,1915 年获硕士学位。同年入读哥伦比亚大学,攻读教育,师从教育家杜威。1917 年学成归国,先后任教于南京高等师范学校、国立东南大学。1921 年,与蔡元培等发起成立中华教育改进社,任主任干事。1927 年,陶行知放弃优厚的教授生活,开始了乡村教育运动的实践,先后创办安徽公学(1923 年)、乡村师范学校(1927 年,后改名晓庄师范学校)、山海工学团(1932 年)、中华业余实习学校(1938 年)、育才学校(1939 年)、社会大学(1946 年)。陶行知以"捧着一颗心来,不带半根草去"的赤诚探求中国特色的教育道路,被毛泽东同志誉为

---

① 落实全国教育大会精神,推进新时代高校美育工作——教育部印发《关于切实加强新时代高等学校美育工作的意见》[EB/OL]. (2019-04-11)[2020-12-20]. http://www.moe.gov.cn/jyb_xwfb/gzdt_gzdt/s5987/201904/t20190411_377509.html.

② 中共中央办公厅 国务院办公厅印发《关于全面加强和改进新时代学校体育工作的意见》和《关于全面加强和改进新时代学校美育工作的意见》[EB/OL]. (2020-10-25)[2020-12-20]. http://www.gov.cn/xinwen/2020-10/15/content_5551609.htm.

③ 教育部举行学校美育改革发展及全国第六届大学生艺术展演活动发布会[EB/OL]. (2021-05-06)[2021-06-30]. http://www.scio.gov.cn/xwfbh/gbwxwfbh/xwfbh/jyb/Document/1703388/1703388.htm.

“伟大的人民教育家”。习近平总书记多次在重要会议上提及陶行知，用他的箴言勉励全国教师，彰显出其思想鲜明的时代价值。

## 一、陶行知的教育史是一部生动的美育史

陶行知是近代教育史上倡导与实践美育的先驱之一，他既在理论上重视美育的价值，又在实践中不遗余力地推动美育的实施。在陶行知那里，美与生活紧密联系在一起。“做一桩事情，画一幅图画，写一张字，如能自慰慰人就叫作美。一顿饭烧得好，能使自家吃得愉快舒服，也能够使人家愉快舒服，岂不是一种艺术吗？”①陶行知对劳动之美、创造之美的肯定，常令人想到车尔尼雪夫斯基“美是生活”的观点。对于美育，陶行知认为，它不仅仅是情感教育，而是知情意合一的教育。“感情教育不是培养儿童脆弱的感情，而是调节并启发儿童应有的感情……在感情之调节与启发中使儿童了解其意义与方法，便同时是知的教育；使养成追求真理的感情并能努力与奉行，便同时是意志教育。”②

关于美育，陶行知赋予其独立的地位和价值。不同于蔡元培“从来没有突出美育在上述几种教育类别中的独立地位，相反却屡屡提到美育隶属德育”③，陶行知更为辩证地看待美育及其与其他教育形式的关系。1927 年创办晓庄师范时，陶行知提出“根据五种生活实施五种教育”。五种生活分别是健康的生活、劳动的生活、科学的生活、艺术的生活和社会改造的生活。与五种生活相对应的五种教育目标是“健康的体魄、农人的身手、科学的头脑、艺术的兴趣、改造社会的精神”。实现这五种教育目标的路径分别是国术、园艺、生物、戏剧和团体自治④。陶行知不仅强调美育在生活教育体系中的独立意义和价值，还将“创造真善美的活人”作为美育的目标，强调人的感性发展，同时又强调“真善美合一”，凸显了美育与其他教育形态之间的必然联系⑤。

实践中，陶行知多方推行美育。首先是大力推动学校艺术教育。在担任中

---

① 陶行知. 陶行知全集(第 2 卷)[M]. 长沙：湖南教育出版社，1985：167.

② 胡晓风. 陶行知教育文集[M]. 成都：四川教育出版社，2005：664.

③ 杜卫. 审美功利主义——中国现代美育理论研究[M]. 北京：人民出版社，2004：77.

④ 阎喜杰. 陶行知先生与审美教育[J]. 佳木斯教育学院学报，1989(3)：50-57.

⑤ 张建中. 论陶行知的生活美育理论及其当代启示[D]. 贵阳：贵州大学，2007：15.

华教育改进社主任干事期间，陶行知主张将音乐、图画、工艺等艺术课程作为主课，以此陶冶学生的情感和品德。在晓庄师范，陶行知将音乐列为正式课程，专门培养小学音乐师资。在山海工学团，陶行知一度规定每周五晚举行“同乐会”，开展音乐等娱乐活动。1935年，陶行知邀请音乐家冼星海到山海工学团艺友班任教，其他一些艺术家，如音乐家吕骥、贺绿汀、麦新、孟波等也受邀在山海工学团教授音乐和发表讲演。在专门为难童创办的育才学校，美育更是占据学校教育的核心位置。在谈及育才学校的创办宗旨时，陶行知说道：“我们要把育才办成一个诗的学校，盼望大家帮助我。我要以诗的真、善、美来办教育。我并不是要学生每个都成为诗人，那太困难了，但我却要由我们学校做起，使每个同学、先生、工友都过着诗的生活。渐渐的扩大去，使每个中国的人民、世界的人民都过着诗的生活。”[①]诗的生活，正是审美的生活。在育才学校的校歌中，陶行知写道：“真即善，真即美，真善美合一。让我们歌颂真善美的祖国，真善美的世界，真善美的人生，真善美的创造。”通过美育实践，育才学校成为“诗”的学校和“美”的学校。育才学校设立音乐、戏剧、文学、绘画、社会、自然和舞蹈七个不同的专业组，并聘请著名的艺术家担任师资。受邀担任教师的艺术家有贺绿汀(任音乐组首任主任)、陈烟桥(任绘画组首任主任)、丰子恺、叶浅予、章泯(戏剧组首任主任)、戴爱莲(舞蹈组主任)等。著名历史学家翦伯赞对育才学校的美育成效赞不绝口：“十几岁的孩子……能够自编剧本，自己导演；能够自己作曲、作歌；能够写生、速写，能够画出星宿的图谱。”[②]在陶行知的支持下，晓庄剧社、山海剧团、育才实验剧团、育才音乐演出队的活动有声有色，成为校园艺术生活的一道道靓丽风景。应该说，陶行知的艺术教育实践，既涉及非专业艺术教育(指向学生审美素养的提升)，也涉及专业艺术教育(如在育才学校发现并培养专门艺术人才)，还涉及艺术师范教育(如在晓庄师范培养音乐师资)。

陶行知重视在校园环境、各类活动以及其他教育形式中渗透美育。陶行知强调校园自然环境的美化。他曾提出，选择大学校址要考虑五方面的要素：“一要雄壮，可以令人兴奋；二要美丽，可以令人欣赏；三要阔大，可以使人胸襟开拓，度量宽宏；四富于历史，使人常能领略数千百年以来之文物，以启发他们光大国

① 陶行知. 陶行知全集(第3卷)[M]. 长沙：湖南教育出版社，1985：488.
② 安徽省陶行知教育思想研究会. 人民教育家陶行知[M]. 上海：上海教育出版社，1984：10.

粹的心思；五便于交通，使人常接触外界之思潮，以引起他们自新不已的精神。”[①]基于以上考量，陶行知将晓庄师范选址于南京市郊风景优美的劳山脚下，将育才学校的校址选在重庆合川县草街子凤凰山上的古圣寺。陶行知还带领师生共同美化校园环境，包括摘花种草、粉刷学校建筑、制作校旗校徽、创作对联警句，要求师生清洁宿舍、教室和饭堂，以朴素之美为原则注意仪容仪表等。陶行知同样非常重视在非艺术课程中渗透美育。展览会即是他践行美育思想的重要舞台之一。1928 年，在筹备晓庄师范主办的新年展览会时，陶行知提出“我们一个个活人”是最好的展览品，“自己做的仪器，自己种的农产，自己写的字，自己画的画”是展览品，“晓庄地质、晓庄昆虫、晓庄野兽、晓庄鸟雀、晓庄农产、晓庄草药”以及“学校的历史、现状与计划”都是展览品。

综合上述，在西方哲学和中国传统哲学的双重影响下，陶行知创建了生活美育的思想体系。真善美合一是陶行知美育的目的，知情意合一是其美育的本质，教学做合一是其美育的方法，充分彰显出美育的实践性、过程性、主体性和全面性[②]。陶行知以培养“真善美的活人”兴办教育，也以此要求自己。郭沫若这样评论陶行知：“陶先生是一个真善美三者俱备的‘完人’”。陶行知为探索中国教育本土化道路鞠躬尽瘁的一生，本身即是一部生动的美育教材。

## 二、陶行知美育思想的研究有待深化

陶行知的生活美育思想是其教育思想的重要组成。在其思想体系中，美育既是理论，又是必须在学校、社会中付诸行动的实践；美育既是学校教育的独立环节，又是与德育、智育、体育、劳育密切相关且相互渗透的教育形式[③]。陶行知的生活美育思想博大精深，既有对美、美育本质的探讨，也有明确的美育方法和路径。但已有研究对陶行知美育思想的探讨并不充分，这一研究现状，与陶行知美育思想应有的地位与价值明显不符。我们认为，对陶行知美育思想进行深入探讨，至少可以从三方面着手。一是从哲学和美学的视角，深化陶行知美育思想

① 陶行知. 陶行知全集(第 2 卷)[M]. 成都：四川教育出版社，1991：20-21.

② 张建中. 论陶行知的生活美育理论及其当代启示[D]. 贵阳：贵州大学，2007.

③ 周红. 陶行知美育思想研究述评[J]. 江苏师范大学学报(哲学社会科学版)，2017，43(4)：142-146.

中“美”的研究，探求其美学观与中国传统美学、西方美学的相关性。二是从美育学的视角，在中西美育发展的历史脉络中探寻陶行知美育思想与中国传统美育思想和西方美育思想(如杜威美育思想)的关联性，以及陶行知美育思想在中西美育史上的地位[1]。三是从艺术教育学的视角，从陶行知丰富多彩的艺术教育实践中梳理陶行知的艺术教育观，具体包括其非专业艺术教育观、专业艺术教育观和艺术师范教育观。

为深化陶行知生活美育思想的研究，全面揭示其美育思想的多面样态，本书用七章内容进行阐述，具体如下。第一章“陶行知的美学观”描述了陶行知的审美理想及“乐而忘忧”“大同与大不同”“过美术人生”“诗的生活”的审美境界。第二章“陶行知美学观的逻辑演进”探讨了陶行知对美的诠释及其美论的内在逻辑演进。第三章“陶行知美育观的理论体系”从历史渊源和理论渊源两条主线中，剖析了陶行知美育观的形成及其美育观的本质内涵。第四章“陶行知美育观的实践体系”从美育的内容与形式、美育的途径与方法等维度，分析了陶行知的美育实践。第五章“陶行知美育思想的时代价值”主要从美育史的视角，探究陶行知对中国和世界美育发展的贡献。第六章“建构‘五育融合’的现代学校美育体系”结合陶行知美育思想的时代性，提出架构现代学校美育体系的路径与方法。第七章“向美而生——陶行知的人格之美”从个人生活史的视角，诠释了陶行知本人即是一部生动的美育教材。我们希望借助本书的出版，向陶行知先生诞辰130周年献礼，致敬！

① 周红. 陶行知美育思想研究述评[J]. 江苏师范大学学报(哲学社会科学版)，2017，43(4)：142-146.

# 第一章 陶行知的美学观

回到陶行知的审美国度和审美世界，首先要回答陶行知的美学观问题，这是陶行知美育思想的前提和基础。陶行知是一个有着高瞻远瞩审美理想的人，关乎社会的民主共和，关乎个人的人格完善，关乎教育的终极追求，关乎精神生活和情理世界的重塑改造。陶行知也是一个有着独特审美境界和审美旨趣的人，乐而忘忧、大同与大不同、美术精神和诗的生活，构成了陶行知卓越超然的审美境界。

## 第一节 陶行知的审美理想

陶行知是有着丰盈的情理世界、真实感性的“诗人”教育家，他有着悲天悯人、乐育英才的教育情怀。陶行知的一生是短暂而伟大的，他的生命历程充满着一个中国人的爱国热情和民族情感；充满着一个公共知识分子的良知与担当；充满着一个教育者、一位人师的教育信仰；充满着对困境的诗化和对人生真善美的追寻。

陶行知的审美理想既包含社会愿景和个人愿景，又包含他作为一个教育家的教育理想，还包含教育对于人们物质世界和精神世界的润泽与滋养。陶行知的社会愿景是创造一个四通八达的民主社会，而个人愿景则是通过教育的路径创造出真善美的、和谐的、创造的、全面的健全人格。面对人们的精神困乏和贫瘠，陶行知用精神的丰盈，情感的充沛，用诗歌、音乐、艺术和生命去浸润心灵、拯救精神的贫困，进而抵达“审美的国度”。陶行知的审美理想，亦是他的人生理想、社会理想、教育理想和人格理想，他渴求着一个“要创造一个四通八达的大通世界”，一个“人人有面包吃又有水仙花看”的“大同”又“大不同”的世界。

## 一、“创造一个四通八达的社会”

陶行知的社会理想是要“创造一个四通八达的社会交与后代”。陶行知的政治理想和社会愿景是其充分吸收古今中外的民主思想的结果，一方面受中国传统“民贵君轻、民为邦本”的民本思想的濡养和孙中山三民主义的影响；另一方面受到西方各种政治学说以及民主共和观念的影响。简言之，陶行知的政治诉求就是民主共和的社会理想。

**图 1-1　1937 年秋，陶行知在墨西哥演讲**

早在 1914 年的《共和精义》中，陶行知已经表达了其民主的诉求，之后在《我的学历及终生志愿》中指出：“余今生之惟一目的在于经由教育而非经由军事革命创造一民主国家……发展和保持一真正之民主国家，因此乃惟一能够实现的正义与自由的理想之国。”[①]这说明陶行知心中的理想社会是民主社会、民主国家。所谓共和，即“惟共则固，共而能和则固。故共和也者，国民全体同心同德，戮力以襄国事，以固国本，以宁国情，使进化于无穷之主义也。”共和主义的目的是“共和主义责之全体国民，群策群力，群运群智，群负群责，以求群之进化福利”。[②] 共和重视个人价值和个人责任，给予个人平等之机会。共和政治图谋全体国民之福利，重视共和目的和责任，能得最良之领袖。所谓民主，它好比是政治的盘尼西林，真正的民主有如下内涵：“一是政治民主，即民有民治民享之政府；二是经济民主，即民生主义；三是文化民主，即教育为公；四是社会民主，即社会关系上发动的改革；五是国际民主，即大道之行，天下为公。”[③]对于具体化的民主社会，在陶行知那里，就是“创造一个四通八达的社会”，这个四通八达的社会要打通人与人之间的“横阶级”和“纵阶级”，并为后代创造一个安居乐业的社会，一个自由独立进步

① 陶行知. 陶行知全集(第 6 卷)[M]. 成都：四川教育出版社，2009：456.

② 陶行知. 陶行知全集(第 1 卷)[M]. 成都：四川教育出版社，2009：181-186.

③ 胡晓风. 陶行知教育文集[M]. 成都：四川教育出版社，2007：542.

的新中国和一个富足平等幸福的新世界。

1923年，陶行知写信给妹妹陶文渼，表达了自己回归自己的中国性和平民性，立志要为中国平民教育做一番事业，要"创造一个四通八达的社会交与后代"的宏大志愿。

渼妹[①]：

前在安庆接到家书，承嘱于修改后奉还，此事拟于到武昌后办理，一二日之内即可寄出。家中所需物品可以带京，请函冬弟购办。

知行一点钟内可以抵汉，拟于二十三日回安庆，二十四日赴芜湖。回京日期当在十二月初。

知行近日买了一件棉袄，一双布棉套裤，一顶西瓜皮帽，穿在身上，戴在头顶，觉得完全是个中国人了，并且觉得很与一般人民相近得多。

我本来是一个中国的平民。无奈十几年的学校生活，渐渐的把我向外国的贵族的方向转移。学校生活对于我的修养固有不可磨灭的益处，但是这种外国的贵族的风尚，却是很大的缺点。好在我的中国性、平民性是很丰富的，我的同事都说我是一个"最中国"的留学生。经过一番觉悟，我就像黄河决了堤，向那中国的平民的路上奔流回来了。

平民教育的宗旨是要叫种种人受平民化。一方面我们要打通层层叠叠的横阶级。如贫富、贵贱、老爷小的、太太丫头等等，素来是不通声气的，我们要把他们沟通。又一方面我们要把深沟坚垒的纵阶级打通。纵阶级的最昭著的是三教九流七十行，江南江北、浙东浙西、男男女女等等都有恶魔把他们分得太严。这种此疆彼界也非打通不可。民国九年，南京高师办第一次暑期学校的时候，胡适之、王伯秋、任鸿隽、陈衡哲、梅光迪诸先生和我几个人在地方公会园里月亮地上彼此谈论志愿，我说我要用四通八达的教育，来创造一个四通八达的社会。我这几年的事业，如开办暑期学校、提倡教职员学生之互助、提倡男女同学、服务中华教育改进社，都是实行这个目的。但是大规模的实行无过于平民教育。我深信平民教育一来，这个四通八达的社会不久要降临了。

我这一个多月来随便什么地方都去传平民教育。四天前，我到南昌监狱里去对四百个犯人演讲，我说人间也有天堂地狱。若存好的念头，心中愉快，那时

① 陶行知．陶行知全集(第8卷)[M]．成都：四川教育出版社，2009：33-34．

就在天堂；若存坏的念头，心里难过，那时就在地狱。我说到这里，忽然得到一个意思。这个意思就是天堂地狱也得要把它们打通。后来我想了一句上联送自己：“出入天堂地狱。”下联没有想出来，请你给我对起来罢！

这次在轮船上觉得很安逸。记得前年我们到牯岭去，轮船上一夜数惊。我们生在此时，有一定的使命。这使命就是运用我们全副精神，来挽回国家厄运，并创造一个可以安居乐业的社会交与后代，这是我们对于千万年来祖宗先烈的责任，也是我们对于亿万年后子子孙孙的责任。

这时我在汉口南洋宝酒楼。这是个徽州馆。我在这里吃牛肉面，吃的饱得很，只费了一角五分钱。

再过半点钟，我就要渡江到武昌去了。我现在康健快乐。敬祝你和全家康健快乐！

十二年十一月十二夜写起

十三日早晨写了

一件棉袄，一双布棉套裤，一顶西瓜皮帽，留洋归来的陶行知又回到了“最中国”的穿衣风格。这番宣言既是陶行知作为一个坚定的社会活动家、社会实践家脚踏实地的路径选择，又可以理解为，一个留洋归来的洋博士对乡土中国的回归，一个觉悟的彻底的中国人向自己中国性的回归。“我们生在此时，有一定的使命。”“他自己虽然是一个精英知识分子，但他并没有将自己看成是一个高高在上的知识所有者。他之所以采用生活教育这个词语，而不是说文化教育这个词语来表述他在晓庄的教育改革，原因之一可能就在于他感觉到文化这个词太抽象，不如生活这个词来得直接和实在。乡村居民更容易理解生活这个词，而不是文化这个词。问题的关键在于，陶行知的教育理想主要是想使社会底层的人民能够获得更美好的生活。这就是他的伟大之处——无论他是否是从精英转向了平民；无论他是一个基督徒教育家，还是一个人民教育家；无论他是信仰共产主义，还是信仰知行合一；无论他是

**图 1-2 “最中国”的留学生陶行知**

唯物主义，还是实用主义。这些身外的称号，都不会抹杀他伟大的一生。”[①]一个精英知识分子该有的责任与担当即是如此，来挽回国家厄运，创造好的社会交予后代。于是，陶行知深入人民大众之中，连同他的理念一般，只有深入人民大众之中，才能够真正引领人民大众前行、进步。这也是陶行知全身心投入中国教育实践与变革的宣言，从此，陶行知践行着他的教育“造国”梦，实现着教育改造社会的理想，“要用四通八达的教育，来创造一个四通八达的社会”。

## 二、“人人有面包吃又有水仙花看”

“生长三家村，苦守五家店。知己遍天下，终身不相见。”1930 年 2 月 1 日，陶行知曾经这样描述乡村教师的生活困境，并由此写了一篇宣言，作为《乡村教师》周刊的开篇。《乡村教师》周刊由晓庄学校中国乡村教育先锋团创刊，陶行知、操震球、方与严、胡尚志、石俊、董纯才、易铁夫 7 人组成编辑委员会，陶行知为委员会主席，方与严为总编辑，程本海为总经理。

陶行知题写发刊词《〈乡村教师〉宣言》，引用了穆罕默德的话语：

“假使你有两块面包，你得用一块去换一朵水仙花；因为面包是身体的粮食，水仙花是灵魂的粮食。”这是再好也没有的人生观。可是看一看我们这出戏里面的主角——中国的农人和乡村教师——只有一块面包！换了水仙花，肚皮就得挨饿；不换水仙花，精神又要枯萎。倒不知穆罕默德如何指示我们才好？朋友们！眼前摆着水仙花，嘴里有面包吃，这是再好也没有的生活。

既然乡村教师只有一块面包，该如何解决这一矛盾呢？陶行知的答案是，每一个人的心里都有一种力量，分散的时候，如同一点点的小雨，连渴也不能止；合起来，力大无穷。

“……可以教我们有面包吃又有水仙花看。这力量可以教农人自己从时代的车轮底下爬起来。这力量可以教农人做机器的主人，不做机器的奴隶。这力量可以扫除伪智识，推动教育革命的法轮。这力量可以打破人间的隔阂，创造一个四通八达的大通世界。这力量是一出历史剧的原动力，可以推着历史向前转动。”

① 谭斌. 文化冲突视野下的陶行知[M]. 合肥：安徽教育出版社，2011：21-22.

短短一篇文章，折射出陶行知的审美世界和审美理想。这个时候的陶行知正致力于乡村教育，试图以乡村教育为中心改变乡村，进而改变中国。陶行知认为教育的目的就是让普通民众过上“有面包吃又有水仙花看”的大通世界，而实现这一理想，则需要教育作为路径来实现。美育是文明发展的内在动力，美对人类文明所产生的积极促进作用是美育功能的最高层面，它不仅包含着以美引真的内在动力与规律，而且通过对人的综合能力的培养，为物质文明的实现提供了基础性的条件。“人人都有面包吃”即是陶行知在物质文明领域的价值诉求。“美育自身的审美价值理想、人文意向和精神品性，为精神文明建设提供了一定的价值定向和渗透作用。”[①]“人人都有水仙花看”正是指向这一价值目标，“人人都有水仙花看”的美育引领人类的精神和情感需求，促使人确立美的价值尺度和对审美理想的自觉追求，帮助人形成健康丰富的审美需求、审美趣味和审美能力，以人的精神的审美化为目的。美育的最终的目的是造就一种健全、完美的人格，为人的心理成长和精神成长提供一种内在的精神营养和文化价值。

### （一）怀揣“天下为公”的“教育造国”梦

弗洛姆指出，在西方现代社会，与物质财富的丰富形成鲜明对比的，是精神贫困化的日趋严重。日本学者也指出：“现代化的时代之波，在物质上提高了人们的生活水平，却在精神上造成了空虚和格调低下的现象。总而言之，由于‘现代化’把重点放在大量的物质生产提高效率及合理分配上，所以，物质生活虽然得到提高，但为追求物质的丰富而牺牲精神文明，出现精神生活贫困化。”面对这样的情况，陶行知选择教育的路径解决人们精神世界的匮乏。这既是实现民主共和的社会理性的路径选择，亦是陶行知教育造国的模式选择。总之，有一定的社会愿景，才会有一定教育模式的选择。

早在《共和精义》中，陶行知就指出，“教育是建设共和最要之手续，舍教育则共和之险不可避，共和之国不可建，即建亦必终归于劣败”。陶行知还指出，“教育为改良社会而设，为教育社会人才而设”，之所以选择“教育”模式实现民主共和社会，主要是因为“教育能养成共和之要素”以及“教育能巩固共和之基础”，只有通过教育才能真正实现民主。

① 杜卫.美育学概论[M].北京：高等教育出版社，2001：64.

教育救国是中国近现代史上涌现出的一种思潮，1918 年，陶行知对安徽省立第一师范学校和省立第一女子师范学校师生做了一次题为《师范生应有之观念》的讲演，陶行知指出，“教育乃最有效力之事业”。

图 1-3　陶行知演讲

其一，“教育能改良个人之天性。人之性情有善有恶，教育能使恶者变善，善者益善。即个人性情中，亦有善分子与恶分子，且善分子中亦含有恶。如爱，乃性情中之善分子也；而爱极生妒，变善为恶矣。恶分子亦含有善。如怒，乃性情中之恶分子也，然文王一怒而安天下，用恶为善矣。教育乃取恶性中之善分子，去善性中之恶分子。如开矿然，泥内含金，金内亦杂有泥。开矿者取泥内之金，去金内之泥，然后成为贵品。教育亦若是矣。”

其二，“教育能养成共和之要素。共和国有两大要素：一须有正当领袖，一须有认识正当领袖之国民。盖领袖有正当者，亦有不正当者。正当领袖，能引导国民行正当之事业；不正当领袖，能诱致国民行不正当之事业。故又必须养成能认识正当领袖之国民，领袖正当则从之，领袖不正当则去之。由是，正当领袖之势力日张，而不正当领袖之势力日蹙。所以教育能巩固共和之基础也。”

其三，“教育能传播非遗传的文化。人之言语非生而知之者，必由渐习而后能。然亦只能说一国之语，如中国人只能说中国语，而不能言德、美、俄、日等国之语。如欲能言德、美、俄、日等国之语，必由专习而后能。推而言之，世界文化无虑千万，皆父母所不能遗传者，而教育能一一灌输之。鄙人谓教育能造文化，则能造人；能造人，则能造国。今人皆云教育能救国，但救国一语，似觉国家已经破坏，从而补救，不如改为造国。造一件得一件，造十件得十件，以至千百万件，莫不皆然。贫者可以造福，弱者可以造强。若云救国，则如补西扯东，医疮剜肉，暂虽得策，终非至计。若云教育造国，则精神中自有趣味生焉，盖教育为乐观的而非悲观的也。”

其四，“教育为最有可为之事。古今名人莫不由研究教育而出。如达尔文、杜威、威尔诺刻等，皆由研究教育而出者也。但须有决心，有坚志，则成事何难？惟此尚是第二事。我等第一要知：人是人，我是我。天既生我，则必与我以一种为人所乐能为之能力。不然，既有他何必有我！天既生孔子，万事皆孔子所能为，则又何必生我而为古人之附属物？由此观之，则我等当自立，当自强，为我之所能为，不随人学步，庶不负天生我之意。教育既然如此，则我师范生当作何种之观念？以鄙人看来，男师范生与女师范生之观念，当有不同。欧战发生后，德法发生一莫大之问题。因其平时男教师比女教师为多，一旦战事发生，国内乏男子担任教育事业，影响于儿童者甚大。中国亦如此。但美国、加拿大则不然，其小学教师皆以女子充当，其男子皆任兵役以卫国家，所以战事发生后，教育依然不受影响。再，女子与儿童有天然亲爱之感情，非若男子之爱护儿童出于勉强也。但高等小学则有不同，因此须养成其进取勇敢之精神，激发其军国民之志气，故须利用男教师。此男女教师不同之点也。然其共同之点，则在以教育为专门职业。地理、历史、哲学、医学、生理学等，虽皆为教育家所利用，而教儿童则非修专门之教育的科学不可。今世界上有四种教育家：一、政客教育家，藉教育以图政治上之活动；二、空想教育家，有空想而未能实行；三、经验教育家，以经验自居，不肯研究理论；四、科学教育家，则实用科学以办教育者。中国现在教育家只有政客、空想、经验三种，但教育以科学教育为最重要，故男女师范生当专心致志、抱定主义、以教育为专门职业，则何人不可几，何事不可为耶？”①

演讲中，他劝导师范生要将教育作为“终身之事业”，并要求大家做到“不要名，不要利，只要教育好；不怕难，不怕死，只怕教育不好”“赴汤蹈火，在所不辞，鞠躬尽瘁，死而后已”。他对师范生所寄予的这种希望，体现了陶先生对发展中国教育的拳拳之心，也足见他对中国教育所抱之坚定信念。陶行知之所以对未来的教师寄予如此之希望，就在于他将教育看作是“最有效力之事业”，因而也是“一种快乐之事业”，值得为之献身的“终身之事业”。对于个人而言，教育能够“改良个人之天性”，“使恶者变善，善者益善”，使人称其为人。对于国家社会而言，教育“能养成共和之要素”，“巩固共和之基础”，能“造文化”“造人”并从而能“造国”。陶行知指出，“教育能造文化，则能造人；能造人，则能造国。今人皆云教育能救国，但救国一语，似乎国家已经破坏，从而补救，不如改为造国……若云教育造国，则精神中自有趣味生焉，盖教育为乐观的而非悲观的也”。陶行知怀揣的就是这种达观、积极的教育造国梦，并最终选择了教育成为自己的终身志愿，坚定地选择了教育造国这条路。

---

① 陶行知.陶行知全集(第1卷)[M].成都：四川教育出版社，2009：218-220.

陶行知认为,欲将中国建成一个真正的民主共和国,最基本的前提就是要有"正当之领袖"和能够识别正当之领袖的国民。领袖自国民中产生,而国民能否选出能代表全体国民利益的正当领袖,全赖他们有无判别正当领袖之能力,有无能够行使公民权利之能力。而此种能力的养成,舍教育无他。所以,陶先生才有"教育为改良社会而设,为教育社会人才而设"的结论。但能够达此目的的教育绝不是以书本、课堂和分数为中心的、与生活和社会相隔绝的教育,而是以儿童为中心、以人为中心并自觉融于生活和社会之中的教育。

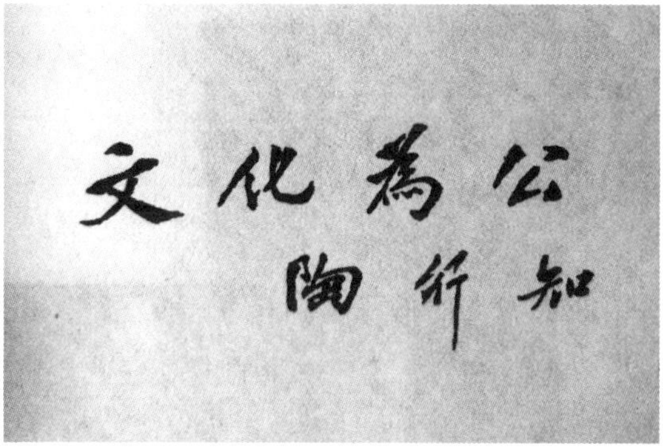


**图 1-4 文化为公**

"文化为公"是陶行知文化思想的一个重要观点。他提出:"'文化为公'、'教育为公'是教育的目的,但又不妨因材施教。国民教育,与人才教育略有不同。国民教育,是人人应当免费受教育;但如有特殊才能的,也应加以特殊的教育,使其才能充分发挥,这就是人才教育。但人才教育并不是教他们升官发财,而是要他们将学得的东西贡献给大众,所以这也是'文化为公'。"[①]陶行知民主教育的核心就是"教育为公,以达天下为公"。陶行知的文化为公和教育为公有共通之处,都表达了教育公平的理念和诉求,"'教育为公'就是机会均等:入学时求学的机会均等,长进的机会均等;离校时复学的机会均等,失学时补习机会均等,而且老百姓有办学管教育的机会"[②]。也体现了"还教育于民",将文化传播、知识传播和教育传播向人民大众倾斜的价值取向。

① 陶行知.陶行知全集(第4卷)[M].成都:四川教育出版社,2009:477-478.
② 陶行知.陶行知全集(第4卷)[M].成都:四川教育出版社,2009:478-479.

从某种程度上说,陶行知呼吁一种民主教育,这种教育是"人民的教育,人民办的教育,为人民自己的幸福而办的教育"。陶行知的民主教育包含着天下为公、文化为公、教育为公的含义,他期望通过"全民教育,以实现全民政治",他呼吁"教育机会均等,无论性别、阶级、信仰,无论远近、城乡都应有同等机会享受教育之权利"①。而他民主教育的起点,则开始于平民教育,诚如有学者所言,"政治上信奉自由主义和民主主义,教育上奉行平民主义,是陶行知政治思想的历史本原"②。其平民教育主要有三个核心观点,一是关于个人,使完成其人之所以为人;二是关于国家,使中华四万万同胞,都成为"民国的国民",九万里河山,都成为国民的民国;三是关于世界,可以使国际战争减少,促进永久和平。因此,陶行知的平民教育就是一种民主教育。传统教育鼓吹"人上人"及教育的不平等,而陶行知提倡的是"人中人"的教育梦想,他同情民众,热爱民众,悲天悯人的情怀伴随他的一生。基于这样的观念,陶行知主张在"劳力上劳心",扫除教育上人与人之间的不平等,开启民智,促进民众意识的觉醒,一直为人民大众的教育普及和平民教育的推广而努力践行。在这之后的教育理论与实践中,无论是有着"平等之乡""自由之园"美誉的晓庄学校的探索与实践,还是"民主教育应该是整个生活的教育"的生活教育,抑或是秉承着"创造、六大解放"的儿童教育,以及陶行知提出的国民教育、主人教育、公民教育、国难教育,等等,都具有民主教育的内涵,都是一种民主化的教育。教育造国和教育民主化是这个心怀天下、心怀民众的教育家基于现实的路径选择。

### (二)"真""善""美"的教育历程

陶行知是一位伟大的教育家,他怀揣教育造国梦,用美和诗意来拯救精神的"贫困"。他希冀全体中国人都受教育,试图通过教育创造一个四通八达的社会。教育生活、教育活动构成了陶行知主要的生命历程,不论是从其困境中办学的坚忍执着,还是其诗化大众的热情与坚定,都能看出这位诗人一样的教育家的精神浸润和情感投射。从平民教育到乡村教育,从普及教育到民主教育,用诗意来教化人民大众,开启民智,用"革命的歌曲和革命的诗歌"来鼓舞人民大众,促其觉醒;从生活

---

① 胡晓风.陶行知教育文集[M].成都:四川教育出版社,2007:543.

② 王文岭.陶行知政治思想历史探原[J].中国矿业大学学报(社会科学版),2013(2):105-110.

教育到师范教育，从儿童教育到创造教育，用诗、创造来教化小朋友，相信自己的力量，“敲碎儿童的地狱，创造儿童的乐园”，解放小朋友，发出自己的能量。陶行知将诗情、诗意、情感、音乐、美术、诗歌、戏剧、书法带入教育之中，教化以美、寓美于教。

陶行知为百侯中学创作了校歌，《百侯中学校歌》表达了教育为公、文化为公，“教人求真，学做真人”的理念，这些脍炙人口的诗句至今是南京晓庄学院的校风，体现了陶行知生活教育的总纲领。《百侯中学校歌》全文如下：

“源头活水，逝如梅河。廓岭凌云，无或蹉跎。

生辰美吉，树人益多。千灾万难，如琢如磨。

金刚坚利，克服凶倭。与国同寿，与民同歌。

手脑双敲，未知之门。努力创造，始败终成。

千教万教，教人求真。千学万学，学做真人。

岁寒松柏，求仁得仁。文化为公，百侯精神。”①

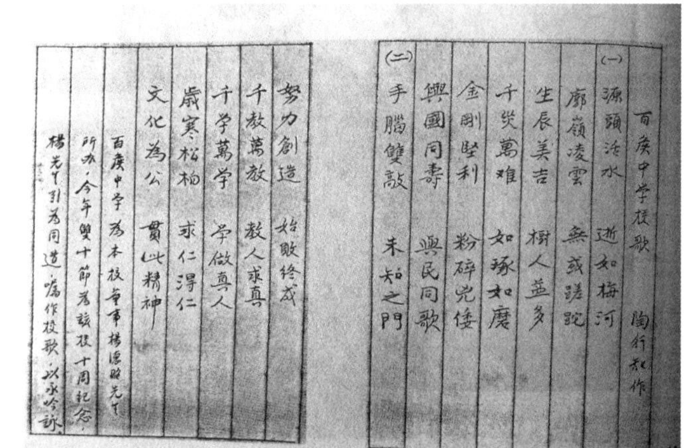
百侯中学校歌 陶行知作
(一)
源頭活水 逝如梅河
廓嶺凌雲 無或蹉跎
生辰美吉 樹人益多
千災萬难 如琢如磨
金剛堅利 粉碎兇倭
興國同壽 與民同歌
(二)
手腦雙敲 未知之門
努力創造 始敗終成
千教萬教 教人求真
千学萬学 学做真人
歲寒松柏 求仁得仁
文化為公 貫此精神
百侯中学為本校董事楊際昭先生所办，今年双十節為該校十周紀念，楊先生引為同道，嘱作校歌，以永吟詠

**图 1-5 《百侯中学校歌》(陶行知作)**

又如在《糊涂的先生》中表达了对当时教育弊端的批评，当时的传统教育忽视了学生的主体意识，以教师为权威，文中以瓦特、牛顿、爱迪生等人的经历为例，指出教育要以生为本，调动学生的主动性、积极性以及创新精神。诗文如下：

① 陶行知. 陶行知全集(第 7 卷)[M]. 成都：四川教育出版社，2009：806.

（一）

“你这糊涂的先生！

你的学堂成了害人坑！你的墨水笔下有冤魂！

你说瓦特庸。你说牛顿笨。你说像个鸡蛋坏了的爱迪生。

若信你的话，那儿来火轮？那儿来电灯？那儿来的微积分？

（二）

你这糊涂的先生！

你的教鞭下有瓦特。你的冷眼里有牛顿。你的讥笑中有爱迪生。

你别忙着把他们赶跑。

你可要等到：坐火轮，点电灯，学微积分，

才认他们是你当年的小学生？

二十年春”[①]

陶行知对教育事业全情投入，善济天下，育化英才。陶行知的献身精神具体体现在：(1) 全心全意为人民的教育事业献身。为了中国的教育事业，他是“为了苦孩，甘为骆驼。于人有益，牛马也做”。“愿把整个的心捧出来献给小孩”，愿为农民“烧心香”。他从中国的国情出发办教育，苦心探索，矢志追求；他艰苦奋斗办教育，动员群众，发动社会，一生劳碌奔波；他边试验，边探索，边实践，边总结，为中国创造新的教育理论付出了毕生精力；他身教重于言教，求真务实，身体力行，时时处处以身作则，为人师表。(2) 他甘愿为抗日救国事业献身。民族危亡，国难当头，他挺身而出，不顾劳累，出访 28 个国家和地区，宣传抗日救国，揭露日本军国主义的罪恶，争取国际援助，力争侨胞支持。回国后倡导国难教育、战时教育，创办育才学校，收留难童，培养人才幼苗，使教育为抗日救国服务。(3) 他献身于新民主主义革命事业，不但把自己的教育事业纳入革命的轨道，而且全力以赴地投入反独裁、争民主、反内战、争和平的斗争中[②]。

陶行知曾以武训为榜样，学习他兴学献身的精神。《武训先生画赞》有云：

“朝朝暮暮，快快乐乐。

一生一世，到处奔波。

① 陶行知. 陶行知全集(第 7 卷)[M]. 成都：四川教育出版社，2009：34-35.

② 周洪宇. 陶行知生活教育学说[M]. 武汉：湖北教育出版社，2011：273.

为了苦孩，甘为骆驼。

于人有益，牛马也做。

你无靠背，朋友无多。

未受教育，博士盖过。

当你跪下，谁奈你何。

不置家产，不娶老婆。

为着一件大事来，兴学兴学兴学。”①

陶行知在赞美武训兴学的同时，他自己又何尝不是这样的伟大而崇高，一生都在为教育事业奔波，积极投身于兴学和儿童的教育之中。陶行知的教育足迹如同他的人一样，流淌着诗意，包含着诗人慷慨的献身情怀。陶行知的人生态度和教育理论再次申明，他的审美理想中流露着美善——情之善、人之善，同时也教人为善，“止于至善”。

1931 年 5 月，陶行知在《师范生》发表《诗的学校》，同年 12 月 30 日在《申报》发表时，诗前有文：“这世界不好吗？我们何不把它投进诗的电炉里去重新铸出一个诗的世界？中国不好吗？我们何不把它投进诗的电炉里去重新铸出一个诗的中国？这诗的电炉是什么？是诗的学校！有诗的学校，我们便可铸成诗的中国、诗的世界。”②“诗的学校”是陶行知心中最理想的学校范式，这里的一切是诗，在这个“诗的学校”中，宇宙苍穹都是学校，自然社会都是老师，这里的同学不分阶层，不要书呆子，实行教学做合一、劳力上劳心、培养“人中人”，并最终创造大平等的世界。陶行知希望在“诗的学校”进行“诗的教育”，培养“诗意的人”，过“诗意的生活”，并最终铸成“诗的中国”“诗的世界”。

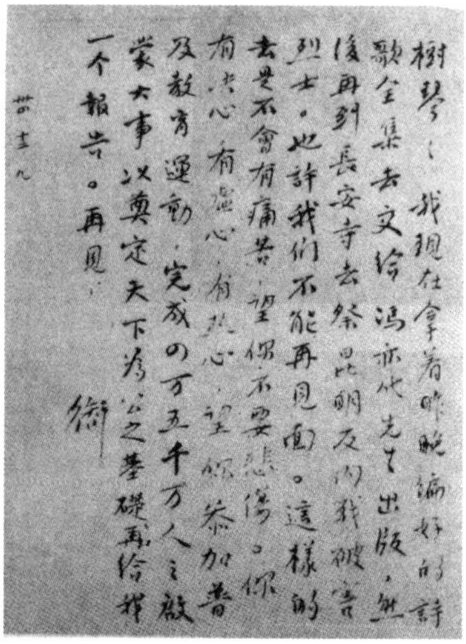
樹琴：我現在拿着昨晚編好的詩歌全集去交給馮亦代先生出版，然後再到長安寺去祭昆明及內戰被害烈士。也許我們不能再見面。這樣的去世不會有痛苦，望你不要悲傷。你有決心，有虛心，有熱心，望你参加普及教育運動，完成四万五千万人之啟蒙大事，以奠定天下為公之基礎。再給我一個報告。再見。

**图 1-6　陶行知遗嘱**

时至 1945 年 12 月，陶行知的生命进入了倒计时，当时闻一多、李公朴相继被暗杀，陶

① 陶行知. 陶行知全集(第 7 卷)[M]. 成都：四川教育出版社，2009：837-838.

② 陶行知. 陶行知全集(第 7 卷)[M]. 成都：四川教育出版社，2009：83.

行知自己成了"黑榜探花",他在参加祭昆明反内战烈士会前给吴树琴留下的遗嘱(1945 年 12 月 9 日)中写道:

"树琴:我现在拿着昨晚编好的诗歌全集去交给冯亦代先生出版,然后再到长安寺去祭昆明反内战被害烈士,也许我们不能再见面。这样的去是不会有痛苦,望你不要悲伤。你有决心,有虚心,有热心,望你参加普及教育运动,完成四万万五千万人之启蒙大事,以奠定天下为公之基础,再给我一个报告。再见。"①

陶行知交代了自己诗集的出版情况,告诉吴树琴,也许"不能再见面",但是"这样的去是不会有痛苦",希望吴树琴不要悲伤。最后叮嘱吴树琴,要有决心,虚心和热心,参加普及教育运动,完成四万万五千万人之启蒙大事,以奠定天下为公之基础。可见,陶行知已经作好了慷慨赴死的准备和决心。其情怀、其操守,显示了一个卓然的教育家、一个知识分子,教育为公、天下为公的良知与担当。

## 第二节 陶行知的审美境界

审美境界是一种人生境界。著名哲学家张世英认为,从"人的自我发展历程、实现人生价值和精神自由的程度"看,人生有四重境界:"欲求境界、求知境界、道德境界、审美境界",审美境界是人生最高境界②。

当我们审视陶行知的审美境界时,就绕不开陶行知的人生观,他在不同时期对于自己的人生观的表述存在差异,但是可以确定的是,陶行知是一个乐而忘忧的人,他秉持"建设的达观主义、创造的乐天主义"来办教育;他的思想行动蕴含了中国传统美育精神的本质与真谛,亲近自然、热爱自然、拜自然为师;他坚持和而不同,和谐共生,他的文化观、教育观、美学美育思想、诗歌思想,都表达了一致的观念:"各美其美,美人之美,美美与共,天下大同。"陶行知是一个秉持"美术精神"开展各项事业的人,他具有强烈的开拓意识和创造精神,他说"创造使人乐而忘忧",他要"创造四通八达的社会""创造人间天堂""创造新中国""创造将来";他要进行真善美的创造,创造真善美的活人,他还要与老百姓共同创造。

① 陶行知.陶行知全集(第 9 卷)[M].成都:四川教育出版社,2009:436.

② 张世英.人生的四种境界[N].光明日报.2009-12-31(10).

陶行知对于各项艺术均热爱，绘画、戏剧、诗歌、音乐，构建了“艺术的兴趣”的培养目标体系。陶行知对于诗歌尤为偏爱，一生写诗 1000 多首，致力于建“诗的学校”，进行“诗的教育”，培育具有“诗的人生观”的“诗意的人”，引导他们“过诗的生活”。

## 一、“乐而忘忧”

陶行知所处的时代“正是我国旧民主主义革命向新民主主义革命大变革时期，摆在当时的知识分子面前有三条路：革命、改良、反革命。而陶行知起初所走的是一条改良的道路，提倡教育、科学救国。像许多改良主义者一样，他幻想在两大敌对势力的武装斗争的夹缝中，躲在城市或乡间的一角，找出一条既不流血，又能成功改造社会的和平坦途。随着中国革命的发展，民族危机的加深，也由于他的教育活动到处碰壁，他才逐渐地倾向于革命与参加革命，提出了教育要为抗日救亡服务、要为争取新民主生活服务的主张，成为一个民主主义的教育家”。[①] 陶行知就是在这样的时代背景中，探寻教育救国的出路。

1918 年，陶行知为安徽省立第一师范学校和省立第一女子师范学校师生做了一次讲演，题为《师范生应有之观念》，在开始正式的演讲之前，陶行知说：

“鄙人承贵两校之嘱，来与诸君畅谈，不胜快乐。鄙人最喜同学生谈话，因十余年来，无日不做学生；即现在当教员，亦未尝不是做学生，盖不学则不能教。既为学生，则与诸君均为同志，同志相谈，自必非常快乐。诸君均为师范生，所研究者为教育，而鄙人所研究者，亦为教育，尤为同志中之同志，所以更为快乐。”

陶行知的快乐和愉悦之情溢于言表，而主要的原因是对于教育事业的热爱和钟情。在接下来的演讲中，陶行知着重指出：

“教育乃一种快乐之事业。《论语》曰：‘有朋自远方来，不亦乐乎？’非当日孔子言教育之快乐耶？孔子一生诲人不倦，至于发愤忘食，乐以忘忧，不知老之将至。现任教育者，无不视当教员为苦途，以其无名无利也。殊不知其在经济上固甚苦，而实有无限之乐含在其中。愚蒙者，我得而智慧之；幼小者，我得而长大之；目视后进骎骎日上，皆我所造就者。其乐为何如耶！故办教育者之快乐，当

① 郭齐家.中国教育思想史[M].北京：教育科学出版社，1987：425.

在手续上，而不在其结果之代价。换言之，即视教育为游戏的作业、作业的游戏也。至于劳碌动作，以求结果之代价者，则宜摈弃于教育界外。”

这段演讲奠定了陶行知立志从事教育事业的基调，这个“要使全体中国人都有受教育的机会”的教育家，将从事教育职业为快乐事业，体现了崇高的教育信仰和教育情怀，并将这种情感试图通过演讲的方式，感召师范生从事教育事业，嘱托师范生将“教育为师范生终身之事业”。

1927 年 3 月 15 日，南京市试验乡村师范学校在晓庄劳山脚下举行了隆重的开学典礼。参加者除 13 个学生和学校指导员外，还有城里的来宾和附近的农民群众。校长陶行知发表了热情的演说：

“本校特异于平常的学校有两点：一无校舍，二无教员。大凡一个学校创立，总要有房屋才能开课。我们在这空旷的山麓行开学礼，实在是罕见的。要知道我们的校舍上面盖的是青天，下面踏的是大地，我们的精神一样的要充溢于天地间。所造的草屋，不过避风躲雨之所。本校只有指导员而无教师。我们相信没有专能教的老师，只有比较经验稍深或学识稍好的指导，所以农夫、村妇、渔人、樵夫都可做我们的指导员，因为我们很有不及他们之处。我们认清了这两点，才能在广漠的乡村教育的路上前进。”①

图 1-7　今南京晓庄学院校史馆一隅

陶行知将晓庄师范时期称为“阳光下的诗意生活”。那时的晓庄，土墙茅屋的“犁宫”悬挂“以教人者教己，在劳力上劳心”“与马牛羊鸡犬豕做朋友，对稻粱菽麦黍稷下功夫”等楹联，寓理深邃，通俗亲切，让冰冷生硬的教学硬件焕发出诗意。同时，在学生日常的生活环境中播撒诗意，初建时的晓庄师范食堂布置了“放开肚皮吃饭，打起神气读书”的对联，言简意赅，俏皮传神，切中生活，鼓荡了学生刻苦学习的精神气。那么晓庄的生活到底什么样呢？我们看看陶行知自己的描述。

① 陶行知. 陶行知全集(第 2 卷)[M]. 成都：四川教育出版社，2009：282.

母亲、纯妻、渼妹、桃红、小桃、三桃、蜜桃①：

知行近在乡村师范工作，快乐得像活神仙一样。整日打赤脚，穿草鞋，自由得很。昨天竟这样走进城来和穿马褂的先生们一块儿吃饭，别有趣味。大前天我们自己造了个毛厕，前天自己做了个浴堂，昨天又自己做了个厨房。明天晓庄小学行开学礼，乡村医院行开幕礼。我们大家抱了一个方针：应守纪律的地方，绝对服从；应当自动的地方，绝对自由。时局太平了，家搬到南方来，一同过这个乡村生活，那就格外快乐了。

十六年六月十五日

这封信反映出陶行知“神仙”一样的自由生活。因为爱教育，因为爱人民，他才会如此的快乐，如此喜欢这样的乡村生活。

纵观陶行知全集中，很多文章的标题或者说文字都洋溢着他的一种乐观，诗意就包含着乐观的人生态度。比如说《晓庄并不苦》《乡下生活之苦乐》《下乡拜年——和牛大哥同铺》《创造使人乐而忘忧》《携诗游》《屡败屡战》等。比如余之介对陶行知的回忆，他说：“陶行知先生的锦囊中，没有‘难’字，没有‘苦’字，也没有‘败’字，他永恒是乐观的前进，所谓仰头乐干（不是埋头苦干——陶先生语），他存着打破‘九九难关’，没有走不通的路，一定要达到‘成功’的理想。”②此外，在稍后给妹妹文渼的另一封家信中，陶行知指出，“晓庄并不苦”，“生活比别的学校要快乐得一百倍”，反映了陶行知苦中作乐的乐观精神。

渼妹③：

您所寄之《双体千字文》、《赤壁赋》及《云麾碑》，都是我最欢喜的。收到后，快乐之至。家中现存之帖，妹可不寄，最好是随时浏览，眼界自高了。

我们在晓庄并不苦，依我看来，生活比别的学校要快乐得一百倍。时局稍静，深望吾妹来此一游。

母亲与蜜桃近作何游戏，能告诉我听听吗？

我近来将所作论文选编一集，叫做《中国教育改造》，拟付亚东图书馆出版。此书系献与母亲做寿礼的，所得版税亦悉数随时寄与母亲使用。请代禀母亲为盼。

十六年十二月三日

① 陶行知. 陶行知全集（第8卷）[M]. 成都：四川教育出版社，2009：133.

② 陶行知. 陶行知全集（第12卷）[M]. 成都：四川教育出版社，2009：519.

③ 陶行知. 陶行知全集（第8卷）[M]. 成都：四川教育出版社，2009：150.

1931年的《逼上诗山》,反映了诗人在人生遭遇"穷,病,愁"的苦难际遇时,选择上诗山。这就是遇到困苦的达观精神,乐天主义的陶行知始终用诗意生存的处世哲学。诗文为:

"我遇三大盗:名叫穷,病,愁。逼我上诗山:无诗便要头!"[①]

1927年,陶行知在为晓庄招生之时,操震球本是清华大学生,但看到晓庄的招生简章,打算从清华退学来晓庄入读。看到这样的有志青年,陶行知是喜不自禁的。他回信给操震球,首先称赞了他为国献身的宏愿,之后介绍了晓庄的乡村生活。他说,乡下生活之苦乐,实际上看人们从什么样的角度看待。他乐观地介绍了乡下的乐趣生活。后来操震球来到晓庄参加招考考试,成为晓庄的"十三位门徒"[②]。

震球先生[③]:

接读您一月五日的信,晓得您愿意离开清华学校投考试验乡村师范,不禁喜出望外。您在清华学校好比是天上的天使,皇宫里的王爷,现在要发宏愿,放弃养尊处优,回到人间,过我们茅草屋的生活,这种"佛不入地狱,谁入地狱"的精神,简直要叫我们五体投地的钦佩。国运盛衰决于一转念间。倘使全国少年的念头都转到各人应当走的路上去,地狱都可化成天堂,还怕中国不能兴盛!

您既有这种宏愿,我就应当把个中的甘苦明明白白的告诉了您,还望您慎重考虑一番,再行决定。田家生活是要蛮干的,您愿意吗?您能打赤脚在烂污泥里奔走吗?您不怕把雪白的脸晒得漆黑吗?您不怕软手上起硬皮吗?您不怕在风霜雨雪中做工吗?您不怕挑粪吗?您愿意和马牛羊鸡狗猪做朋友吗?城里人的眼光看来,这都是苦处;其实乡下人并不以此为苦。纵然这是苦处,乡下人也有城里人想不到的乐趣。乡间山清水秀,尽您游览。您早上可以看旭日东升,引您兴奋;晚上可以待月西山,助您吟咏。到了收成的时候,您手里割着黄金似的稻子,那田家乐的山歌,不断的洋洋乎盈耳。您还能亲眼看见您所栽培的儿童个个

① 陶行知.陶行知全集(第7卷)[M].成都:四川教育出版社,2009:335.

② 晓庄1927年3月11日招考,有十三位来应试,由于当时北洋军阀与南京城外北伐军对峙呈战争状态,陶行知以为有三人来就可谓是"天字第一号"了,结果"三上加十,恰是基督十三门徒之数,大家都为此庆贺"。

③ 陶行知.陶行知全集(第8卷)[M].成都:四川教育出版社,2009:108.

桃李似的一年一年的长大，一直到成家立业。您还能亲眼看见全村农夫农妇人人读书明理，安居乐业。您也许可以看见您的村庄和全国的村庄都成为村民自有自治自享的村庄；也许您亲眼看不见，要到令郎令孙的时代才能看见，您能忍耐吗？倘使经过这番考虑之后，您决意要来投考，我们万分欢迎。

我们办这个学校，要把学校里误人子弟的观念一齐打得破破碎碎。无所谓毕业，更无所谓毕年。如果您肯打破文凭迷信，二年级程度，可以通融，认为合格。农事或土木工经验系指农夫耕种或土木操作而言，并不含专门之意义。招考手续已经规定，请向南京安徽公学内试验乡村师范筹备处接洽为荷。

附上《全国乡村教育运动计划》一册，《乡教丛讯》两期，以资参考，务希检收。

专此奉复，敬请新安！

一月十五日(1927 年)

陶行知作为一位伟大的人民教育家，他一生奔波，忙忙碌碌，不是在兴学，就在是在兴学的路上；不是在呼吁和号召群众，就是在写着鼓舞大众抗争、奋起的战斗檄文；他诉求民主，参加政治活动，处处表露出自己的政治态度和知识分子的操守。陶行知的诗文中有很多篇名为《车中偶题》的短诗，可见，诗人陶行知即使旅途奔波劳累，也阻止不了他那颗兼济天下的心在诗中徜徉，正所谓“今日诗兴发”，“将思化作诗”。诗歌成为他宣泄情感的窗口，诗人将所看、所想、所思、所念，所有的愁苦、困顿、苦闷、劳累化入诗中，反倒洋溢出乐观的情绪。从陶行知的诗歌中、从陶行知的教育活动轨迹中，我们看到一位乐而忘忧的教育家“建设的达观主义”和“创造的乐天主义”。

## 二、“大同与大不同”

陶行知博晓古今、学贯中西，他在中西方文化的差异与共同影响下，最终确定了自己的文化观，探索出合乎中国国情且与世界潮流同步生活的教育理论。陶行知的教育思想体现着一种“本土现代性”[①]，这正是中西方文化共同濡养的结果。陶行知教育思想是中国先进教育文化的代表，曾开启了一场旷日持久的海外传播，经历了本土传播和跨文化传播的不同传播语境，钩沉出一部壮美、生

① 杨冰. 文化自觉与陶行知教育思想的“本土现代性”[J]. 社会科学战线，2017(8)：227-233.

动的中国文化传播和中国文化"走出去"的教育史话。不管是其文化思想、美学思想,还是教育思想,都流露着对于中西方文化的兼容并蓄、和合共生。陶行知的美学思想继承了中华传统美育精神的真谛,体现着一种和合共生、和而不同、"美美与共"的精神风貌。

陶行知的美学观蕴含了中华传统美育精神的本质与真谛。首先是文化观念的"和而不同"。陶行知曾经撰文《中国在转变中》,明确指出:"新的中国是东西方两种文明的产物。"并指出这两种文明历经"冲突与融合",在相互作用之中改变对方,且最终形成具有丰富内容和宽泛的多样性的生活。是的,不是走极端,不是非此即彼,而是"处在两个极端之间",并且让这个"处于两个极端之间"的群体的人数愈来愈多,而且愈来愈有力量。因为,"这些人们认可新旧两种观念的价值"。

"凡是好的必须保存和吸收,凡是不好的必须加以扬弃,不论其来源于新和旧。对他们而言,过去是现在和未来的基础,而未来则必定是过去和现在的目标;对他们而言,没有秩序就不可能进步,而秩序仅仅是作为进步的保障而存在;对他们而言,权力是自由的监护者,自由是目的,相对于自由来说,权力只是一种手段。一言以蔽之,他们认识到明显冲突着的每一种观念都有正确的地方。这个群体有力推翻了极端的保守也不断阻止着急进的狂暴盲动,这个群体引领新中国走出危急的转变阶段,正呵护这她迈向伟大的未来。"①

这说明陶行知的观念既不同于"全盘西化"和文化复古主义,又有别于"中国文化本位"论和文化折中主义。他强调的是"明辨择善"和"只问适不适,不问新与旧",这就是陶行知文化观的价值取向。用费孝通先生的观点来说就是"各美其美,美人之美,美美与共,天下大同"的文化历程。

其次,人与自然关系的"天人合一"。陶行知美育思想及其践行,都体现着亲近自然、热爱自然、拜自然为师,与自然环境和合共生的价值取向,这种价值取向继承了中国传统美育精神,谋求"天人合一"的境界。

中华美育精神扎根中国传统哲学,追求"天人合一"的境界,给人以向美、向善、向上的引领。比如,以先秦儒家为代表的中国传统价值观是中华传统文化的精髓与灵魂,它始终把谋求人与自然、社会的和谐统一作为社会发展的基本方

① 胡晓风.陶行知教育文集[M].成都:四川教育出版社,2009:25.

向，它所追求的是一种中庸的、和谐的境界，所要实现的是宇宙万物和谐共生的大同理想。可以说，中国传统价值观的主要特征是以先秦儒家为代表的思想家们所建构的以伦理道德原则为绝对价值尺度的价值选择、建构和评价的观念体系。这种观念体系通过制度化、规范化的礼教得以体现、传承并发挥维系家族和睦、社会稳定、国家统一、天下太平的重要作用。

从中国传统价值观来看，人在处理与自然的关系时，最理想的状态是天人相融、同处共乐。人可以利用自然，可以和天地并列，参与宇宙的变化。如果离开人的作用观察自然，就不能正确认识自然，这是人的主体性的充分表现。但人对自然的利用是有限度的，不能损害自然的正常发展，要顺应自然的发展规律，最终达到天人共乐的境界。这一理想，伴随着儒家思想的传播，成为人们普遍追求的一种价值目标。

最后，陶行知坚持和而不同、和谐共生。他的文化观、教育观、美学美育思想、诗歌思想，都表达了一致的观念，最终聚焦人的培育和养成，即个体的完整人格的完善与健全。中华美育精神重在“以美育人、以美化人、以美培元”，通过培根铸魂，给人以实现全面发展的动力，关系到中华民族的美好未来。中华美育精神根植于历史，作用于现实，着眼于未来。中华美育精神同样关注人的全面发展，无论是“诗教”、“礼教”还是“乐教”，都旨在唤起人们对美的感知，提升生命境界。

1931 年，陶行知撰文《晓庄三岁敬告同志书》，总结晓庄的教育生活。其中，陶行知写下标题——“(四)大同与大不同”，之后陶行知解释了“大同”和“大不同”：

“这又是一对似乎矛盾而实相成的名词。我们试到一个花园里面去看一看：万紫千红，各有它的美丽；那构成花园的伟观的成分正是各种花草的大不同处。将这些大不同的花草分别栽种，使它们各得其所，及时发荣滋长，现出一种和谐的气象，令人一进门便感觉到生命的节奏：这便是大同之效。……这里面的人都能各得其所，现出各人本来之美，以构成晓庄之美。……晓庄不但是不要把个个学生造成一模一样，并且也不愿他们出去照样画葫芦。晓庄同志无论到什么地方去，如果只能办成晓庄一样的学校，便算本领没有学到家，便算失败。没有两个环境是相同的，怎能同样的办？晓庄同志要创造和晓庄大不同的学校才算是和晓庄同，才算是第一流的贡献，才算是有些成功。

同志们！记牢了我们的使命是教导乡下阿斗做中华民国的主人。乡下阿斗没有出头之先，我们休想出头。乡下阿斗没有享福之先，我们休想享福。我们若是赶在农人前面去出头享福，只此一念便是变相的土豪劣绅。与农人同甘苦，共休戚，才能得到光明，探出生路。我们大家唱首《劳山歌》，为中华民国的主人努力吧！

老山劳；小庄晓：俺锄头，起来了。

老山劳；小庄晓：新时代，推动了。"①

图 1-8 晓庄师生在农田里劳动

由此可见，陶行知希望在晓庄这所"花园"，能培养"万紫千红""发荣滋长""各有美丽""各得其所"，体现"本来之美"和"晓庄之美"的"和而不同""美美与共"的"花花草草"。可以说，陶行知的文化观、教育观、美学观在此达到了空前的一致，既符合中国传统美育精神的期待，又体现了新时代的美育培养目标的诉求。

## 三、"过美术人生"

陶行知倡导"美术精神""美术观念""过美术人生""过美术生活"，陶行知的美术精神是一种人生态度和生活态度，包含着他豁达的人生观、创造的生命热情、炽热的人生态度。

陶行知的美术精神是一种生活态度，他倡导"生之美术"，认为"人生美术更

① 陶行知. 陶行知全集(第2卷)[M]. 成都：四川教育出版社，2009：456-457.

可贵”,“艺术是人生最高尚的生活”。陶行知认为教育事业本身就是美育,教育不仅是整个生活的教育,而且是健康、科学、艺术、劳动与民主组成之和谐的生活,把“和谐”作为教育的最高理想,陶行知的这种思想在中国美育思想史上还是首创。陶行知的美育思想较有创造性的继承和发扬了梁启超、王国维和蔡元培等人的美育思想,认为艺术教育不是培养专门的艺术人才,而是养成健全的人格。1918 年,陶行知曾撰文《戏剧与教育》,探讨戏剧与教育之间的关系,指出教育是“教人为生之美术”。1921 年创建的中华教育改进社,陶行知任主任干事。当时集合全国教育界人士于一炉的中华教育改进社年会设有美育组。美育组每次均提案若干,倡导要普及美育,把美育应用于实际生活。陶行知在教育理论与实践中提倡美育并身体力行。

1927 年创办的晓庄亦大力倡导美育工作。当时的晓庄师范曾经成立晓庄剧社,陶行知亲自制定《晓庄剧社信条》,开展了一系列公演活动。《晓庄剧社信条》指出:

“我们深信艺术是人生最高尚的生活,我们深信艺术有自慰慰人的力量,我们深信艺术是心灵的和谐的流露。我们深信有艺术天才的,要继续不断的努力,才能创造伟大的艺术。我们深信我们要有民众化的艺术,才能培养艺术化的民众。要有儿童化的艺术,才能培养艺术化的儿童。我们深信在艺术上努力的人,要把人格与艺术,看得一种重。我们深信庄严是艺术家的真面目,忠实是艺术家的真精神……我们深信后台化装和下装时一言一动,皆能自爱,才配成为艺术的忠实同志。我们深信演员从心里流出来的眼泪,才能感动人。我们深信担任导演编著化装表演者,一律平等。我们深信社员须遵守纪律,方能产生第一流的戏剧。我们深信艺术的力量,可以再造中华民族和世界人类,给他们一个伟大的新生命。”①

“在实践方面,陶行知进行了相当自觉的艰辛探索,在一定程度上保证着美育普遍化和民众化的实现。其美育的实践向度也是多层次、多侧面的。陶行知既是一个教育家,又是一个美育家,开阔的学术视野使得他对美育的理解更深刻、更到位,因此他所实施的美育也呈现出更为深厚的意蕴与风貌。”②

① 程功群.陶行知的美育思想、实践及现实启示[J].南京晓庄学院学报,2021(2):1-5,124.

② 任亚军.中国近代美育思想及其当代意义[D].成都:四川省社会科学院,2008.

**图 1-9　南京市话剧团话剧《行知先生》**

陶行知在他题写的发刊词《〈乡村教师〉宣言》中指出，乡村教育运动是一出历史剧，全世界的乡村教师都是这戏中的演员，而且“乡村教育运动是一出永远不会闭幕的历史剧”，这里是乡村教师“艺术生活的过程”，这里“可以找得出那愿意我们艺术更进一步的批评。这里可以找得出演员心头滴下来的泪痕，也可以找得出装哭者涂在眼睛上的残唾”。他希望全体乡村教师同心同德、共同出演，拿出力量，来完成这部永远不会脱稿的杰作，体现陶行知戏剧与诗性的人生美术。

“世界是一个大剧场，人生便是演戏。个人的活动无论如何独立，只是历史剧中之一幕。没有沟通，则布景、化装不能和谐，悲欢歌舞不能中节。我们必定要深刻的知道自己和配角所演的剧情，才能做出好戏来。乡村教育运动只是一出历史剧，全世界的乡村教师都同是这一出戏中的演员。这周刊里有我们的剧本，有我们的导演。这里可以找得出艺术生活的过程。这里可以找得出那愿意我们艺术更进一步的批评。这里可以找得出演员心头滴下来的泪痕，也可以找得出装哭者涂在眼睛上的残唾。总说一句：这个周刊便是我们乡村教育运动的一出永远不会闭幕的历史剧的写真。这出戏是‘心的力’的表现。没有‘心的力’，不但是演不出好戏，根本就没有这出戏的可能。周刊的使命是要从笔头里透出心头的力量，来完成这部永远不会脱稿的杰作。”

对美的坚定信念和执着追求，使他主张以审美的精神办教育，使教育成为美化人生的东西。1945 年 11 月，他在《民主教育》中说：“民主教育应该是整个生活的教育。他应该要工以养生；学以明生；团以保生。他应该是健康、科学、艺术、劳动与民主织成之和谐的生活，即和谐的教育。”

因此,美育不仅应成为整个生活的一部分,而且应该成为整个教育的一部分。只有通过美育,才能使整个生活和整个教育出现和谐的状态,达到和谐的境界。他的美育观点把中国美育思想提到一个新的高度,表明美育达到和谐的境界,同民主不但不矛盾,而且充分体现了民主,具有民主革命的意义。

## 四、“诗的生活”

陶行知的人生轨迹贯穿19世纪末到20世纪上半叶,短短55年的生命历程构成了诗意盎然的人生轨迹。他的人生线索可以佐证他的一生,那样的浪漫乐观,那样的诗意栖息,那样的积极向上、达观潇洒。诗中洋溢的是一个有血有肉、有情有义、鲜活丰满、感性真实的陶行知,诗中的陶行知挥洒着自己的浪漫与诗意、乐天与达观、潇洒与率性、真挚与热忱。

“诗”是陶行知观照世界的方式,“诗意”是其伟大而光辉的生命历程的主要线索。诗,既有广义的诗,又有狭义的诗。广义的诗是一切艺术(包括作为语言艺术的文学)的统称,是自然美、艺术美和人生美的代名词,是人类观照世界的一种方式,是人的心理与精神的栖息方式。狭义的诗是一种最集中地反映社会生活的文学体裁,它饱含着丰富的想象和情感,语言精练、音调和谐,有鲜明的节奏和韵律。

何谓诗意?广义的诗意是陶行知观照世界的一种方式,是陶行知所构建的精神家园和灵魂栖息的一种生活方式。广义视角探讨的是陶行知诗意的人生轨迹及其诗化生活、诗化人生的诗性哲学。具体来说,就是陶行知建设的达观、乐天、向上、浪漫、充满激情的人生态度和处世哲学。狭义的诗意是指陶行知诗歌中洋溢的情怀与情感及其诗歌背后的价值意蕴。陶行知波澜壮阔的人生轨迹贯穿着诗意、诗情、诗兴、诗化,构成了他以诗言志、以诗传情、以诗论教的生命脉络。重寻陶行知的诗意历程是对他短暂而伟大一生的回顾,这回顾中既有对陶行知精神世界的深层刻画,又有对其教育生涯的全面梳理,进而还原一个真实的陶行知。

“诗人陶行知”是教育家陶行知的一个侧面,还原出一个真实的陶行知。陶行知作为一位“诗人教育家”,我们认识他应遵循如下的层次:首先,陶行知是一位诗人。这主要表现在陶行知的诗意中。其次,陶行知是一位大众诗人、人民的诗人。这两个层次就像萧三所说:“陶行知先生屡次自己声明他不是诗人。人们都说,这是陶先生的谦虚。我却认为这正是陶先生之所以为真正的诗人。陶先生之所以别于其他‘诗人’的是，陶诗别有风格，非常通俗，大众化而又富有‘诗味’，读了令人兴起，令人深思，这正是我们时代和我们大众所需要的诗。”①最后，陶行知是诗人一样的教育家。他是诗人——是“妙诗随意拈”“往往得佳句”“将思化作诗”的诗人，他的诗被称作“陶派诗”、“圣者的诗”和“人民经”；他是一流的教育家——是“捧着一颗心来，不带半根草去”“天下英才朝宗至，满门桃李乐春风”的教育家。他用自己的诗性、诗意、诗情谱写出“爱人民、爱儿童、爱农人、爱满天下”的教育诗篇。

陶行知先生一生写了 1000 多首诗歌，在他的著作和言行中，到处闪耀着诗的态度、诗的浪漫、诗的激情和诗的智慧。陶行知的诗歌色彩纷呈，有不同的产生背景和发展阶段，他的诗歌作品有大众诗、儿童诗、译作诗等，品鉴和赏析这些或大众、或通俗、或浅白的诗歌作品，总结陶行知诗歌的类别、形式及特点风格，才能全面了解陶行知诗歌体系的全貌。陶行知在《行知诗歌集 · 自序》中，曾表达对自己诗歌的评价，他说：

这是我二十七年来所写诗歌全集，大部分之译诗来不及搜集，故未列入。这里面有不少的烂污泥，因为不忍割爱，姑且留着它，给人知道我的全貌。而且虽是烂污泥，我的诗歌便是从它那儿长出来的，里面有莲花，也有空心菜，不大美丽，但可供穷人下饭。还有一些只是粗糙的肥料，不嫌脏的人，可以用它来培养更好吃的菜蔬或更美丽的莲花。②

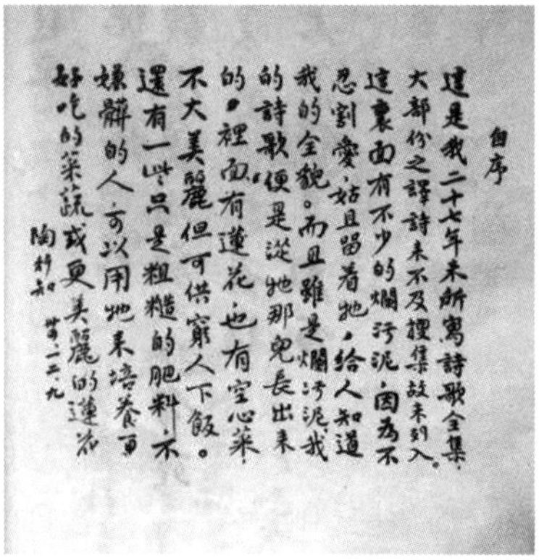
自序
這是我二十七年來所寫詩歌全集，
大部份之譯詩來不及搜集故未列入。
這裏面有不少的爛污泥，因為不
忍割愛，姑且留着牠，給人知道
我的全貌。而且雖是爛污泥，我
的詩歌便是從牠那兒長出來
的，裡面有蓮花，也有空心菜，
不大美麗，但可供窮人下飯。
還有一些只是粗糙的肥料，不
嫌髒的人，可以用牠來培養更
好吃的菜蔬或更美麗的蓮花
陶行知

图 1-10　陶行知《行知诗歌集 · 自序》

陶行知的一生是一场诗意之旅。重寻陶行知的诗意历程是对陶行知短暂而伟大一生的回顾，是对陶行知的精神世界、情理世界进行全面整理与价值再探，进而还原一个真实的陶行知：他以诗言志，彰显了一个中国人、一位教育家的社会良知和责任担当；他以诗传情，凸显了一个有血有肉、重视亲情、与朋友“互相切磋，为国宣劳”、重视感情、浪漫的性情中人的人物形象；当面临生活的困顿苦

① 陶行知. 陶行知全集(第 12 卷)[M]. 成都：四川教育出版社，2009：479.

② 陶行知. 陶行知全集(第 11 卷)[M]. 成都：四川教育出版社，2009：692. 该诗集后由郭沫若整理出版，郭称赞陶行知是人民诗人，他的诗是诗化民众的“人民经”。

楚时，他以诗当歌、以诗为友，表现出乐观向上的人生态度。他是以诗论教的诗人教育家，透过其教育生涯，我们可以看到陶行知构建“诗的学校”，践行“诗的教育”，倡导学生建立“诗的人生观”，以引导人们最终过“诗的生活”。

而可以佐证陶行知诗意人生观的最佳文字出自《〈破晓〉序》。1932 年 9 月，晓庄一期学生李楚材编著《破晓》，系他与同志们在晓庄一年多真实生活的写照。陶行知先生为《破晓》作序。这篇被视为最能展现和表达陶行知诗意人生观的文字。

**《破晓》序**①

《破晓》是楚材在晓庄摸黑路之自述。他编著成功后，要我替他做篇序，我从头到尾读了一遍，觉得好像是看活动影片，有趣得很！最有趣的，是我自己也是这套活动影片中的一个角色。看自己和朋友所演的活动影片，当然是一桩最有趣味的事。是的，《破晓》是楚材和他的伙伴在晓庄所过生活之写真——晓庄化之楚材写真，也是楚材化之晓庄写真。

说得确切些，《破晓》不是写真而是传神。我读的时候，感觉到楚材的心灵和晓庄的精神在纸上活跃。

《破晓》虽有三十多篇小品文字，但在这里面你可以看出一个一贯的人生观。这个人生观是什么？不是别的，是诗。充满晓庄的只是诗——诗的神，诗的人，诗的事，诗的物。晓庄是一部永远不会完稿的诗集。他不是个学校，若拿个学校的名目来找晓庄，一定要迷路、失望。如果硬要派他算个学校，他最多只能承认是个诗的学校。是要拿五言、七言、古诗、律诗、白话诗这些名目去找晓庄，又要迷路、失望了。他所有的是“诗生活”、“生活诗”。除了这种诗以外，他别无长物。只有诗能说明晓庄生活的一切。

楚材写入学垦荒考试说：

白粉线一方方的划好，各人手里都拿着山锄，号笛一响，大家向荒芜的山上垦去。汗从额角上背上渐渐渗出，于是把棉衣脱去，依旧不息地垦掘，流着热汗。汗发出水蒸汽，像白雾般在眼前。喘着气，呼呼地在喉间作响。不一会，锄柄上有红色粘着，心里非常害怕。这是什么咧？原来，是从薄脆的手皮里所浸出的鲜血呀！血！不管。要做一件事，要使一件事做得好，总要流汗，总要流血。

① 陶行知. 陶行知全集(第 2 卷)[M]. 成都：四川教育出版社，2009：344-347.

这是我们对于流血的态度。“血！不管。”没有诗的人生观，能说得这样有力吗？

在陆家避难的时候，遇了大雨，楚材写屋漏说：

晚上，冷冰冰的水点，从茅草的破坏处滴到脸上，往往惊醒。喔！有趣！

只这“喔！有趣！”三字，已把寻常被人讨厌的屋漏通身诗化了。

一次将要绝粮，全校只剩一元钱，大家处之泰然，他说：

不！我们倘然饿死，也是为乡村教育而死。我们预备着牺牲，即使这时不饿死，别的时候也会饿死，时时会使我们饿死，处处会使我们饿死。以前从事乡村教育的死者很多了，我们虽然死，我们的事业和精神是不会死的，永久的遗留在世上。

同学们这次所受的困苦，比我十八岁流落在苏州的时候，我和我的表兄把衣服当得三百文过一日还要难些。但他们会拿一个不朽论去自慰慰人，立时便把“饿死”这件事彻骨的诗化了。他们甚至于深信他们饿死了之后不是变为饿鬼，必定是无疑的变成饿神。

楚材写养羊的故事说：

在一个冬天，小羊从母羊肚里诞生，一共是两个，软绵绵的非常可爱，引动了同学的好奇，聚着围观。但是这个可喜的消息，却造成了悲哀的结局：不知怎的引动了豺狼的胃口，在另一个晚上，只听得惨痛的号叫，把两个白嫩的小羊劫去了；第二个晚上，连母羊也夺了去。只剩那可怜的公羊，在夕阳西坠的时候，号着鼓盆之歌，动那西河之痛，非常凄惨的。

这是人对物的同情，也只有诗意可以说明。我们觉得自己煮的生饭是有特别香味的。我们以为土匪来了便是土匪自动上学。晓庄的粪也似乎失了本来的真味而许人亲近。这些除了诗的态度以外，又有什么可以说明呢？

楚材写高大哥最有精彩，在诗人的目光里，高大哥混身都是诗。倘我们用佛眼来看他，他何尝不是位弥陀佛呢？毕竟佛眼不常开，诗神也大意了些。高大哥乃不能容于晓庄，于今不知流落到何方去了！也许他已投到比晓庄更有诗意的地方而被引为上宾；也许到处遇着俗人，终身被人侮弄。总之，高大哥之去，非但是高大哥之不幸，也是晓庄的大不幸啊！诗的晓庄而不能给诗的高大哥一回旋之地，实为我们终身之大遗憾。

虽然缺了一大块，但晓庄毕竟还是个诗境，不是个别的东西。在晓庄一切诗化：困难诗化，所以有趣；痛苦诗化，所以可乐；危险诗化，所以心安；生死关头诗化，所以无畏。这是建设的达观主义，也可以说是创造的乐天主义。我很愿意介绍楚材的《破晓》，因为在这里面，大家可以看见这主义已经起身，正在梳妆台前照着镜子，欣赏他自己的美丽咧。

晓庄的精神就是“诗的人生观”。“充满晓庄的只是诗——诗的神，诗的人，诗的事，诗的物，晓庄是一部永远不会完稿的诗集。”“他是个诗的学校”，“他所有的是‘诗生活’、‘生活诗’。除了这种诗以外，他别无长物。只有诗能说明晓庄生活的一切。”“晓庄毕竟还是个诗境，不是个别的东西。在晓庄一切诗化：困难诗化，所以有趣；痛苦诗化，所以可乐；危险诗化，所以心安；生死关头诗化，所以无畏。这是建设的达观主义，也可以说是创造的乐天主义。”

陶行知是教育家，也是诗人，他既是诗人教育家，也是教育家诗人。他的教育历程本身就是一部“教育诗”，他诗化的教育连同他诗意的人生，再加上他的诗，构成了教育家诗人一生的脉络。

“诗言志，正情性，温柔敦厚，吟咏性情，涵养焕发，是中国传统诗教情志之趣。”陶行知诗教的逻辑起点源于对生活的回归，生活本就是充满诗意的，“诗意”是生活的最好解释。诗在本质上与生活最为贴近。陶行知的生活教育在他的诗化教育中也得以开花、结果。陶行知的诗教“作为一种教育方式，其诗情浓意厚，所到之处，信手拈来，或触景生情，或叙事成章，或寓教于乐，或诠释学理，诗情飞扬，诗意宏博，其教育诗歌中的激情、感悟、隐喻和哲理酝酿了独特的诗化境界，融会他对平民教育、儿童教育、师范教育深切关切的情愫”[①]。诗化的教育和教育的诗化，把陶行知的教育实践提升到一个前所未有的高度。

诗人陶行知在实现诗人的诗意的同时，又将诗意赋予了教育家陶行知，用自己的实际行动书写着诗意的教育生活，践行着诗化的教育。陶行知的诗化教育是“用诗的慧眼把世界视为诗的世界，把改造教育的实践看作教育的诗，以真、善、美酝酿生命、事业的诗情画意，用创办的学校、改造的教育、新生的世界（社会）、服务社会的真人集成自己的全真‘诗境’。用诗性光辉照耀人生、照耀教育是陶行知教育的独到方式。这种照耀的光辉环绕着他对当时教育的情景性思考，充满对教育现实的批判与建构，鲜明的思想和灼热的情感贯穿着他诗歌的全部，其情可心，其言可感，其理可知”[②]。

① 顾伟.陶行知诗教美学探微[J].文学教育，2010(10)：28-29.
② 顾伟.陶行知诗教美学探微[J]，文学教育.2010(10)：28-29.

# 第二章　陶行知美学观的逻辑演进

陶行知并非严格意义上的美学家，但美学观是任何一种美育观的哲学根基，因此，在他留下的宝贵美育思想遗产中，“美”亦是核心的组成部分。既有研究多探讨陶行知美育思想中“育”的问题，对“美”的探究相对较少。全面揭示陶行知的美育思想，应进一步认识“美”的研究在陶行知美育思想研究中的重要性，对其美育之“美”进行更深层次的追问。陶行知的美学观点和对美的解读寓于他的教育活动之中，是陶行知从其教育实践中逐步体验、总结出来的。所以，在阐述陶行知美育思想的理论体系之前，有必要解读陶行知的美学观及其逻辑演进。

## 第一节　陶行知论美

陶行知美学思想涵丰富且具有包容性，其审美理想一方面指向人的物质生活需要，另一方面指向人的精神上的审美需求。纵观陶行知美学思想的内涵，从自然美到社会美，再到艺术美，体现了陶行知美学的广泛性。总体来说，陶行知是欣赏自然美、肯定社会美和倡导艺术美的。

### 一、欣赏自然美

1. 咏赞家乡山水

陶行知的故乡歙县，旧属徽州府，徽州人以善于经商闻名全国，特别能够吃苦耐劳，富于开拓精神。陶行知自幼便深受这种精神的感染，萌生了艰苦奋斗、开拓进取的意识。徽州文化成为陶行知文化最初的底色。

1922年春，陶行知曾在《游牛首山》这首诗的题注中，对“绩溪牛”的精神予以称赞：“吾乡称绩溪人为绩溪牛，人以为侮辱，我以为尊敬，因为牛是农家之友，没有牛，我们哪里来的饭吃呀！”

**游牛首山**[①]

何处牛头坠地？角化双峰堪异。

我自绩溪来，寻到南京游历。

游历，游历，从此不须穿鼻。

纵观陶行知的教育生涯，他躬行实践、努力办学的一生，不正是这样的“绩溪牛”或“徽骆驼”吗？徽州人勤劳、勇敢、朴实的人文风光濡养了陶行知温良谦厚的个人品质和美好人格。

徽商文化也为陶行知的成长奠定了一定的基础。徽州商人为了在激烈的商业竞争中始终立于不败之地，十分注重自身文化素养的提高。因此，徽州人非常重视发展教育事业，兴建各级各类学校。徽商拥有的雄厚经济实力与徽州甚为发达的教育事业，使徽州地区的文化学术在明清时期出现了空前繁荣的景象。地域性哲学、经学、医学、绘画、戏剧、建筑、雕刻、盆景等专业性文化得到了长足发展，相继衍化为自成一体、具有鲜明地方特色的派别。新安理学、徽派朴学、新安医学、新安画派、徽班徽调、徽派建筑、徽派雕刻、徽派篆刻、徽派盆景等，无不享有盛名，著称全国。

徽派朴学代表了清代学术的最高成就，其学风集中体现了清代学术尚实、笃实的特点。诞生在这种文化地理背景中的陶行知，自然要受到地域文化的影响，其实事求是、大胆怀疑、敢于批判的精神，无疑是徽派朴学基本治学精神的继承与弘扬。陶行知在《徽州土货》中写道：“你所说徽州的土产一层，我倒想和你谈谈。我以为我们只问好不好，不问土不土。你现在新拜的那位老师，身子虽在外面，骨子里也是徽州的土产。我们徽州的土产本来不错。你看朱晦庵、江慎修、戴东原诸位乡先贤，哪一位不是土产？现今的胡适之先生，从头到脚也只是我们家园所出的土产。”[②]在这里，陶行知把朱晦庵（即朱熹）、戴东原（即戴震），还有胡适等文人称为徽州土产，表明他对自身乡土徽文化的推崇。朱熹是南宋时期

① 陶行知. 陶行知全集（第7卷）[M]. 成都：四川教育出版社，2009：213.

② 陶行知. 陶行知全集（第8卷）[M]. 成都：四川教育出版社，2009：68.

理学的集大成者，戴震是清代考据学的中坚人物，以乾嘉考据之学大师著称于世。这些响当当的文化名人都是徽州人，可见古徽州人杰地灵，徽州文化气韵悠长。

**题黄山游记**[①]

少年生长黄山边，足迹未到黄山前；
黄山之神如有灵，应已记过万万千。
我身未到黄山巅，我心已见黄山之尊严；
三十六峰似曾到，峰峰与结梦和缘。
泰岱匡庐虽奇异，比我梦中黄山远不及。
人生为一大事来，丈夫志在探新地。
屈指三万六千场，归老黄山终有日。
此日终须到，此约今朝立。
黄山与我愿毋违，看取方子之书助相忆。

十五年十月题于泰山下

对于家乡徽州，陶行知钟爱有加，1927 年也写了一封《给徽州同乡的公开信》。说起徽州时，陶行知先生那种骄傲自豪感溢于言表，语句读起来朗朗上口，也带有轻快、跳跃性："我们徽州，山水灵秀，气候温和，人民向来安居乐业，真可谓之世外桃源。察看他的背景，世界上只有一个地方和他相类，这个地方就是瑞士。"经过几代人的努力，"将来的新徽州很欢迎大家来登黄山，游练水，凭吊朱晦庵、戴东原。将来的新徽州要造成一种境界，使得别人不愿、不忍、不敢在这里杀人放火。我以至诚之意敬告我们最敬爱的父老兄弟姊妹：我们千万不要辜负'新安大好山水'，我们要把我们一个个的小生命捧出来，造成徽州的伟大的新生命"。

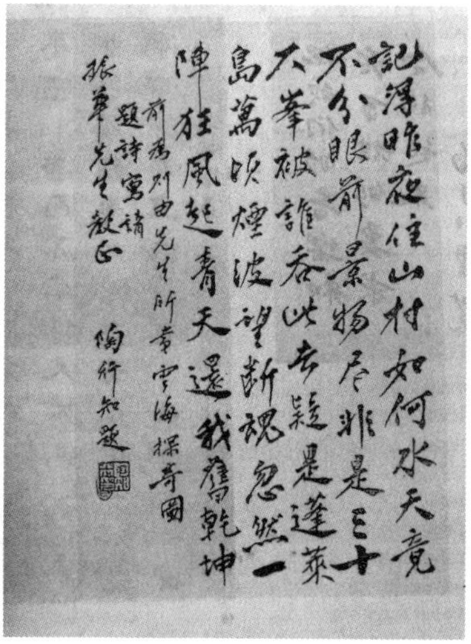


图 2-1　陶行知《题黄山云海探奇图》

① 陶行知．陶行知全集(第 7 卷)[M]．成都：四川教育出版社，2009：283．

2. 呼吁天性之美

1931年7月,陶行知为《儿童生活》撰写了一则儿童故事《乌鸦歌》。描述一只乌鸦,开始觉得自己“头戴乌纱帽,身穿黑衣裳。镜里照一照,好个少年郎!谁家有小姐?待我讨来做新娘”还是非常好看的,后来在与百鸟聚会中,受到白鹅、白鸡、白鸭讥笑,心里开始有些羡慕“小白脸”,而看不起自己的黑羽毛,于是找寻变白的办法,后来得到白鸟仙子的点拨,“身上一根毛,好比那仙草,生来不变色,便是无价宝。莫学黑姑娘,爱擦雪花膏。黑白不分匀,越擦越糟糕。白的固不坏,黑的也很好。你若爱你黑,自然无烦恼”,而后心中豁然大悟。向着仙子道谢后,便飞到西湖上重新把自己看了一看,果然不错,唱着那老调儿飞回家去:“头戴乌纱帽,身穿黑衣裳。镜子照一照,好个少年郎!谁家有小姐,待我讨来做新娘。”

陶行知借乌鸦的故事来说明自己的美学观,美尚自然,美尚天然、朴素之美,呼吁天性之美、自然之美。

### 乌鸦歌[①]

南高峰有一只乌鸦,生得一身漆黑,天天飞到西湖上去照照自己的影子。觉得非常好看,便赞美自己说:“头戴乌纱帽,身穿黑衣裳。镜里照一照,好个少年郎。谁家有小姐?待我讨来做新娘。”

一天百鸟仙子请乌鸦吃酒,有白鹅、白鸡、白鸭、白鸽做陪客。乌鸦坐首席,白鹅不服,讥笑乌鸦说:“满堂客,个个白,只有乌鸦身上黑。”

白鸡连忙和了一首:“满堂客,个个白,身儿黑的心也黑。”

白鸭高兴极了,也唱道:“满堂客,个个白,白是客来黑是贼。”

乌鸦气得脸上通红,百鸟仙子怕他们闹起来,便调解说:“不分黑与白,一家南和北,除了主人都是客。”

乌鸦听了主人说出公平话,也就算了。可是受了这顿骂,心里便有些羡慕“小白脸”而看不起自己的黑羽。看看白鸟中只有鸽子没有骂它,便问鸽子如何可以把黑羽变成白羽。鸽子说:“变颜色,我晓得,天河里面漂得白。”

乌鸦信了鸽子的话便飞到天河里去洗澡。好容易飞了几年才飞到。它一

① 陶行知. 陶行知全集(第5卷)[M]. 成都:四川教育出版社,2009:546-550. 原载1937年7月1日《儿童生活》第3期。

到，便起早落夜的在天河里洗羽毛，连羽毛都洗脱了许多，还是一身漆黑，一根白毛也没有。天河神来提醒它说："乌鸦生来黑，天水洗不白。"

乌鸦听了天河神的劝告，便飞回家来，一路埋怨鸽子说："鸽呀鸽，骗人贼，脸儿白的心里黑！"

唱了末了一句，忽然冲着一位白须老翁。乌鸦向他道歉说不是骂他而是骂白鸽子，便把想变白鸦的事一五一十的告诉了老翁。老翁深表同情说："我帮助你变一变。"说了，便捧着白胡子摇了一摇，刮阵西北风，雪花满天飞来，乌鸦一忽儿就变成白鸦了。老翁警告乌鸦说："路上要留心一位圆脸公子，不可和他闲谈。"

乌鸦谢了老翁，一面飞去，一面唱道：

"白头一老翁，助我显神通。胡子摇一摇，刮阵西北风。

乌鸦变白鸦，飞舞雪花中。从此白鸟儿，不敢骂公公。"

白鸦飞了一夜，到了早上。在太阳光中，身上放出光芒来，愈觉可爱，得意洋洋的对太阳夸嘴。太阳老是笑眯眯的，一句话也不回答，它气起来就要飞去，回头一看，全身漆黑，又变成一只乌鸦，急得哭倒在地。一面哭，一面骂太阳说：

"圆圆脸，忒阴险，我当你是个好人，谁知你笑里藏剪。"

这时，有人在乌鸦背上拍了两拍。乌鸦抬头一看，不是别人，是当日请客的百鸟仙子。便从头到尾向他诉苦。百鸟仙子提醒它说：

"身上一根毛，好比那仙草。生来不变色，便是无价宝。

莫学黑姑娘，爱擦雪花膏。黑白不分匀，越擦越糟糕。

白的固不坏，黑的也很好。你若爱你黑，自然无烦恼。"

乌鸦听了这番高论，心中豁然大悟，向着仙子道谢后，便飞到西湖上去重新把自己看了一看，果然不错。唱着那老调儿飞回家去：

"头戴乌纱帽，身穿黑衣裳。

镜子照一照，好个少年郎！

谁家有小姐，待我讨来做新娘。"

3. "自然是吾师"

陶行知于1927年创办晓庄，这是一所乡村师范学校，扎根乡村、扎根乡土，在乡村文化的土壤中浸润、成长，亲近乡村的自然环境，亲近农人的劳动生活，自然成为晓庄师范学生的必修内容。陶行知的生活教育思想也在这样的文化背景下发芽、萌动。陶行知提出“从野人生活出发,向极乐世界探寻”的理想,这里就包含对于自然生活的无限热爱。1930 年 3 月 15 日,是晓庄成立的三周年,陶行知发表热情洋溢的《晓庄三岁敬告同志书》,回忆晓庄于 1927 年成立时的景象:

“今日是何日?

当念三年前。

愿从今日起,

更结万年缘。

三年前的今日,老山下的小庄出了一桩奇事。他们是来扫墓吗? 香烛在哪儿! 强盗来分赃吗? 如何这样客气! 他们是开学哟。开学? 学堂在哪儿!? 连燕子都不肯飞来的地方,忽然这样热闹,奇怪得很!

不错,我们是来开学。说得更切些,我们是来开工。还不如说,我们是在这儿开始生活。‘从野人生活出发,向极乐世界探寻’,是我们今天所立的宏愿。学堂是有的,不过和别的学堂不同。他头上顶着青天,脚下踏着大地,东南西北是他的围墙,大千世界是他的课室,万物变化是他的教科书,太阳月亮照耀他工作,一切人,老的、壮的、少的、幼的、男的、女的都是他的先生,也都是他的学生。晓庄生来就是这样的一幅气骨。”①

这就是晓庄第三年,校长陶行知的宣告。“晓庄生来就是这样的一幅气骨”:“他头上顶着青天,脚下踏着大地,东南西北是他的围墙,大千世界是他的课室,万物变化是他的教科书,太阳月亮照耀他工作,一切人,老的、壮的、少的、幼的、男的、女的都是他的先生,也都是他的学生。”这表明晓庄以宇宙万物为教学资源,具有融通社会、亲近自然的良好教学生态。

**图 2-2 劳山下的晓庄试验乡村师范学校**

陶行知有句名言:“以宇宙为课堂,奉自然为宗师。”“‘宇宙为学校’就是想把我们的学校除墙去壁,拆掉藩篱,把学校和社会、和自然联合一起。这样一来,学校的范围广而大。”(陶行知《儿童科学教育》) 我们须把我们的学校的范围扩展,

① 陶行知. 陶行知全集(第 2 卷)[M]. 成都:四川教育出版社,2009:449-457.

海阔天空便是一个整个的学校。

1931 年 5 月,陶行知在《师范生》发表《诗的学校》:

“(一) 宇宙为学校,自然是吾师。众生皆同学,书呆不在兹。

(二) 白日耀青天,有人田里哼。明月出东岭,是吾看花灯。

(三) 劳力上劳心,教学做‘人工’。探深而钓玄,要将真理穷。

(四) 用书如用刀,不快自须磨。呆磨不切菜,何以见婆婆?

(五) 老牛会耕田,忘却头上角。屠户何日到? 用角预商榷。

(六) 生来不自由;生来要自由。谁是真革命? 首推小朋友。

(七) 天池育蛟龙;森林教狮虎。得志不伤人,此意谁与语?

(八) 地狱不在地;天堂不在天。创造大平等:无地亦无天!

(九) 不是桃花源,不是神仙府。只做人中人,无问他我汝。

(十) 谁说非学校? 就算非学校。依样画葫芦,未免太无聊!

(十一) 捧来一颗心,愿共心儿好。偶然一到此,流连不知老!”[①]

陶行知用诗性的语言为人们绘制出一个理想的学校生态,诗中提到“自然是吾师”,指出大自然便是我们的先生。“白日耀青天,有人田里哼”“天池育蛟龙;森林教狮虎”指的是人民在自然田间工作学习的场景。晓庄就是“和马牛羊鸡犬豕做朋友、对稻粱菽麦黍稷下功夫”。了解自然,走进自然。晓庄的师生还要做到“小疑必问,大事必闻,才算学生”,那些“四体不勤,五谷不分,孰为夫子?”。

1931 年,陶行知发表文章《科学的生活》,倡导人们过“科学的生活”。首先,陶行知用非常诙谐幽默的语言,呼吁青年朋友,拜访和追求“自然小姐”,探寻和亲近自然。他说:

“青年的朋友啊! 您想得一位爱人吗? 我心里有一个姑娘,愿意介绍给您,您可愿意去拜访她而向她追求吗? 她姓自名然,我们称她为自然小姐。假使您还没有爱人的话,您可以依照我指示您的路线去探寻她的芳踪。捉着她! 投到她的怀抱里去,要她教您如何可以得着她的爱,情愿将她心里的秘密,一五一十的泄漏给您。

这是多么够味儿的事啊! 浪漫即生命。没有这心灵的跳动,不算是科学的生活。

---

① 陶行知.陶行知全集(第 7 卷)[M].成都:四川教育出版社,2009:83.

一天到晚沉醉在八股里，充其量，不过是一个科学的书呆子。一年到头闷起头来照样画葫芦的干那刻印板的实验，充其量不过是一套科学的猴子戏，这里面没有生命。如果是科学，便是蛇儿成龙时所脱下的壳子，不是活蛇，尤其不是真龙。您必得和自然小姐发生恋爱，尝一尝其中的甜酸苦辣，才算是过着科学的生活。"①

在陶行知看来，这是一件非常浪漫的事情，而提到真正的科学生活，陶行知也指出如恋爱一般，要有"心灵的跳动"，要有"生命"，科学不是"沉醉在八股里"，不是做"科学的书呆子"，"科学的生活"是品尝生活的"酸甜苦辣"。

其次，陶行知为人们指出过科学生活的路线图，倡导人们用自己的行动来实现"科学的生活"，他指出，"科学以无知之行始，以能行之知终。自然小姐是远在天边，近在眼前，只要您把一双手儿从袖筒里伸出来捞一捞，便可以把她捞着了"。然后陶行知在杜威的"思维五步法"的基础上，再加了一个前提——"行动"，所以，陶行知指出的科学生活的步骤就是：(一)行动；(二)困难之感觉；(三)审定困难之所在；(四)设法解决；(五)在许多方法中选一最有效的试试看；(六)屡试屡验之后再下断语。这就是科学的思想过程。之后，陶行知回顾了蒸汽机关的发展史，进一步验证，"处处可以看出行动生困难，困难生疑问，疑问生假设，假设生试验，试验生断语，断语又生行动，如此演进于无穷。懒得动手去做，何能算是科学的生活？"。

最后，陶行知指出，人们对于科学生活和科学精神必须坚定、执着、专一。他继续以"自然小姐"做喻，说"自然小姐是天下最妒之小姐。她是超过一切，不愿与别人共爱人"。陶行知还指出，"自然小姐欢喜熟人，不欢喜生人。您从小便须和她做朋友"。至于何时与"自然小姐订交"，陶行知建议，"您做小学生的时候便要与她订交。最好，是在幼稚园里。不，在妈妈的怀抱里便须与她一块儿玩。过了中学时代您与她还不相认识，那么我怕您终身就无与她见面的姻缘了"。陶行知为人们画出了一套通往科学生活的路线图，希望人们从婴儿时期就培养孩子的科学精神和意识。

"自然小姐欢喜熟人，不欢喜生人。您从小便须和她做朋友。您做小学生的时候便要与她订交。最好，是在幼稚园里。不，在妈妈的怀抱里便须与她一块儿

① 陶行知. 陶行知全集(第2卷)[M]. 成都：四川教育出版社，2009：541.

玩。过了中学时代您与她还不相认识，那么我怕您终身就无与她见面的姻缘了。

我的路线画好在这里。青年的朋友们！我等着要喝您们的喜酒咧，万一请不起喜酒，那末，喜信也得给我一个吧。”①

1932年，陶行知在写给台和中的信中指导台和中修正研究方法，“必须以大自然为您的生物园，才有丰富的收获”，并且举了很多例子，如养鸟、研究昆虫等。将学校范围的“三五里半径以内之池塘、田园、草场、树林、河流、山洞、天空”都作为学校教育的空间，让生物学成为真正的生物学，将学校教育与大自然、大社会紧密联系在一起，也契合了陶行知的生活教育理念，他说：“真教育是在大自然与大社会里办，不能常到大自然里去，还能算是生活教育吗？祝你们领导小朋友冲锋到大自然里去追求真知识。”

和中：

您的信收到了，我在这里看出无限的前途。每人抱着一门学问终身研究，不令间断，总不致没有贡献。不过你的研究方法要有一些修正。您必须以大自然为您的生物园，才有丰富的收获。比如研究昆虫，最好是预备一块地方，让它长些野草，昆虫自然要来游玩。世界最著名的昆虫学家法布尔(Fabre)便是这样研究。比如养鸟，与其把它们关在笼里，不如多栽树木，引鸟飞来做客。冬天设巢供食，夏天设盆洗澡，都是招待鸟客的好办法。威钦笙(Wilkinson)研究上海鸟，便是运用这些秘诀。蛙的研究最好是在塘里、田里举行。你可以从蛙子看到它变成蝌蚪，蝌蚪变成虾蟆。若捉在瓶里，百分之九九变不成虾蟆就要死光了。鱼也是要在塘里养，河里养，海里养。兔子养大给人剥皮吃肉，它又不害人，如何这样残忍的待它？最少，学校不该提倡。养鸡生蛋，养鸽生蛋，是不是能行？我自己是吃蛋不吃鸡，但也不彻底。生物园的问题多着咧，我们都得考虑又考虑。你至少要把生物园的栅栏大开而特开。你至少要把三五里半径以内之池塘、田园、草场、树林、河流、山洞、天空都包括在您的范围里。如此，您便能取之无尽，用之无穷。私人的花园以及家庭中之生物小生产营业，都不能划在化外。您学校里可以一无所有，而实在是无所不有。这种种做到以后，再把那路远而具有代表性之动植物，选择几样培养在学校里，那是可以做的，而且是不可少的。但是培养这些生物，一定是要把一切供应合乎它们各个的生活条件。养一个小猴子必得

① 陶行知．陶行知全集(第2卷)[M]．成都：四川教育出版社，2009：546.

当自己的小宝宝养,否则生物学便会变成死物学。三周纪念(指新安小学成立三周年纪念),自然学园有些小款寄来。其他同志也有一些寄来。我看您那生物园的梦总是做得成功的。因此我要把我所知道的一些意见贡献给您。您说学校里工作忙,不能常出去,不能常到大自然里去。我有些不懂。真教育是在大自然与大社会里办,不能常到大自然里去,还能算是生活教育吗?祝你们领导小朋友冲锋到大自然里去追求真知识。[①]

梧　影(陶行知的笔名)

二一、五、三〇(1932 年 5 月 30 日)

陶行知有一首脍炙人口的小诗《春天不是读书天》,是写于 1931 年的一首儿童诗,后经由赵元任谱曲,曾传唱一时。题目非陶先生独创,是陶先生看到报上刊有《中学生》[②]的要目预告,他说,“内有一个题目是《春天不是读书天》,新颖无比,与我的主张不谋而合。今早在床上吟得几首小诗,借以打破死书本教育之迷执”。这首歌共分十一节。每一节三句话,第一句都是“春天不是读书天”。一连十一个“春天不是读书天”,一气贯成,不但不嫌冗长重复,读起来反倒觉得活泼生动,充满意趣和生趣,特别是最后一句:“春天!春天!春天!什么天?不是读书天!”简直像挥着拳头宣告,令人忍俊不禁。整首歌的歌词是那么优美典雅,意境那么清新明丽,音韵又那么欢快跳跃,让人读了哪怕明天考状元也要丢下书本先去玩上一把。整首诗可分为四部分。起始部分:“关在堂前,闷短寿缘!”从健康考虑,开篇就很惊心。中间部分:进入自然,首先就要从沉闷的屋里走出来,“掀开门帘,投奔自然”,然后会听到“鸟语树尖,花笑西园”,这时不禁沉醉:“宁梦蝴蝶,与花同眠。”自然是生动的,我们也可以“放个纸鸢,飞上半天”。这真如孔子在沂水边上的感受:“舞雩风前,恍若神仙。”然后我们行至高处:“攀上山巅,如登九天。”畅享了自然,接下来就进行生活实践:“放牛塘边,赤脚种田。”质朴辛勤地工作后,“工罢游园,苦中有甜”,这时的“甜”才是真正的甜。最后一部分,照应首节:“之乎者焉,忒讨人嫌!”“书里流连,非呆即癫。”这是再“警告”一下小朋友,如果只往书堆里钻,那可就成书呆子了。儿童最先接触的应是自然,不仅仅是儿童,大人也应该多接触自然以返回初心。老师能让学生充分接触自然,真是再好

① 陶行知.陶行知全集(第 8 卷)[M].成都:四川教育出版社,2009:263.

② 由夏丏尊、叶圣陶等先生所创立的《中学生》杂志,开一代风气,其使命是“替中学生诸君补校课的不足,供给多方的趣味与知识;指导前途;解答疑问;且作便利的发表机关”。

不过的事情。从自然中，自然可以获得关于社会、人生最真切的启蒙，体现了陶行知要求孩子亲近大自然、亲近大社会的“生活即教育”“社会即学校”“教学做合一”的生活教育思想。陶先生当然不是让孩子不上学，他在1927年所写的一篇文章即是《小孩子最紧要的是进学校》。陶先生在《新旧时代之学生》里给予了解答：“什么是活书？活书是活的知识之宝库。花草是活书，树木是活书，飞禽、走兽、小虫、微生物是活书，山川湖海、风云雨雪、天体运行都是活书。”将眼光从自然进一步扩大，“活的人、活的问题、活的文化、活的武功、活的世界、活的宇宙、活的变化，都是活的知识之宝库，便都是活的书”。一言之，“新时代的学生要用活书去生产，用活书去实验，用活书去建设……用活书去树立一个比现在可爱可敬的社会”。这正是陶先生的初衷，是他将自然向学生敞开的缘由。

4.“天然环境与人格陶冶，很有密切关系”

陶行知在创办南京安徽公学时曾指出三个办学目标，其中第二个目标就是“改进环境，要有美术精神”，并指出“我们对于四周的环境，最忌是苟安，同流合污，听天由命，不了了之”，并主张改造应当秉着美术的精神，运用科学发明的结果来支配环境，使环境出现和谐的气象。陶行知先生一生所办学校中，无论是晓庄师范、山海学团、育才学校等，都坚持以美育人。他认为学校环境美对人的精神状态、思想感情的陶冶有着重大意义。

1923年，他在《杭州大学之天然环境》公开信中指出：“天然环境和人格陶冶，很有密切关系，不容忽视。”陶行知对学校环境的要求很高，特别是对于校址的选择是高标准、严要求的。对杭州大学校址的选择，陶行知是大加欣赏的。

“一要雄壮，可以令人兴奋；二要美丽，可以令人欣赏；三要阔大，可以使人胸襟开拓，度量宽宏；四富于历史，使人常能领略数千百年以来之文物，以启发他们光大国粹的心思；五便于交通，使人常接触外界之思潮，以引起他们自新不已的精神。”①

在为杭州市教育局创办西湖中心小学选择校址上，要求“自然环境壮丽、交通便利”。陶行知先生认为：

“以灵隐寺前之地点最为相宜。此地为西湖第一名胜，以北高峰为背景，前面为小涧，山青水秀，有声有色，自成局势，不与庙宇相混。……如欲在西湖开办

① 陶行知. 陶行知全集(第8卷)[M]. 成都：四川教育出版社，2009：3.

乡村学校，实以此地为第一。”(《杭州市教育局创办西湖中心小学计划书草案》)①

在试验乡村师范学校开学典礼上的讲话中，陶行知说：“我们的校舍上面盖的是青天，下面踏的是大地，我们的精神一样的要充溢于天地间。”社会就是一所没有围墙、可以移动的大学校。在优美的环境里读书做学问是人生一大乐事，选择风景如画、山清水秀的地方为校址也是全校师生的一件幸事。“这种学校与自然生活、社会生活联为一气的。他能适应环境生活，也能改造环境生活。他要适应他的特殊环境，也要改造他的特殊环境。”②

**图 2-3　晓庄试验乡村师范学校**

陶行知重视艺术环境的创造，注重形式与内容的一致。他重视创造优美的校容和校风，并指出“阵有阵容，校有校容，有其内必形诸外，我们首要重艺术化的校容”。在育才时期，他在 1941 年写的文章《育才二周岁前夜》(1941.6.1)指出：

“创造艺术之环境：我们要教整个的环境表现出艺术的精神，使形式与内容一致起来。这不是要把古庙装成一座新屋，老太婆敷粉擦胭脂涂嘴唇是怪难看的。但是阵有阵容，校有校容，有其内必形诸外，我们首要重艺术化的校容……我们所要的校容不是浪费的盛装，而是内心的艺术感所求的朴素的表现。我们的校容要井然有条，秩然有序，凛然有不可侵犯之威仪……通身以朴素之艺术精神贯彻之，便成了抗战建国中应有之校容。捣乱这校容的有少爷、小姐、名士派、浪漫派、个人主义、自由主义之遗孽，我们是努力的感化而克服着。”

① 陶行知. 陶行知全集(第 2 卷)[M]. 成都：四川教育出版社，2009：287.

② 陶行知. 陶行知全集(第 1 卷)[M]. 成都：四川教育出版社，2009：76.

在这里,陶行知认为美是艺术的精神、艺术化的校容。这说明陶行知审美原则的重要一点就是形式与内容的一致,好的校容是"内心的艺术感所求的朴素的表现",从形式上需要"井然有条,秩然有序",从内容上则为艺术的精神,用陶行知的话就是"通身以朴素之艺术精神贯彻之","有其内必形诸外"。

对于办公环境,陶行知提出了"美术尚条理、重秩序"的观点,他在《办公原则》中指出何为美?他说,美不是奢侈、金碧辉煌,这些东西当然也是美的,但是过于奢华。其实只要"布置适宜,错落有致,清雅幽静,几净窗明",能让人"心怡目悦,恋恋而不肯去"就都是美的。这里也重申了陶行知对于美术精神的崇尚。之后,陶行知指出美的一条重要原则,即"美术尚条理,重秩序,当作不作,不当作而作",都不是美的。

所谓美者,固不应流于奢侈,金壁辉煌,玑珠满架,美则美矣,然失之奢。苟能布置适宜,错落有致,清雅幽静,几净窗明,亦能使人心怡目悦,恋恋而不肯去。次之,所办之事,亦宜有美术。表格最贵整洁;信件亦宜雅致。第三,办公室不仅为物质环境,同时仍有人的环境,若办公者囚首垢面,衣履乖张,虽玉堂椒房,亦使人不乐。第四,美术尚条理,重秩序,当作不作,不当作而作,皆不美。[①]

陶行知在《办公原则》中对美的解读和阐释,体现了陶行知对于形式美的重视,形式美的重要原则就体现在条理性、秩序感等方面,而"办事有美术的意味,则精神上得无限安慰"。

## 二、肯定社会美

陶行知作为一个伟大的人民教育家,他整个教育思想的核心就是生活教育,生活教育理论的核心命题即"生活即教育""社会即学校""教学做合一"。"社会即学校"是陶行知一个重大的教育观点,有着极为丰富的含义。其一,从社会的角度说,"社会含有学校的意味"。陶行知认为,生活中处处有教育,那么作为生活场所的社会也理所当然是教育的场所。也就是说,社会含有学校的功能。用他的话说就是"社会即学校"。陶行知为什么主张"社会即学校"呢?一方面是由于他对脱离社会生活实际的传统教育和洋化教育深恶痛绝,他说,如果教育不以

① 陶行知.陶行知全集(第1卷)[M].成都:四川教育出版社,1991:408.

学生生活为中心,就叫死教育;如果学校不以学生生活为中心,就叫死学校;如果书本不以学生生活为中心,就叫死书本。在这种环境中鬼混的人是死人,这种教育所造成的国是死国,所造成的世界是死世界。另一方面是他充分考虑了人民大众的现实处境。由于传统的学校教育是"小众教育",仅仅为少数"有钱、有闲、有面子的人"服务,广大人民子弟被拒之门外,没有机会学习文化科学知识和各项劳动技能。为了满足大众受教育的需要,他提出必须打破学校与社会的隔墙,将社会作为大众学习的场所。

其二,从学校的角度来看,"学校含有社会的意味"。也就是说,学校要了解社会的需求,与社会生活实际联系起来,培养适应社会需求、能够为社会改造和发展服务的人才。陶行知反对创办脱离人民大众生活实际的学校,认为学校在不了解社会需求的基础上对学生进行的教育是盲目的教育,强调学校要注重社会生活实际,努力满足社会需求。另外,他认为,教育的好坏并不能简单地说成是教育领域的事情,主张将教育提到更高层次上来看待,强调教育的好坏会直接影响社会改造的程度。他说,办学和改造社会是一件事,倘若想改造社会,就必须从改造学校教育出发,通过学校教育来达到改造人内心的目的,从而真正改造社会。反过来说,学校教育也要认识到自己担负的改造社会的使命,从社会需求出发,培养能够适应社会需求并积极参加社会改造的人。否则,学校教育将是没有目的,没有意义的。总之,学校教育的目的就是改造社会,学校如果能朝这一方向努力,整个社会也将出现另一番景象。

最后,从社会与学校的关系来说,社会对学校教育有着重大的影响,正确运用社会力量,能够使学校不断进步;同样,学校教育的好坏也会影响整个社会的面貌,学校也能够帮助社会不断发展。另外,陶行知指出,学校和社会是相互影响的,但如果学校不运用社会力量以求得自身进步,社会也不运用学校力量以谋得自身发展,双方都会失去互济的作用。他还说,学校和社会都应注重自身改造,只有改造了自身,才有可能达到相互推促、共同前进的目的。

陶行知肯定社会美。首先,陶行知的"社会美"也是一种"生活美",美在生活是陶行知重要的哲学观点,他倡导过"美术生活",引导人们建立"美的人生",在壮怀激烈的人生路上和教育生涯中,均诗意、乐观,向上、向善、向美。其次,陶行知的"社会美"包含着"改造和创造的精神",主要包括改造环境、改革社会的美术精神和观念,认同劳动创造了美,肯定了劳动人民的价值、力量、实践探索和劳动创造。在陶行知的培育体系中，一直强调的"改造社会的精神"在社会美的价值体系中，表现得淋漓尽致。在社会美包含"改造的精神"的内涵之下，陶行知又衍生出"创造的精神"和"创造的价值"，这里包含着对于劳动人民的肯定，这里有对劳动人民形象的肯定，有对劳动人民的劳动价值的肯定。最后，陶行知的"社会美"集中体现在他的教育体系中的培养"真善美"的"健全人格"，这种真善美的、创造的人格，本身就符合了"真""善""美"的核心意涵。

### （一）"改造环境，要有美术的精神"

陶行知重视美育在社会改造中的作用，多次强调要用"美术的观念"和"美术的精神"去改造社会。他指出，"我们深信乡村教师应当用科学的方法去征服自然，美术的观念去改造社会。"①"依据美术精神，师生共同从事改造学校环境，以为改造社会之起点。"②"改造社会环境，要从改造学校环境做起。全校师生当以美术的精神共同改造学校环境。"

1923年，陶行知创造安徽公学，他在《南京安徽公学办学旨趣》中指出"美术的精神"的重要价值。

"我们应当秉着美术的精神，去运用科学发明的结果，来支配环境，使他们现出和谐的气象。我们要有欣赏性的改造，不要有恐怖性鬼脸式的改造。换句话说，我们改造环境，要有美术的精神。"③

陶行知还强调教育的三个目标是"科学的精神，美术的精神，大丈夫的精神"，即"我们要用科学的精神在事上求学问，用美术的精神在事上去谋改造，用大丈夫的精神在事上去锻炼应变"。④ 陶行知先生倡导用美术的精神改造环境。要"运用我们全副精神，……创造一个可以安居乐业的社会交与后代，这是我们对千万年来祖宗先烈的责任，也是我们对于亿万年后子子孙孙的责任"。

### （二）"创造是美中之最美者"

陶行知的审美理想之中就有对于创造精神和开拓精神的讴歌与赞美，陶行

---

① 华中师范大学教育科学研究所．陶行知全集（第1卷）[M]．长沙：湖南教育出版社，1985：652.
② 华中师范大学教育科学研究所．陶行知全集（第1卷）[M]．长沙：湖南教育出版社，1985：661.
③ 陶行知．陶行知全集（第1卷）[M]．成都：四川教育出版社，2009：364.
④ 陶行知．陶行知全集（第1卷）[M]．成都：四川教育出版社，2009：365.

知本身就是极具创造力和创新精神的教育家，他写了很多与创造相关的文章，“创造”二字在陶行知的文章中，出现频率极高，《创造宣言》《创造的儿童教育》《创造使人乐而忘忧》《创造年献诗》等，无不体现陶行知的创造精神和开创意识。

叶良骥在《陶行知谈创造美》文章中，记载了这样一则小故事：

有一次，陶行知带领几个学生去一位外国朋友家，在那里大家看到了个别致的大灯罩：大大的盖子，上头着一些花，十分美观。

陶先生要大家仔细地观察。原来这只灯是自己做的，是用一顶旧的斗笠洗净，笠尖上穿个洞，再用花边、花布扎了一串花，不花一文钱，就成了一只极美的灯罩。

陶先生说，人要动脑子。一切美的东西，都是人创造的。八大山人把白纸变成了一幅美图；米开其罗把泥土变成了一座不朽的雕像；无名工匠留下精美的雕花板；老农妇用剪刀剪出琳琅满目的剪纸、窗花……都是在平凡中创造出不平凡的东西，所以说，创造是美中之最美者。

陶行知清晰地指出了美是人类自由创造的结果，肯定了创造的重要价值，指出：一切美的东西，都是人创造的，“创造是美中之最美者”，肯定人类的智慧、力量、劳动的创造。

（三）赞叹劳动创造美

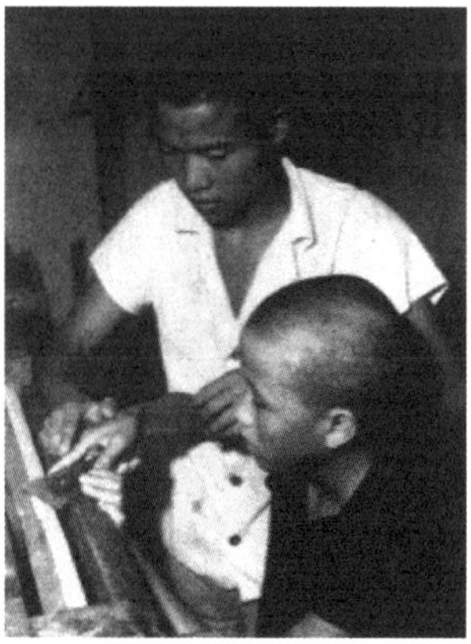

图 2-4 育才学生自己动手做实验仪器

1914 年秋，陶行知在前往美国的海轮上，曾写《海风歌》[①]一首，歌颂科技文明，但到火舱一观，当他看到轮船底层，工人们像黑炭一样，在资本家的驱使下干苦力活时，他的心碎了，“简直像硝镪水刻到心窝里”；他也明白了，不但“海船上的货舱是人间地狱”，所有工厂里的工人也都在受尽苦难，无论吃的、穿的、住的，无不“渗透了工人们的血泪”！于是，有了诗歌《人与煤炭》，他说：

“民国三年的秋天，我第一次坐海船东渡，自言自语的说：海船走得这么快，好极了。教科书告诉我这是蒸气机关推动的。我应

① 此稿已遗失。陶行知在《桃红三岁》中写道：“民国三年到美国去，船出吴淞口，曾写《海风歌》一首，稿已遗失。”见《陶行知全集》(第 7 卷) 209 页。

该去看看这个蒸气机关。走到机器间去看了一忽儿，心里想，蒸气是水烧滚了变的。我得去看一看这水是用什么东西烧，怎样的烧法？我于是一路问到火舱门口，一看，几个赤膊的活人像天津鸭子在那儿烤着，烤出一身的黑油！身上、脸上、手上黑得如同他们所烧的煤炭一般黑！这是我与火伕们第一次见面所得的印象，简直像硝镪水刻到我的心窝里。我明白：乘长风破万里浪，代价是火伕们的泪和血！岂但海船上的火舱是人间地狱，您走进电力厂、机器厂、面粉厂、织布厂里去看看，便知道我们吃的、穿的、住的没有一样不渗透了工人们的血泪！一粥、一面、一衣、一灯当思来处不易。如果您一时没有机会去看，那末，请听我唱吧！

机器正开工，
炉火通红。
人与煤炭忒相同！
胖子进来瘦子出，
俱人烟囱。
减少点把钟，
加几个铜？
工人不是主人翁。
如此人间即地狱，
翻造天宫。”①

这是一个贫民的儿子对受剥削受压迫的工人阶级的深切同情，也是对于劳动者的劳动价值的赞美和讴歌。

**图 2-5　在晓庄联村运动会上的耕牛比赛**

① 陶行知.陶行知全集(第7卷)[M].成都:四川教育出版社,2009:13-14.

1935 年,陶行知写作诗歌《自立立人歌》,诗文如下:

“(一) 滴自己的汗,吃自己的饭,自己的事自己干。靠人、靠天、靠祖上,不算是好汉。

(二) 滴自己的汗,吃自己的饭,别人的事帮忙干。不救苦来不救难,可算是好汉!

(三) 滴大众的汗,吃大众的饭,大众的事不肯干。架子摆成老爷样,可算是好汉?

(四) 大众滴了汗,大众得吃饭,大众的事大众干。若想一个人包办,不算是好汉。”[①]

这是陶行知较为脍炙人口的一首诗歌,也奠定了陶行知作为一位“大众诗人”的文学地位。陶行知告诫人民大众要自强、自立,努力勤奋才能成就自己的人生,同时也是对于劳动人民劳动价值的讴歌和赞美。

陶行知对劳动人民深表同情,对于他们的劳动价值予以积极的肯定,这里我们讲一则陶行知与胡适的“诗战”往事。致力于大众教育的陶行知和主张精英教育的胡适,在群星璀璨的民国展现了不同的人生轨迹。有学者指出,陶行知与胡适至少有“六同”[②]:同是安徽省徽州老乡(陶行知是歙县人,胡适是绩溪人),两人同岁(均 1891 年生人),自幼同学,又同在美国哥伦比亚大学获博士学位[③],同是美国哲学家、教育家杜威的高足,回国后同在教育领域工作,各自

**图 2-6 1917 年陶行知(右)与胡适在哥伦比亚大学**

① 陶行知. 陶行知全集(第 7 卷)[M]. 成都:四川教育出版社,2009:445.

② 刘继兴. 陶行知诗讽胡适[EB/OL]. (2013-07-16)[2020-12-20]. http://blog.ifeng.com/article/29118318.html.

③ 1917 年,陶行知受时任南京高等师范学校教务主任郭秉文的鼓动,作回国任教的准备。哥伦比亚大学师范学院教育长孟禄博士致函哥大哲学博士学位评议委员会,说明陶行知已完成了学术性研究工作,正在撰写一篇题目获得认可的论文,鉴于他不可能再返回美国,建议可以回国收集资料,撰写博士论文。完成后,寄交哥伦比亚大学即可获得博士学位。陶行知回国后确实收集资料与了博士论文,但房子失火被毁,3 万册书籍连同陶行知的博士论文及相关资料化为灰烬。有人劝他通过回忆再写,他认为做点实在的教育工作比一纸学位证书更有价值,因而他也就没有得到哥伦比亚大学的博士学位。

在新文化领域和新教育战线开出一片新天地。两人私交虽好，但投身社会后在思想情感和政治立场上渐行渐远，走上了截然不同的人生道路。

1935 年元月，胡适乘西南航空公司的"长庚" 号飞机南游，空中俯瞰桂林山水，颇有感慨，写成新诗《桂游小赞》，载于 4 月 7 日《独立评论》上。诗云："看尽柳州山，看遍桂林山水。天上不须半日，地上五千里。古人辛苦学神仙，要受百千戒。看我不修不炼，也凌云无碍。"该诗一发表，立即受到评论界的称赞。针对此种情况，陶行知说，"陈子展先生新近在《立报》上谈新诗，引了胡适之先生新写的《桂游小赞》做例子，并且说不妨把它作为新诗人可以走的一条路"[①]。他反讽道："这就是陈先生所说之'胡适之体'而介绍新诗人的一条路线。其实，这种文学把戏，辛稼轩一流的人是早已玩过了。我想'胡适之体'这个封号连适之先生自己也不能承认吧。新诗之所以走近绝路，主要的原因是由于内容充实的作家，技术未免幼稚；而技术熟练的作家，内容又未免空虚。"他认为，《桂游小赞》是属于后者，"它是一幅天空行乐图，也可以说是一幅现代仙人逍遥图。它只是一位有闲华人自摄的安享小照。我们的诗人的想象力没有跳出他所整理的国故和所乘坐的飞机。你看在那半日的时间和五千里的空间里，他只看见了他自己一个人，再有，就是他所赛过的古神仙。这种害了贫血症的文艺，根本没有力量走路，还要教青年诗人跟在它后面走，这使我不能忍耐。不能忍耐又怎样？它既害了贫血症，那就应该打一些活的血轮进去试试看"[②]，并且以《另一看法》为题，答复胡适的《桂游小赞》：

"流尽工农汗，还流泪不息。
天上不须半日，地上千万滴！
辛辛苦苦造飞机，无法上天嬉。
让你看山看水，这事倒希奇。"

张健"小先生"听了这首诗后，对陶行知说："这种事并不稀奇，我想把末尾一句改为'让你看山看水，还要吹牛皮'。"陶行知听后很高兴："他这一改，是把胡诗人描写得格外活跃了。"陶行知还指出，"我们不敢说已经找着新诗的正确路线，

---

① 陶行知. 陶行知全集(第 7 卷)[M]. 成都：四川教育出版社，2009：391.

② 陶行知. 陶行知全集(第 7 卷)[M]. 成都：四川教育出版社，2009：392. 此次引自全集 7 卷《另一看法》，该文与全集 3 卷的《新诗路线》系同一篇文章不同标题。

只是指出像《桂游小赞》一类的作品决不是我们可以走的路”。[①]

之后，上海某报登载此消息，其标题为：《两个安徽佬》。

1936 年 6 月，陶行知从上海飞往香港，也有机会坐上了飞机，再次想起胡适的诗，于是又写了一首题为《飞行有感》的诗：

（一）

天上看人间，
越看越奇怪。
黄的一块块；
绿的一块块。
一块块里，
还有许多小块块；
歪歪曲曲，
曲曲歪歪，
这里头的奥妙啊，
怕只有锄头了解。
要想把它解决啊，
还得要机器起来。

（二）

我“也凌云无碍”，
看了一个大概。
一块块的田地是谁种？
一座座的屋子是谁盖？
除了山和水。
问是谁造的世界？[②]

陶行知诗讽胡适的原因是两人的文化观和教育观不同，简单来说，陶行知致力于平民教育与乡村教育，而胡适热衷于精英教育。陶行知对普通大众感情深厚，对社会底层有满腔热情，这些也说明了陶行知伟岸与博爱的人格，以及他要

① 陶行知. 陶行知全集（第 7 卷）[M]. 成都：四川教育出版社，2009：392.

② 陶行知. 陶行知全集（第 7 卷）[M]. 成都：四川教育出版社，2009：436-437.《飞行有感》原载 1936 年 6 月 11、12 日《生活日报》，原题分别为《坐飞机有感》和《飞机上的感想》。

为芸芸众生谋幸福的拳拳赤诚。在陶行知和胡适"诗战"的背后,更是体现了陶行知对于劳动人民劳动价值的深刻认识和赞美。

(四)"美术生活"

陶行知倡导过一种"美术生活",他在《在湘湖师范教学做讨论会上的答问》中指出:

"烧饭是一种美术的生活。做一桩事情,画幅图画,写一张字,如能自慰慰人,就叫做美。一餐饭烧得好,能使自家吃得愉快舒服,也能够使人家愉快舒服,岂不是一种艺术吗?"

陶行知引导人民建立美的人生观,在晓庄时期,他带领晓庄师生办"诗的学校",过"诗生活"。陶行知说:

"这个人生观是什么?不是别的,是诗。充满晓庄的只是诗——诗的神,诗的人,诗的事,诗的物。晓庄是一部永远不会完稿的诗集……如果硬要派他算个学校,他最多只能承认是个诗的学校……他所有的是'诗生活'、'生活诗'。除了这种诗以外,他别无长物。只有诗能说明晓庄生活的一切。"

"晓庄毕竟还是个诗境,不是个别的东西。在晓庄一切诗化:困难诗化,所以有趣;痛苦诗化,所以可乐;危险诗化,所以心安;生死关头诗化,所以无畏。这是建设的达观主义,也可以说是创造的乐天主义……大家可以看见这主义已经起身,正在梳妆台前照着镜子,欣赏他自己的美丽咧。"

后来,陶行知在《生活教育的创立与成长》一文中回忆晓庄的办学情况,他自己描述为"阳光下的诗意生活",原文如下:

"二、阳光下的诗意生活

民国十六年三月十四日晚上到乡下去筹备开学,一个狭小的房子,住五个人,还有第六个是一匹老牛,它却占了一半多地方。第二天早晨,江苏教育厅厅长江问渔来了,我们也在那屋子里欢迎他。后来,我们到会场上去布置了,没有人招待江厅长,以劳苦功高的老牛陪他。

开学礼是生活教育的开学礼。到的人数据陈鹤琴先生说有一千多。

没有房子而开学校,这是首创。我们以青天为顶,地球为地,日光照着工作,日光下休息和唱歌,过着富有诗意的生活。

学生男的以开荒挑粪、女的倒马桶作为考试,洗菜、烧饭、打杂都得学生自己动手。因此,有一首:'书呆子烧饭,一锅烧四样:生、焦、硬、烂'。挑水挑粪的比赛作为运动。学校没有围墙,农民随时可到学校里去。每家农家住有一二个学生,帮着扫地抹桌等操作,跟农民生活在一起,相互学习。学习和农民熟悉交流后,学生重新发现自己也有一双手,农民发现自己还有一个头脑。

后来,晓庄被封,封条没处贴,贴在黑板上。"

在育才时期,陶行知也引导育才师生过诗意的生活,要把"育才学校办成一个诗的学校"。他说:

"我们要把育才办成一个诗的学校,盼望大家帮助我。我要以诗的真、善、美来办教育。我并不是要学生每个都成为诗人,那太困难了。但我却要由我们学校做起,使每个同学、先生、工友都过着诗的生活,渐渐的扩大去,使每个中国的人民、世界的人民都过着诗的生活。"

图 2-7 陶行知赠送育才儿童图书

诗意的生活就是一种美术生活,这种生活态度贯穿陶行知生命的始终,他是乐观的诗意派,他是过美术人生的乐天派。他用美术精神、诗意精神和创造精神办诗的教育、真善美的教育,将美贯穿育人的全方位、全过程。

## 三、倡导艺术美

陶行知是一位文艺爱好者,也是一位文艺多面手,他喜欢写诗,诗歌构成他生命历程的主要线索[①]。他热爱戏剧,晓庄时期和育才时期,学校教育都积极进行戏剧创作和戏剧表演。他热爱音乐,他的诗歌往往谱写成曲,广为传唱。他热爱美术,美术的精神、美术的观念贯穿他整个生命历程。他也热爱书法,留存于世的书法作品,不仅浸染着他的风骨,透露着他的品格,也折射出他高远的人生志向和崇高的教育梦想。

1. 诗歌

陶行知被誉为"大众诗人",他为人民大众写诗,为儿童写诗。陶行知一生写

① 杨冰.重寻陶行知的诗意历程[J].南京晓庄学院学报,2020,36(3):6-11.

诗1000多首，出版诗集多部，诗歌贯穿了他整个生命历程。“陶行知生前亲自编辑出版的《知行诗歌集》(上海儿童书局版)、《知行诗歌续集》、《知行诗歌别集》、《知行诗歌三集》和《知行诗歌集》(生活书店版)5个集子，共计收集发表了313首诗歌作品，深受儿童和人民大众热爱。其中，《知行诗歌集》，上海儿童书局1933年7月出版，内分荒郊、枯树、幼苗三个小集，诗歌72篇。《知行诗歌续集》，上海儿童书局1935年10月出版，诗歌46篇。《知行诗歌别集》，一名《清风明月集》，上海儿童书局1935年12月出版，诗歌140篇。《知行诗歌三集》，上海儿童书局1936年11月出版，诗歌33篇。《知行诗歌集》，生活书店1936年11月出版，诗歌22篇，其中译诗两篇，配有插图，卷首有《致谢》词。现收集在《陶行知全集》(2009版)12卷中的陶行知诗歌作品821篇，陶行知作词的歌曲41首，译诗61首，同时，有的陶行知诗歌作品属于作者书信、文章和演讲的组成部分，仍保留在《陶行知全集》的有关各卷，据不完全统计，在《陶行知全集》中收集的陶行知诗歌作品、译诗、歌曲作词等达一千余篇。”①

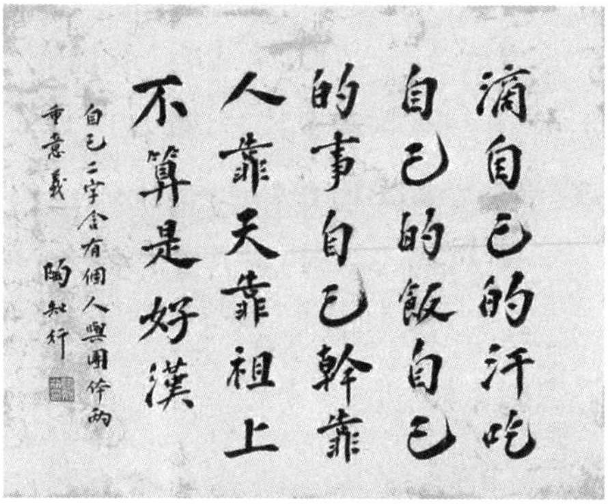


图2-8 《自立立人歌》

2. 戏剧

陶行知显然是热爱戏剧的，早在20世纪10年代，陶行知就曾撰文《戏剧与教育》，指出戏剧与教育之间的密切关系。在晓庄时期，就有陶行知与著名剧作家田汉的交往故事。那是1929年1月，田汉带领他的戏剧团“南国社”应邀到晓庄演出话剧，并出现了“田汉”欢迎田汉的轶事。在“南国社”欢迎会上，晓庄师范全体师生和周围农民都悉数参

图2-9 《生之意志》话剧，陶行知饰老父，谢纬棨饰儿子

① 杨冰.陶行知的诗意人生[M].长春：吉林文史出版社，2014，12：131-132.

加。陶行知校长在会上致欢迎辞,他说:“今天我以‘田汉’的资格欢迎田汉。晓庄是为农友而办的学校,农友是晓庄师生的朋友,我们的教育是为种田汉而办的教育。所以我是以一个‘种田汉’代表的资格欢迎田汉……”田汉致答词说:“陶先生说,他是以‘田汉’的资格欢迎田汉,实不敢当。我是一个假‘田汉’,陶先生是个真‘田汉’,我这个假‘田汉’能够受到陶先生这个真‘田汉’以及在座的许多真‘田汉’的欢迎,实在感到荣幸!”当时,陶先生的欢迎辞和田汉的答词博得全场的热烈掌声。

新安旅行团是中国共产党领导下的少年儿童文艺团体,是“中国少年儿童的一面旗帜”,新安旅行团的游学受到了陶行知的支持与赞扬,新安旅行团不怕艰苦,奋进卓绝,以文艺为武器,唤起民众抗日救亡的热情,宣传党的主张,为民族解放事业和新中国的诞生做出了卓越贡献。

3. 音乐

陶行知热爱诗歌的同时,必然热爱音乐,他也曾说过,自己虽然不精通音乐,但是很喜欢音乐对于童性的熏陶,以及对于普通人民大众主体意识的启迪。“在陶行知主编的晓庄丛书中,其中一本专门关于歌曲,它是陆静山编的《晓庄歌曲集》,于民国二十二年(1933 年)六月由儿童书局印行。全书收录了九首歌曲及其相关的文字‘说明’,此书是给晓庄学生作为课本使用的,这九首歌包括陶行知根据晓庄一带山歌调填词的歌曲《锄头舞歌》《镰刀舞歌》,根据‘河南民间调’填词的《农夫歌》,根据流行全国的安徽民歌‘凤阳调’填词的《凤阳花鼓调》;再除了词曲均为陆静山创作的一首小歌《起得早》外,其余四首均由陶行知作词,《黄花歌》、《自立歌》和《村魂曲》三首由赵元任作曲,《问》由何明齐作曲。”[①]陶行知喜爱儿童,为儿童创作了很多儿童诗的同时,也为儿童节创作了很多献礼给儿童的歌词,后来由赵元任、贺绿汀、吕骥等作曲家谱曲,集结成为《儿童节歌曲集》,成为 20 世纪二三十年代著名的儿童歌曲,传唱一时。

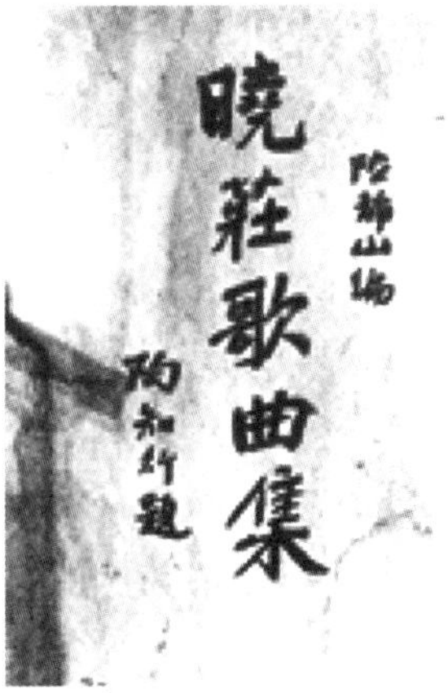

图 2-10 《晓庄歌曲集》

① 板俊荣.《晓庄歌曲集》研究[J].南京晓庄学院学报,2007,23(2):86-94.

4. 美术

陶行知热爱美术,他倡导过人生美术,建立起美术与人生观的直接关系,他的美术的精神、美术的观念贯穿他整个生命历程。陶行知曾经写诗《为老百姓而画》,体现了陶行知对于美术的热爱和对人生美术的执着追求,他说,为老百姓而画,到老百姓的队伍里去画,跟老百姓学画,教老百姓学画。画老百姓,画老百姓的爸爸、妈妈和小娃娃,画出老百姓的好恶悲欢、作息奋斗和老百姓之平凡而伟大。他还说,要把这幅画老百姓的画像送到老百姓的家,期待着“使乡村美化,使都市美化,使中国美化,使全世界美化”。

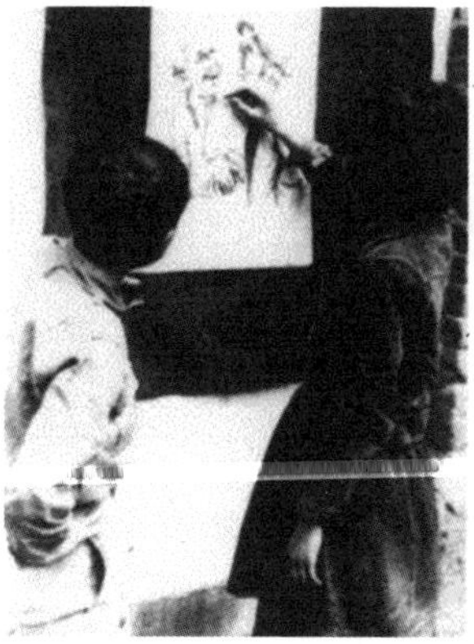

**图 2-11 育才学校绘画组学生在作画**

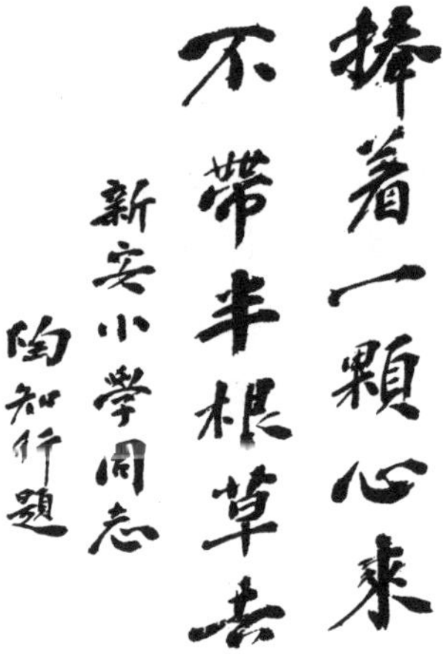


**图 2-12 陶行知手迹**

5. 书法

陶行知热爱中国书法艺术,从小儒学开蒙、书法启蒙也是承继父亲。他热爱书法,在不同的时期临摹、练习、学习书法,最终形成自己独特的书法艺术——“陶体”。陶行知留存于世的书法作品较多,成为研究陶行知的重要资料。字体亦经历了发展变迁,或苍劲有力、或秀丽活泼;书写内容也较为多元,从题字到对联,从诗歌到书信,琳琅满目,陶行知用自己的书法艺术,也串起了“妙笔生花”的艺术历程。陶行知的书法体现着陶行知的思想、陶行知的志趣,以及陶行知的品格。

## 第二节 陶行知美论的逻辑演进

从时间上看,陶行知对美的认识呈现出从“美在自然”到“美在创造”再到“美在生活”的递进和发展。比如,晓庄时期体现出“美在自然”的核心观点,育才时期更突出的是“美在创造”的观点。“美在生活”这一论点并非后来才有,而是贯穿渗透至陶行知生活教育运动史的始终,使得“美在自然”和“美在创造”在“美在生活”中得到统一。

陶行知欣赏自然之美,赞叹祖国山水,“自然美术固可贵,人生美术更可贵,自然化的人生美术,人生化的自然美术尤其可贵”。这体现了三个层次:美在自然——美在创造——美在生活。从对自然美的观赏(即美在自然),引申到用美术的精神改造自然、改造社会,进而改造生活(即“自然化的人生美术”和“人生化的自然美术”),最终“改造人本身”,表明了他对美的本质与作用认识深化的过程[①]。“美在生活”则贯穿陶行知美学理论与实践的始终,是陶行知美学观的最终注脚,即美与生活的同一。

## 一、美在自然

陶行知早期对于美的解读,或者说对于美的相关阐释,体现了“美在自然”的观点。“美在自然”具有重要的教育价值,其一,对于自然美的欣赏,可以激发人们对于生活的热爱,一方面自然环境是我们生活劳动学习的环境,另一方面自然的美丽也给人们提供精神食粮,丰富人们的精神生活。其二,自然美可以培养人民优美、高尚的情操,寄托人们的理想,热爱自然也是热爱生活的一种体现。其三,自然美还可以美化生活,调剂生活,使人得到宁静和休息。

“美在自然”观点的提出,首先,对于陶行知而言,他出身乡土,徽文化的浸润使陶行知热爱家乡,讴歌家乡的人杰地灵。所以在 20 世纪 20 到 30 年代陶行知发表了一些赞美家乡山水的文章。其次,这个时候,陶行知最主要的教育活动,是于 1927—1930 年创办的晓庄试验乡村师范学校,早期的晓庄乡村生活,是奠定陶行知“美在自然”的自然土壤。当然,晓庄时期也是陶行知“扎根乡土”的教育时期。陶行知信奉“自然是吾师”“从野人生活出发,向极乐世界探寻”的教育观点,拜自然为师。陶行知对于自然美的关注、欣赏,以及在教育领域对于自然美育的重要价值在这一时期予以凸显。

① 周志俊,魏名国.试论陶行知的美育思想[J].安徽师大学报(哲学社会科学版),1985(4):39-45.

## 二、美在创造

“美在创造”是陶行知重视创造精神、开拓精神、进取精神的体现。陶行知曾提出用美术的精神改造自然，用美术的观点改造环境，同时要具有“改造社会的精神”，一个新时代的、锐意进取的、积极向上的创造观在此体现，包含着劳动创造、包含着智慧创造、包含着自由创造，也包含着艺术家的艺术创造，等等。陶行知有着“建设的达观主义”和“创造的乐天主义”，在这里表现得淋漓尽致。在改造自然、改造环境、改造社会的基础上，进而改造生活，过美术生活。当然，陶行知“美在创造”的最终目标旨向是用美术的精神改造人，创造人，创造一个真善美的活人，创造一个健全人格的人。

图 2-13　育才学生在修建露天舞台

“美在创造”主要体现在陶行知在育才学校时期，这个时期的陶行知致力于为新中国培养各行各业的建设人才。陶行知在育才学校的课程体系多元，有多种艺术学科，包括戏剧、美术、音乐、诗歌等。陶行知寄希望这些多元的艺术教育可以滋养一个健全的人格的形成，以适应一个民主中国的到来。

## 三、美在生活

“美在生活”是陶行知思想的核心内涵，陶行知是生活教育理论的倡导者，他的生活教育思想贯穿其教育活动的始终，是指导陶行知教育实践的主要方针。“美在生活”是陶行知对于传统美学思想的革新，作为一个现代教育家，他的教育思想、美学思想都体现着“现代性”。“美在生活”体现了美与生活的同一。

从早期的“美在自然”再到“美在创造”，最后都在陶行知的“美在生活”中得到统一。生活教育贯穿陶行知教育生涯的始终，也贯穿于陶行知美学思想和美育理论与实践的始终，因此，有很多学者一致认为，陶行知的“美在生活”是一种“生活美学观”，陶行知的美育思想是一种“生活美育”。总之，陶行知的美学观念走向了生活的审美化和审美的生活化，即走向了审美与生命的同一。陶行知的美学观关注审美与生活的同一性的考察，消解了审美与生活之间的界限，强调审美活动无处不在。审美内容、传播媒介、发行渠道等都发生异常巨变，试图将美和艺术的各种变化同时传播到全世界，人们对于美和艺术的选择更自由、更广泛、更为个体化[①]。

## 第三节 陶行知的生活美学

"生活"是陶行知美学的践行场域，在这里，理智与情感交汇，物质与精神凝结。美在生活中得到物质价值和精神价值的双重收获。首先，在传统教育与生活教育的碰撞中，陶行知的教育理念乃至美育体系都选择了回归生活。其次，美来源于生活，是美和艺术创作的坚实土壤。最后，在陶行知的美学体系里，为实现人的健全成长，实现人格的"知情意合一""真善美合一"，就需要在生活中真正地实现"教学做合一"。

### 一、传统教育与生活教育碰撞

"作为一种既定的历史存在形态的20世纪中国美学进程，不可能仅仅以其逻辑必然的形式超然于整个世纪的思想文化意识之上：20世纪中国美学的学术生成与展开，总是以一定思想的潜在关系而同中国社会思想文化的复杂生存形态保持着特殊的联系。"[②]

陶行知所处时代的美育，也与当时中国社会的复杂形态密不可分。当时，中国社会政治、经济、文化、教育等方面的影响因素成为陶行知的美育思想赖以产生、存在和发展的土壤。陶行知的美育思想产生的文化背景是以近代中国五四运动为代表的文化思想运动，陶行知称之为"启蒙运动，或解放运动，或中国的文艺复兴"。他认为这种文化运动对于平民运动、乡村运动的推行起了很大的作用。此外，教育方面的问题，也使陶行知忧心忡忡，他强调中国以往的民众教育

① 潘知常．美学的边缘——在阐释中理解当代审美观念[M]．上海：上海人民出版，1998：260．
② 汝信，王德胜．美学的历史：20世纪中国美学学术进程[M]．合肥：安徽教育出版社，2000：5．

是害了三种病：

“一是偏枯病。它或是由于有意的放弃，或是由于无意的忽略以致大部分的民众是不知、不能、不可、不敢跑进民众教育的圈里来。例如老年人、女人、工人、农人、流浪儿，绝大多数是被摈于民众教育之外。……一般民众教育者则忽视老人之重要，而口口声声的说，我们要赶快培养青年民众，老人家快要进棺材了，……因此，民众教育对于老年人则害了偏枯症，同样，它对于妇女、农人、工人、流浪儿都害了偏枯的症状。二是守株待兔病。民众教育者是坐在民众教育馆里等待民众来：来一个，教一个；来两个，教一双；很少自动的到老百姓的队伍里去找学生。那愿意把教育送上门去的更是凤毛麟角了。民众教育还有一个特有的病，那就是尾巴病。民众教育在已往是成了教育之尾巴，排列是尾巴，经费是尾巴尖。社会既以尾巴看待民众教育，民众教育亦不知不觉的以尾巴自居。”①

在《传统教育与生活教育有什么区别》中，陶行知详细地比较了传统教育与生活教育的区别。他说：

图 2-14　陶行知主编的《生活教育》

“所谓吃人教育，就是指传统教育而言的。”“(一)教学生自己吃自己。他教学生读死书，死读书；他消灭学生的生活力，创造力；他不教学生动手，用脑。在课堂里，只许听教师讲，不许问。好一点的，在课堂里允许提问了，但他不许他出到大社会里、大自然里去活动。从小学到大学，十六年的教育一受下来，便等于一个吸了鸦片烟的烟虫，肩不能挑，手不能提，面黄肌瘦，弱不禁风。再加以要经过那些月考、学期考、毕业考、会考、升学考等考试，到了一个大学毕业出来，足也瘫了，手也瘫了，脑子也用坏了，身体的健康也没有了，大学毕业，就进棺材。这叫做读书死。这就是教学生自己吃自己。(二)教学生吃别人。传统教育，他教人劳心而不劳力。他不教劳力者劳心。他更说：‘劳心者治人，劳力者治于人。’说得更明白一点，他就是教人升官发财。发谁的财呢？就是发农人、工人的财，因为只有农人、工人才是最大多数的生产者。他们吃农人、工人血汗，生

① 陶行知. 陶行知全集(第4卷)[M]. 成都：四川教育出版社，2009：351.

产品使农人、工人自己不够吃，就叫做吃人的教育。”①

对此，陶行知指出，“生活教育与传统教育刚刚相反”：

“(一)他不教学生自己吃自己。他要教人做人，他要教人生活。健康是生活的出发点，他第一就注重健康。他反对杀人的各种考试，他只要创造的考成，也就是他不教人赶考赶人死。简单的说来，他是教人读活书，活读书，读书活。(二)他也不教学生吃别人。他不教人升官发财，他只教中国的民众起来做主人，做自己的主人，做政府的主人，做机器的主人。他教人要在劳力上劳心。即使有人出来做官，他是要来服侍农人和工人，看看有吃农人或工人的人，他要帮助农人、工人把他干掉。做官并不坏，但只要能够服侍农人、工人就是好的。他更要教人做到‘工以养生，学以明生，团以保生’。说得更清楚些是：教大众以大众的工作养活大众的生命；以大众的科学明了大众的生命；以大众的团体的力量保护大众的生命。”②

在陶行知其他的教育文章中，也可以看到陶先生关于传统教育与生活教育的比较。比如说，传统教育注重的是人才教育，而生活教育提倡的却是平民教育、普及教育。传统教育把教育和训育分离开，生活教育却把智识与品行、思想与行为、课内与课外、做人做事与读书相联系。传统教育以文化为中心，偏重传授文化知识，死读书、读死书、读书死；而生活教育重在运用、发明、创造，提倡活读书、读活书、读书活。传统教育使学校与社会脱节，生活教育则要求把整个的社会当作学校。传统教育只讲“天理”与“礼教”，不讲“人欲”和“自由”；而生活教育却追求“天理”与“人欲”“打成一片”。传统教育是以教师为中心，以书本为中心；而生活教育却主张以儿童为中心，以儿童的生活为中心。传统教育坚持维持性教育，而生活教育提倡的却是开放、发展、创造的教育。

基于当时 20 世纪中国美育的困境，陶行知做出了自己的美育抉择。在生活教育理念的影响之下，陶行知的美学也更加贴近生活，力求反映民众、学生、儿童、人民大众的真实生活，并形成了很多大众化方向的艺术教育，以此来表达自己对传统教育的批评和对生活教育的追求。

① 陶行知.陶行知全集(第 3 卷)[M].成都：四川教育出版社，2009：519-520.

② 陶行知.陶行知全集(第 3 卷)[M].成都：四川教育出版社，2009：520.

## 二、生活:情感与理性的交汇场域

陶行知的“生活美学观”易使人想到19世纪俄国车尔尼雪夫斯基“美是生活”的美学论断,虽然未有材料表明陶行知曾研究过“美是生活”的唯物主义美学观,但陶行知著作中的大量实录,都充分证明了他的美学观。即凡是前进的、创造性的生活及表现这种生活的东西,都包含着美的原质,都是美的[①]。

首先,审美生活具有积极意义。审美生活是一种能够积极影响人的情感、意志,给人以想象、启迪,予人以喜悦、同情,令人心旷神怡的生活;它是人们在生活实践中直接创造和参与、享受的过程,具体显现了人与人、人与对象之间的审美关系,因而是一种“应当如此的生活”。第一,审美生活是真与善的统一。真是审美生活的基础,一切虚假的东西都不可能成为其内容。与此同时,真还必须是善的、合理的、有生命力的,既符合生活发展的规律,又符合人们创造美好生活的目的。在这样的生活中,一切衰朽的东西被排除了,人们所感到的,是一片清新、向上、欣欣向荣的气象,人可以在其中憧憬美好的未来。第二,审美生活直接体现了人的自由创造,并且是新颖的、独特的和丰富的、形象的,审美生活总是充分洋溢人的自由创造精神和创造力,它的一切成果总是充分形象地显现了人的独特的创造本质,并且打破了某种习惯性的连续而直接联系着人的生活理想:一方面,生活中的美好事物是人们在一定理想指导下的实践成果,体现了理想的胜利;另一方面,生活中的美又代表了事物发展的方向,在积极的创造中体现了人的自由生命本质,最能满足人的物质和精神的需要。同时,审美生活又符合对称、比例、变幻、多样统一等美的形式规律,直接诉诸人的感官,与人的生理、心理律动相和谐。第三,审美生活积极地体现了人的享受的客观性与合理性建筑在其创造实践的真实性与积极性之上。审美生活不仅是一个创造的世界,同时也是一个自由享受的世界。在这个世界里,人的一切活动无不反映出人的生命创造的特征。因而,人在其中所享受的,就是自己生命的快乐。

其次,生活是艺术创造的前提和基础。美的创作激情、创造素材都来源于生活。美来源于生活。其一,生活是想象的土壤,没有想象就没有创造。创造性想

① 阎喜杰.陶行知先生与审美教育[J].佳木斯教育学院学报,1989(3):50-57.

象活动,必须依靠生活中所积累的大量的感性材料,对于感性材料的掌握越丰富,想象就越自由。黑格尔提出:"艺术家创作所依据的是生活的富裕,而不是抽象的普泛观念的富裕。在艺术里不像哲学里,创造的材料不是思想而是现实的外在形象。"虽然在黑格尔的观念里否认了生活是艺术美的源泉,但是他强调现实的外在形象的目的是为了表现理念。创造需要深入生活,创造基于生活实际,创造需要雄厚的生活土壤来孕育丰富的想象。其二,生活孕育了艺术家的激情,艺术美并不是生活形象的简单的再现,在艺术形象中浸透了艺术家的激情,而这种激情也来源于生活实践。情感是在社会实践中所形成的对事物的态度,它是客观实践的产物,艺术家脱离实践就无法培养对生活的感受。在生活中直接激发的感情,有力地推动了艺术家的想象。脱离了生活,不但失去了创造艺术形象所依凭的感性材料,而且失去了想象的动力——激情。这说明现实生活孕育了艺术家的激情,推动了艺术家的想象,才可能创作出感人的作品。其三,生活推动艺术家技巧的发展。艺术技巧不仅为表现生活思想情感服务,而且是在表现生活与思想情感的过程中形成和发展起来的。技巧的提高是没有止境的。生活在不断发展,要求艺术家在技巧上也要相应的变化。总之,生活是艺术美的源泉,艺术美是社会生活的反映,离开了社会生活,便不可能有真正的艺术创造。

最后,理性与情感在生活中形成合力。陶行知反对把"知情意"完全割裂的做法,他在《南京安徽公学办学旨趣》中明确指出:"健康、科学、劳动、艺术及民主将构成和谐的生活。"[①]要实现人的全面发展,就必须做到"知情意合一",使情感与理性汇合于生活。陶行知认为,中国传统教育之所以造成"理"对"欲"的压迫,就是因为它偏离了"生活"这一指针。他说:"在生活即教育的原则之下,人欲是有地位的,我们不主张以天理来压迫人欲的。这里,我们还得与戴东原先生的哲学打一打通。他说理不是欲外之理,不是高高的挂在天空的,欲并不是很坏的东西,而是要有条有理的。我们这里主张生活即教育,就是要用教育的力量,来达民之情,遂民之意,把天理与人欲打成一片,并且要和戴东原先生的哲学联合起来。"[②]在这里,陶行知非常赞同戴东原先生的观点,认为理性和情感之间存在着密不可分的关系。传统教育是把理性与情感截然分开的,甚至把它们对立起来,

---

① 胡晓风.陶行知教育文集[M].成都:四川教育出版社 2005:794.

② 胡晓风.陶行知教育文集[M].成都:四川教育出版社 2005:304.

强调以理性节制情感，这不仅扼杀了人自由发展的个性，也不符合教育的规律。在他的生活教育的理论中，理性不仅与情感相联系，而且要把它们打成一片，也就是说要“知情意合一”。由此可见，在陶行知的生活教育中，情感与理性汇合于生活，使两者产生合力，共同成就人的全面发展。

如何才能使情感与理性在生活中形成合力呢？陶行知认为，要使情感与理性形成合力，避免情感与理性力量的互相抵消，就必须使它们有一共同的方向。陶行知曾指出：“我们的真正指南针只是实际生活。实际生活向我们供给无穷的问题，要求不断的解决。我们朝着实际生活走，大致不至于迷路。在实际生活里问津的人必定要破除成见，避免抄袭。我们要运用虚心的态度、精密的观察、证实的试验，才能做出创造的工作。这种工作必以实际生活为指南针，方能有第一流的建树。”教育要发挥它应有的作用就必须以生活为指南针，这样才不会使教育迷失方向。在这一方向的指引下，情感与理性才不会偏离其应有的方向，也就不会出现理性压抑情感或情感冲击理性的现象。西方现代出现理论理性对情感的压抑，中国传统教育出现实践理性对情感的冲击，均是由于失去“生活”这一方向，使得情感与理性之间失衡，最终导致人格的片面、畸形发展。所以，以“生活”作为教育的方向是保持美育过程中情感与理性的平衡、使之形成合力的必要条件[①]。

① 张建中.论陶行知的生活美育理论及其当代启示[D].贵阳：贵州大学，2007.

# 第三章 陶行知美育观的理论体系

陶行知美育观建立在中西方美育思想的理论基础之上,同陶行知的成长经历与教育背景密切相关。可以说,陶行知的美育思想是扎根中国、融通中外的思想体系,他的理论体系还要回答陶行知美育的本质和目的,简言之,“知情意合一”和“真善美合一”构成了陶行知美育思想的本质和目的。

## 第一节 陶行知美育思想的历史渊源和理论渊源——扎根中国、融通中外

### 一、陶行知美育思想的历史渊源

陶行知的美育思想或者说他的艺术教育观,与他的家庭背景、青少年的求学经历,以及后来的留美深造是分不开的。

1. 中国传统教育和家庭教育的熏陶

陶行知 1891 年 10 月 18 日出生于安徽歙县的一个贫苦农家。父亲陶位朝,母亲曹翠仂。陶行知从小聪颖,4 岁就随父亲识字,7 岁时入休宁万安镇中街吴尔宽家的经馆伴读,陶行知的努力学习为其孺子经史的传统教育打下了坚实的功底。陶行知在“中学”的积淀中形成对于中国传统文化的深刻认同,也使他的美育思想传承中华美育精神的真谛。陶行知热爱中国文学艺术,喜欢写诗,鼓励孩子学习国画,热爱戏剧表演,他自己的书法作品也是传播久远。

2. 西学与基督教的影响

图 3-1　陶行知年少时就读的万安私塾

1906 年,陶行知入歙县基督教内地会所办的崇一学堂,英籍校长唐进贤非常喜欢陶行知的聪明勤奋,从那时候起,陶行知开始学习英语、数学、理化等课程,开始接触西方资产阶级的新教育。他在书信中说到他的早年教育经历:“至十四岁始入一中华耶稣内地会学堂,受教于唐进贤师(Mr. Gibbs),彼当时为仅有之西学教员也。两年后,该学堂因唐进贤师返回英国而停办,余乃不得不冒险前往杭州意欲习医。旋以医学堂严重歧视非基督教徒,甚至事关学科问题亦然,余乃撤回注册,而入学仅三日耳。余于失望之余,仍返徽州专习英文,复经一年,然后前往南京入金陵大学,校中基督教徒和非基督教徒均受欢迎,此乃余今日仍乐于称道之事也。”在这段时间,在英籍校长唐进贤的指导下,陶行知对注重客观的西方艺术有了初步的认识,他发现了西方艺术中的一些精华,陶行知认为应当把西方艺术中的精华吸收,“我不是反对学外国画,我所反对的是三不像的外国画,是在无外国生命精神之环境里学补字纸篓的外国画”。这段经历对陶行知后来进行的一系列的美育实践产生了重要的影响。

图 3-2　崇一学堂

图 3-3　哥伦比亚大学

3. 留学期间对西方艺术教育的亲身体验

金大毕业后,陶行知受人资助,考上了美国伊利诺伊大学,攻读市政。1915 年获该校政治硕士学位。1915 年秋,陶行知认识到在中国要实现真正的共和政治及民主主义,除向民众实行教育普及外,没有别的办法。因此,他毅然离开伊利诺伊大学转到哥伦比亚大学师范学院教育系学习,专攻教育学,得到了正在该校任教的美国教育家杜威和孟禄等人的器重。这些都给回国的陶行知为祖国教育的改革和发展,尤其是大众教育的普及起了积极的推动作用。三年的留美生活,使陶行知真正接触到了西方文化与西方艺术的濡养。

4. 对旧中国落后艺术教育现状的批判

1917 年夏,陶行知怀着"要使全中国人民接受教育"的宏愿,回到了苦难的祖国,踏上献身人民教育事业的征途。同年 9 月,陶行知应聘成为南京高等师范学校教育学教授,准备一展宏图。当时,中国的教育状况不容乐观,虽然经历了新文化运动和五四运动,可是各个学校对于艺术教育还是不够重视。

那时全国受教育的人还很少,再加上学校不重视美育,所以接受艺术教育的人就更少了。面对这样的状况,陶行知认为普及大众教育是解除国难的一条重要的途径,而普及大众教育不能忽视艺术教育特别是艺术创造的重大作用。他积极地开展教育实践,先后创办了晓庄师范学校和育才学校,对艺术教育进行了大量的理论和实践工作。对于当时中国的艺术教育来说,无疑是黑暗中出现了曙光。

总之,陶行知从小学习中国传统教育,深受中国传统美育精神的影响;青少年开始接触西学,认识西方先进理论和思想,理解了西方文化与西方艺术;三年留美生活,亲身体会到西方教育,对西方美育有了更深的认识。

## 二、陶行知美育思想的理论渊源

从陶行知的成长经历和教育经历可以窥见:陶行知美育观深受西方哲学与中国传统哲学的双重影响[①]。西方文化中的科学主义与实用主义、中国本土文化中儒家的"尚用观",对陶行知美育观的形成起到直接促进作用。其中,科学主义与实用主义是当时中国的知识分子探索救国方略得出的结论,"尚用观"则是作为一种潜质发生作用,决定了陶行知吸收何种哲学来改变中国落后的面貌。这两者构成了陶行知美育思想的出发点和归宿点。进行横向比较研究,有必要将陶行知美育思想置于五四运动前后这一历史大背景下。当时,中西文化的交

① 吴春香.陶行知审美教育思想探析[J].湖北函授大学学报,2009,22(4):70-71.

流带来思想上的解放，陶行知在吸收西方哲学思想的基础上，对美育进行了中国化的改造。全面揭示陶行知的美育思想，既需要联系西方的学术与思想，又需要结合中国的传统文化底蕴。将陶行知的美育思想同时置于中西文化背景下考察，一方面是从中国近现代美育发展的基本脉络中，找寻陶行知美育思想与中国传统美育思想的渊源关系；另一方面是从西方近代美育的发展轨迹中，探求陶行知的美育观与西方美育思想，尤其是杜威实用主义美育思想的关联性。由此，可进一步厘清陶行知在建构其美育思想过程中的取、舍以及创造。总之，陶行知的美育思想，一方面受中国传统教育思想的濡养，另一方面受到西方美育思想的影响，其中主要是杜威的美育思想。

### （一）儒道传统美育思想的濡养

1. 儒家的美育思想

中国最初的美育意识和美育实践可追溯至先秦时期，尤其是作为中国传统文化的核心代表的儒家，非常注重礼乐的教化功能。如儒家的代表人物孔子在尊崇西周礼乐文明的基础上，以“仁”的哲学思想为核心，尤为重视审美活动在人的伦理道德层面的陶冶作用，通过诗教、乐教完成心灵的陶冶、净化，最终有助于政治教化，以达到人格完善的境界，简言之，孔子的美育思想就是诗教、乐教以仁为核心，以礼为内容，以艺为手段。“兴于诗”“立于礼”“成于乐”，是通过诗教、乐教把人培养成符合礼的要求的人，从而投身到国家的建设和治理中，通过集诗乐舞于一身的“乐”，潜移默化地陶冶性情，培养高尚审美趣味和审美能力。美在礼乐，重视礼乐对人的精神世界的影响，而这种重视的最终目的是陶冶人的心灵，以达到社会关系的稳定和谐。

图 3-4　孔子

图 3-5　老子

2. 道家的美育思想

道家培养美在自然的理想人格，道家理想人格的塑造都是实践“为道”的教育目的在培养人方面的具体体现。老子的理想人格可简单地概括为“复归于朴”,其道德要求:无为贵柔。无为,人的一切行为标准,都必须遵循“道”,遵循自然法则。贵柔,人应该保持柔弱的美德,而柔弱会转化为刚强,并战胜之。知足不争,不敢为天下先:处理人际关系,恭谦居下,不应争先。庄子的理想人格:多规格、多层次的人格准则和修养的具体要求。庄子对其所构想、追求的理想人格有多种称呼:“真人”“至人”“神人”“圣人”。我们可以把它们统称为“真人”。“真人”应该具备什么样的品格呢?庄子在《逍遥游》中,对它有一个总括,可以说是概括了作为理想人格“真人”的基本品格:“至人无已,神人无功,圣人无名。”为此,庄子设计了一个理想人格的蓝本:

“藐姑射之山,有神人居焉。肌肤若冰雪,绰约若处子,不食五谷,吸风饮露;乘云气,御飞龙,而游于四海之外。其神凝,使物不疵疠而年谷熟。”这种理想人格,有以下一些特征:“物莫之辨,大浸稽天而不溺,大旱金石流山焦而不热,是其尘垢秕糠,将犹陶铸尧舜也。”[①]

所谓“圣人无名”,就是说,作为理想人格的“圣人”,应该是淡泊名利,不为名利所左右。儒家认为,社会动荡的原因在于礼乐不兴,主张以仁义治天下。庄子认为,追求名义、仁义、道德,这不但不能使社会达到太平,反而是社会动荡不安的原因。所谓“神人无功”,就是说,作为理想人格的“神人”,应该是顺应自然的。儒家主张内圣外王,不仅要有一颗仁者之心,还要有所作为,要“博施于民而能济众”,从而建功立业。庄子反对儒家积极有为的思想,主张理想人格要顺应自然的变化。所谓“至人无已”,就是说,作为理想人格的至人,应该“忘形”“忘情”,从肉体、精神两方面彻底忘掉自己,用庄子的话说,就是忘却生死、宠辱、贵贱、好恶、是非,在生死、宠辱、贵贱、好恶、是非面前,不动感情。

综上所述,道家追求的是一种顺应自然的人生最高境界,是一种超凡脱俗的精神境界,是一种与世无争的没有是非差别的境界,是超历史超时代的理想境界。并希望摆脱各种羁绊,追求一种自由自在的生活,也就是回到“人之初”、回到“宇宙根源”与“道”合一的理想生活。

① 出自《庄子·逍遥游》。

## （二）与近代同时期美育思想的对话与碰撞

1. 近代美学的先导：梁启超

(1) 突出美的意义："美"是人类生活一要素。

图 3-6 梁启超

梁启超美育思想的第一个鲜明特点，是大大突出美在人类生活中的地位。梁启超在《美术与生活》中提出："我确信'美'是人类生活一要素，或者还是各素中之最要者。倘若在生活全内容中把'美'的成分抽出，恐怕便活得不自在，甚至活不成。"把"美"看成是人类生活中最重要的因素，在中国美育史上是一个新观点。在中国传统文化中，较之科学工艺等方面，审美和艺术是既得到重视也取得辉煌成就的，多数政治家和思想家都把审美看成是人生不可缺少的方面，从来没有谁像梁启超这样把美看成是人类生活要素中最要者，这一观点的提出，实际意义是把美育从传统的政治教化的地位上解放出来，具有相当明显的近代色彩①。

(2) 审美趣味是一种高等趣味。

梁启超提出的"趣味教育"更加明确。他认为，人生的动力便是趣味："趣味是活动的源泉。趣味干竭，活动便跟着停止……人类若到把趣味丧失掉的时候，老实说，便是生活得不耐烦，那人虽然勉强留在世间，也不过行尸走肉，倘若全个社会如此，那社会便是痨病的社会，早已被医生宣告死刑。"梁启超把趣味分为高等趣味和低等趣味。他认为，凡一种趣味事项，倘或是要瞒人的，或是拿别人的苦痛换自己的快乐，这等统名为低等趣味。人们不可以沉迷于低等趣味，需要培养高等趣味。他认为，对人们进行趣味教育的主要手段仍然是艺术。艺术可以引导人们正确地进行审美活动，使生活充满情趣。而且，个人感觉机关(即器官)用得熟与不熟，以及外界帮助引起的机会有无多少，会使趣味享受有很大的差异。感觉器官敏则趣味增，感觉器官钝则趣味减；诱发机缘多则趣味强，诱发机缘少则趣味弱。他的这个观点符合心理学原理，审美的主体条件和审美的客体

① 单世联，徐林祥. 中国美育史导论[M]. 桂林：广西教育出版社，1992：425.

因素直接影响审美效果[①]。

在梁启超看来，高等趣味是审美趣味，艺术的作用就在于引起人的审美趣味，以审美趣味来恢复人的审美本能，以维持和增强人的生存能力和生活意义。他说："审美本能，是我们人人都有的。但感觉器官不常用或不会用，久而久之麻木了。一个人麻木，那么便成了没趣的人；一个民族麻木，那民族便成了没趣的民族。美术的功用，在把这种麻木状态恢复过来，令没趣变为有趣。换句话说，是把那渐渐坏掉了的爱美胃口，替他复原，令他常常吸受趣味的营养，以维持增进自己的生活康健。明白这种道理，便知美术这样东西在人类文明系统上该占何等位置了。"他又指出："文学的本质和作用，最主要的就是"味"。因而，没有艺术，没有美，人类就不能正常地生活。"梁启超之所以看重美和艺术，正因为他看重人，看重人的情感趣味。"趣味"就是"快乐""乐观""有生气"，有了它，生活就有了意义和价值，就会多彩多姿而又健康幸福。

(3) 宣传情感教育。

在《中国韵文里头所表现的情感》一文中，他说："天下最神圣的莫过于情感。用理解来引导人，顶多能叫人知道那件事应该做，那件事怎样做法，却是被引导的人到底去做不去做，没有什么关系，有时所知的越发多，所做的到越发少。用情感来激发人，好象磁力吸铁一般，有多大分量的磁，便引多大分量的铁，丝毫容不得躲闪。所以情感这样东西，可以说是一种催眠术，是人类一切动作的原动力。"[②]梁启超认为，"情感教育的目的，不外将情感善的美的方面尽量发挥，把那恶的丑的方面渐渐压伏淘汰下去"。他认为，情感教育可以从四个方面入手，劳作、游戏、艺术、学问。而在这四项活动中，"情感教育最大利器就是艺术"，称赞艺术的重要价值。

2. 中国近代美学的奠基者：王国维

王国维(1877—1927)是中国近代美学的奠基者和开拓者。首先，"由于中国古典美学一向缺乏系统性理论，由于近代美学在内忧外患的民族危机中不可能建立，所以近代意义上的中国美学必然是从引进、介绍西方美学开始"。王国维就是开这一风气的人物，他第一个在 20 世纪初把"美学"从西方引进中国，较系

① 任亚军. 中国近代美育思想及其当代意义[D]. 成都：四川省社会科学院，2008.

② 北京大学哲学系美学教研室. 中国美学史资料选编(下册)[M]. 北京：中华书局，1981：417.

统地加以发挥和传播。其次,受到近代西方学科专门化的影响,他十分注意审美和艺术的特殊性,把美学与伦理学、教育学相比较,确定了美学在人文科学中的独特地位,从而开始了中国美学的自觉,并应用于文艺研究,取得了相当可观的成就。

图 3-7　王国维

王国维主张审美是"意兴所至",艺术能够帮助人们挣脱束缚,解脱烦恼。他在《人间词话》中提出"境界说",具有强烈的现实意义,为美注入了全新的意境和内涵,而最为后人所传颂的是"人生三境界",即:

"古今之成大事业、大学问者,必经过三种之境界:'昨夜西风凋碧树。独上高楼,望尽天涯路。'此第一境也。'衣带渐宽终不悔,为伊消得人憔悴。'此第二境也。'众里寻他千百度,回头蓦见,那人正在灯火阑珊处。'此第三境也。"①

王国维自觉把美育纳入中国的教育体系,认为美育是达到教育目的、实现教育宗旨所不可缺少的内容。1903 年 8 月,他在清廷实施"新政"、全国纷纷兴办新式学堂、知识教育方兴未艾的背景下,于《教育世界》56 号上发表了《论教育之宗旨》,将美育列为"完全之教育"之一部,并在中国教育史上首次提出了德、智、体、美四育并重。他说:"完全之人物,精神与身体必不可不为调和之发达。而精神之中又分为三部:知力、感情及意志是也。对此三者而有真善美之理想:真者知力之理想,美者感情之理想,善者意志之理想也。完全之人物不可不具备真美善之三德。欲达此理想,于是教育之事起。教育之事亦分为三部:智育、德育(即意育)、美育(即情育)是也。"②他认为,教育的首要目的在于育人,在于使人性得到解放和人的身心得到自由、健康、和谐的发展。人是目的而不是工具,任何将个人视作宗教、君主、国家、民族的工具或附庸的思想和做法都是不合理的,都是反人道、侵人权,与人的自由独立本性背道而驰的。培养身体和精神"无不发达且调和"的"完全之人物"才是教育之根本。他根据西方近代心理学的知、情、意三分理论,对构成人的心理活动的三项基本因素,分别施以不同的教育内

① 王国维.人间词话[M].上海:上海古籍出版社,2007:28.
② 姚淦铭,王燕.王国维文集(第三卷)[M].北京:中国文史出版社,1997:57.

容:"智育"教人求真,"美育"纯洁情感,"德育"培养意志,三者协同共进,方能达到真善美的理想境界,偏废任何一项都是不足取的。他得出结论说:"三者并行而得渐达真美善之理想,又加以身体之训练,斯得为完全之人物,而教育之事毕矣。"[①]他强调,德、智、体、美"四育"全面发展,人才成为完整的人。

3. 中国近代美育之父:蔡元培

在中国近代美育史上,蔡元培(1868—1940)是影响最大的思想家和实践家。有人甚至认为,"中国之有美学,以蔡元培先生提倡为最早","所以只要讲到中国的美学,就不论理论与教育两方面,均要首先提到先生"。本书认为,中国之有"美学",实应归功于王国维,若说王国维是中国近代"美学之父",蔡元培则是中国近代"美育之父",因此把他们略做比较是有意义的。

**图 3-8 蔡元培**

蔡元培受过传统文化的深刻影响和熏陶,又广泛接受近代西方文化,特别是他曾留学美学的故乡国,系统研习过从柏拉图到康德、哈特曼的西方美学史。他和王国维都是西方美学的积极传播者和中国美学的辛勤建设者,具有鲜明的中西合璧的特色,严格意义上的中国近代美学,是从他们开始的。王国维虽然比蔡元培小近 10 岁,但其美学思想的形成却比蔡元培早近 10 年,时代环境、性格禀赋、注意中心的不同,使他们的美学思想有较大不同。在思想渊源上,王国维是把传统的庄玄与西方美学加以融汇,蔡元培则以儒家教化与西方美学相贯通。王国维接受康德、叔本华的影响,却以叔本华为中心;蔡元培也欣赏叔本华的意志,但在理论上主要以康德为师。在思考方法上,王国维以自己的人生感受为出发点,善于做哲学思辨。

蔡元培在《以美育代宗教》中,肯定了宗教中的美育因素,同时也肯定了宗教带给人美感和联想的作用。然而,他认为这样的美感是不纯粹的,故不能以宗教代美育,要拯救国民的精神只能是美育。他说:"鉴激刺感情之弊,而专尚陶养感情之术,则莫如舍宗教而易以纯粹之美育。纯粹之美育,所以陶养吾人之感情,

① 姚淦铭,王燕.王国维文集(第三卷)[M].北京:中国文史出版社,1997:58-59.

使有高尚纯洁之习惯,而使人我之见、利己损人之思念,以渐消沮者也。”①

美,不涉及利害关系,可以人人共享而不妨害他人;美,超脱于实际功利目的,可以使人脱离现实生活、不为物役——与宗教相比,它只有激励人、促进人格健全发展的正面作用而不会产生任何负面效应。1930 年 12 月,蔡元培发表《以美育代宗教》,进一步阐述了美育取代宗教的理由:“一、美育是自由的,而宗教是强制的;二、美育是进步的,而宗教是保守的;三、美育是普及的,而宗教是有界的。”②

“以美育代宗教”的命题,符合中国的艺术精神和民族教育传统。因为,中国人不同于西方人,不以宗教的和外在的身份为最高境界,中国人追求的最高境界是审美的。宗教具有扩张己教、攻击异教的条件,这与美的普遍性根本对立,与自由、平等、博爱的资产阶级民主主义教育思想相违背。反对宗教而倡导美育体现了他鲜明的战斗精神,体现了他作为一个民主革命家敢于冲破精神桎梏,寄希望于现实和未来的人生理想。

1919 年 12 月 1 日,蔡元培直抒胸臆,以《文化运动不要忘了美育》为题撰文:“现在文化运动,已经由欧美各国传到中国了。解放呵!创造呵!新思潮呵!新生活呵!在各种周报上,已经数见不鲜了。但文化不是简单,是复杂的;运动不是空谈,是要实行的。要透澈复杂的真相,应研究科学。要鼓励实行的兴会,应利用美术。科学的教育,在中国可算有萌芽了。美术的教育,除了小学校中机械性的音乐、图画以外,简截可说是没有……文化进步的国民,既然实施科学教育,尤要普及美术教育。”③可见,他是直接从美育的角度来阐述美育表现文化的作用,他把美育当作波澜壮阔的新文化运动的一个方面来强调。面对当时中国文化失范的现状,蔡元培感慨地说:“我们现在除文字界,稍微有点新机外,别的还有什么?书画是我们的国粹,却是模仿古人的。古人的书画,是有钱的收藏了,作为奢侈品,不是给人人共见的。建筑雕刻没有人研究。在嚣杂的剧院中,演那简单的音乐,卑鄙的戏曲。在市场上散步,止见飞扬尘土,横冲直撞的车马,商铺门上贴着无聊的春联,地摊上出售那恶俗的花纸,在这种环境中讨生活,怎么能引起活

① 高平叔.蔡元培美育论集[M].长沙:湖南教育出版社,1987:46.

② 高平叔.蔡元培美育论集[M].长沙:湖南教育出版社,1987:207.

③ 高平叔.蔡元培美育论集[M].长沙:湖南教育出版社,1987:57.

泼高尚的感情呢？所以我很希望致力文化运动诸君，不要忘了美育。”①

这里，蔡元培讲述了环境对人的心灵的影射。自然界的一切事物，无论是山水或是花鸟，都与它的环境处于一定的关系中，使人获得具有空间感的审美感受。如果人长期处于一种丑陋不堪的环境之中，行为和意识却麻木不仁，这是非常可怕的事情，因为他已经被这种环境同化了。蔡元培还把美育和科学教育当作教育的两大旗帜，强调两者应该互相促进、不可偏废。他用一个形象的比喻来讲解美术和科学的关系：

“例如走路是一种行为，但要先探听从那一条路走，几时可到目的地，探明白了，是有了走路的知识了；要是没有行路的兴会，就永不会走或走得不起劲，就不能走到目的地。又如踢球的也是一种行为，但要先研究踢的方法；知道踢法了，是有了踢球的知识了；要是不高兴踢，就永踢不好。所以知识与感情不好偏枯，就是科学与美术，不可偏废。”②

他深刻地感受到科学文化先进的欧洲国家是科学与美术并重，而“五四”新文化运动兴起后，中国提倡科学已经开始，美术则尚未开始。面对中国重视科学，轻视美术的现状，蔡元培说：“因为专治科学，太偏于概念，太偏于分析，太偏于机械的作用了……就是一人的生死，国家的存亡，世界的成毁，都是机械作用，并没有自由的意志可以改变他的。抱了这种机械的人生观与世界观，不但对于自己竟无生趣，对于社会毫无爱情；就是对于所治的科学，也不过‘依样画葫芦’，决没有创造的精神。防这种流弊，就要求知识以外兼养感情，就是治科学以外，兼治美术。有了美术的兴趣，不但觉得人生很有意义，很有价值；就是治科学的时候，也一定添了勇敢活泼的精神。”③

### （三）对西方美育思想的融合与改造

杜威是实用主义哲学最重要的代表人物之一。虽然杜威并非是一个严格意义上的美学家，但他在 1934 年写的《艺术即经验》一书，无疑开创了一个影响深远的以实用主义为其标志的新的美学派别。实用主义的核心概念就是“经验”，因此，杜威的美学著作与“经验”一词有密切关系，在杜威看来，他的实用主义的

---

① 高平叔.蔡元培美育论集[M].长沙：湖南教育出版社，1987：58.
② 高平叔.蔡元培美育论集[M].长沙：湖南教育出版社，1987：10.
③ 高平叔.蔡元培美育论集[M].长沙：湖南教育出版社，1987：107.

基本学观点与其他一切哲学的根本区别就在于,其他一切哲学用的都是非经验的方法,只有他的哲学才用了经验的方法。用非经验的方法去研究哲学,必然要把主体与客体、经验与自然加以割裂。而他所主张的经验的自然主义就是要反对“把人与经验同自然界截然分开”。杜威的目标就是要确立经验与自然之间的连续性。也就是说,在经验的范围之内,主体和客体、人与自然是连续的、不可分割的。他认为,人的活动和社会是一个整体,不能离开社会,离开环境来孤立地研究人。在人与环境的关系上,他主张有机体对环境的适应,这就是他所谓的“协调”。因此,这种协调完全像动物那样,是对环境的一种被动的适应过程①。

**图 3-9　杜威**

自康德以来,占主导地位的传统看法是智力的领域、实践的领域和审美的领域应明确地加以划分,也就是说要把科学、行为和艺术三个领域加以区分。于是,审美经验被看作某种非智力的也非实践的经验。康德美学中的“无利害关系”概念,就是要把实践的经验看作是和审美经验相敌对的。杜威则反对这种人为的划分。在《经验与自然》一书中,杜威就提出了“经验就是艺术”的主张来解释希腊艺术。他认为,“我们从其含蓄的意义方面来讲,把经验当作是艺术,而把艺术当作是不断地导向所完成和所享受的意义的自然的过程和自然的材料”。在杜威看来,“在激动中的宁静”就是艺术的特征。他认为艺术产生于需要、匮乏、损失和不完善,人类发明艺术就是因为人生活在危险的世界中不得不寻求安全。于是就发明许多艺术,通过它们来利用自然的力量;人就从威胁着他的那些条件和力量本身构成了一座堡垒。他建筑房屋,缝织衣物,利用火烧,不使为害,并养成共同生活的复杂艺术。杜威认为,经验是人在与环境之间的相互作用的过程中发生的,因此,他不仅从人与环境的关系上着手探讨艺术问题,而且也从人与环境的冲突和一致这种相互作用中来探索审美的根源:“因为我们所生活的

① 朱狄.当代西方美学[M].北京:人民出版社,1988:47.

现实世界是运动和终点的结合，破裂和重新统一的结合，生物的经验才可能具有审美的特质。”一个经验是智力的、实践的或审美的，主要取决于人的意图究竟是什么，而这种意图又是受经验所支配的。

**图 3-10　江苏教育厅欢迎美国杜威博士及其夫人(前排右二为陶行知)**

《艺术即经验》这本书沿袭了《经验与自然》中的主导思想，即把经验看作是人的有机体与环境相互作用的结果，是人的各种情感和意志的表现，是人对于刺激的一种反应。因此，一种艺术哲学的任务是“恢复作为艺术品的经验的精致与强烈的形式，与普遍承认的构成经验的日常事件、活动，以及苦难之间的连续性”①。杜威反对各种经验之间的分离，他说：“当艺术物品与产生时的条件和在经验中的运作分离开来时，就在其自身的周围筑起了一座墙……艺术被送到了一个单独的王国之中，与所有其他形式的人的努力、经历和成就的材料与目的切断了联系。”简言之，杜威就是要恢复艺术与非艺术之间的联系性。首先，包含艺术的经验与日常生活经验之间的连续性。杜威认为，一切日常生活经验也同样可以具有审美的性质，但只有具有整一性、丰富性、积累性和最后圆满性的经验，才是审美经验。“在杜威看来，审美经验和日常经验的分离完全是人为的，创造了生产者和消费者之间的鸿沟的那种力量也同样创造了日常经验与审美经验之间的分离。倘若我们把这种分离看作是正常现象而接受下来，那也只不过是这

① 杜威. 艺术即经验[M]. 高建平，译. 北京：商务印书馆，2005：1-2.

种制造鸿沟的力量的一项记录而已。他认为，那种把艺术孤立起来进行解释的理论，割断了艺术与其他经验方式的联系，而艺术与其他经验方式的这种分离并非出于艺术固有的本性，只是由一些外在的特殊条件在起作用。实际上，无论在哪种情况下，艺术经验和日常经验都没有根本性的区别。但是，杜威在这一点上并没有坚持到底，事实上也不可能坚持到底。因为明显的事实是：虽然各种不同的经验都是经验，但却是不同方式的经验。所以在逻辑上只要承认有各种经验，也就等于承认了经验的种类的区分是无法回避的。于是，杜威也不得不承认：经验是多种多样的，其中就有审美的经验。这种经验的特殊性就在于它具有一种其他经验所没有的审美性质，正是借助于这种审美性质，在审美经验中，经验是一种带有审美性质的经验，而这种审美性质在其他实践的或智力的经验中则仅仅居于从属的地位。"[①]其次，杜威寻求高雅艺术与通俗艺术之间的连续性。杜威认为，经验的最完美的表现就是艺术。在他看来，艺术并不是由于艺术自身的原因而与日常生活相分离，相反倒是由于美术馆或音乐厅所赋予的那种象征性，而使它和日常生活相分离。杜威认为，虽然不懂得花朵是土壤、空气、水分、种子的相互作用的结果，照样可以欣赏花朵的美丽，但假如不去对这种相互作用作出解释，就无法理解一朵花的美，而理论就是要去发现艺术作品的性质以及它们何以能在知觉中得到鉴赏的原因。一种日常生活中的东西怎么会成为艺术所创造出来的形式？日常的风景场面产生的愉悦怎么会发展为一种特殊的审美经验的满足？这些问题是理论所必须回答的。"除非我们能去发现关于经验的萌芽和根源，否则我们就不能发现答案。而一旦发现了这些经验活动的根源，我们也就能从中引申出它们成长为一种成熟的和精练化了的艺术的高级形式的整个过程。"杜威认为，想从审美经验中去寻找艺术的答案是不可能的，这种答案只能在日常生活经验中才能找到："我们只能从日常的经验中去追溯艺术发展的答案，除此之外别无他法。"杜威引证了歌德的话："艺术在它是美的很久之前就构成了。"[②]他甚至认为，"为了以最根本的、为人们所认可的形式来理解美学，必须从它的最初状态开始。"[③]最后，杜威还试图建立一种美的艺术与实用的或技术的艺术之间的连续性。他认为，一个经验最完美的表现就是艺术。虽然艺术作品

① 朱狄．当代西方美学[M]．北京：人民出版社，1988：50.
② 杜威．艺术即经验[M]．高建平，译．北京：商务印书馆，2005：1-2.
③ 杜威．艺术即经验[M]．高建平，译．北京：商务印书馆，2005：3.

必须是人工制品，但艺术必须是审美的，方能称之为艺术。“艺术的生产过程是和知觉中审美的部分发生有机联系的。”杜威认为，艺术家的活动只要受到审美意图的支配，就会发生艺术。“艺术家在知觉中没有对他所创造的东西满意之前，总是继续在形成，继续在改造。”但是他又认为想在美的艺术和实用艺术之间建立“类”的区别是荒谬的，这样，他就不得不对艺术中的“意义”做新的解释。他认为存在着一种“内在的意义，直接的感觉经验能与它自身的意义合并在一起的这种能力是没有什么界限可言的，这种东西抽象地说，可称之为“观念的”或“精神的”。“感觉”一词在杜威那里可以包括一系列的内容，它包括感觉的、知觉的、敏感的、情绪的和感官的所有因素，包括从肉体上和精神上的冲动到感觉本身所有的东西，这些东西就是呈现在直接经验中的意义。“艺术也就是人能够有意识地去重建这种能力的一个生动而具体的证明，把感觉、需求、冲动和生物的行为特征结合成整体并达到一种意义的水平。”在经验中，手段和目的合成一体，具体化为“意义”，这种“意义”只能在理性的控制下才能把手段和目的分开。艺术作品本身并没有一种独立的、足以自满自足的贮存物，因此“艺术作品”这个术语本身只是意味着经验本身；经验也就是“真正的”艺术作品，它能使我们回想起一些偶然事件①。

“一个经验”是理解“审美经验”的一把钥匙。杜威指出，“审美经验”就是那种“决定着任何事物都要被称之为一种经验的诸因素能被提高到知觉的水准上”，从而能表示出一种“审美特征的享受”，这样的一种经验，方能是审美的经验。他坚持审美经验必须首先是种知觉经验，审美经验之所以有异于实践的或其他的经验，并不在于它是无关利害的，而在于在审美经验中，欲望和知觉经验完全结合成为一种整体的经验。

“杜威的美育理论导源于卢梭，卢梭所特别关注和深入思考的问题如审美感受、审美兴趣和审美情境等，都作为基本要素或理论内核出现在杜威的美育思想中。”②“自然”是卢梭整个教育思想的核心，也是其美育思想的核心。卢梭的理想人格是培养健全完美的“自然人”，进而构造一个美好的社会制度。“卢梭的审美教育具体体现在通过体育锻炼培养健全的身体；通过游戏、绘画培养敏锐丰富的感性能力；通过自然直观教学培养明晰缜密的理性能力；通过情感交流培养学

① 朱狄.当代西方美学[M].北京：人民出版社，1988：52-53.

② 邹华.杜威美育思想简论[J].首都师范大学学报(社会科学版)，2010(5)：65-68.

生爱心和美德；通过广泛的审美活动培养正确的审美鉴赏力，并主张在学习过程中保证学生适量的自由，使学生充分享受自由和快乐。”①

杜威所主张的教育是一种美育化的教育，是以“兴趣”或以美感为中心的教育，这种美育并不局限于艺术，而是覆盖全部的教育领域，贯穿所有的教育科目，因而是一种“大美育”。杜威的贡献在于，他在对卢梭美育思想进行系统化、理论化的同时，还在自己长期的富有成效的教育实践中，将卢梭的美育思想历史性地向前推进了，使启蒙时代的美育理想和未来憧憬，转化为现代教育的具体实践和丰硕成果。

## 第二节 陶行知美育思想的本质论：知情意合一

在探讨了古今中外美育思想的基础之上，我们来探讨陶行知美育思想的本质内涵。有学者认为，在对美育的本质进行探索的道路上，陶行知比王国维、蔡元培走得更远。20世纪初期，在强国富民的社会大背景下，涌现出了一股强大的崇尚实用的科学理性主义思潮，科学教育备受重视，情感教育则受到忽视。王国维、蔡元培等人受到西方美学与美育学说的影响，先后提出美育的主张。王国维在《论教育之宗旨》中，将教育分为心育与体育，美育与德育、智育同属心育。美育既是独立的教育形式，又是德育的手段。

蔡元培将美育称作美感教育，在担任中华民国临时政府教育总长后，他以教育部法令的形式确立了美育在教育方针中的地位。即便如此，在蔡元培的教育体系中，教育的目的是“以德育为中心”，“美育和智育相辅而行”。简言之，美育仍是德育的附属。科学理性与儒家传统对于情感教育的冲击，使得美育在20世纪初未能被真正赋予独立的地位。

美育的本质要回答“美育是什么”，陶行知认为，美育的本质在于“知情意合一”，即美育既是情感教育，又是情感教育与理性教育的融合。“美是纯洁道德、丰富精神的重要源泉。美育是审美教育、情操教育、心灵教育，也是丰富想象力和培养创新意识的教育，能提升审美素养、陶冶情操、温润心灵、激发创新创造活力。”

① 王振君．卢梭的美育思想及其当代意义［D］．济南：山东师范大学，2007．

图 3-11 育才文学组活动

图 3-12 育才社会组办壁报

陶行知在《育才学校教育纲要草案》中直接指出"育才学校办的是知情意合一的教育"。之后，指出当时中国教育的主要特点，他说："中国数十年的新教育是知识贩卖的教育，有心人曾经慨然提倡感情教育，知情意并重的教育。这种主张，基本上是不错的，但遗憾的是没认清知识教育与感情教育并不对立，同时知情意三者并非从割裂的训练中可以获取。书本教育也许可以使儿童迅速获得许多知识，神经质的教师也许可以使儿童迅速地获得丰富的感情，专制的训练也许可以使一个人获得独断的意志，但我们何所取于这样的知识，何所取于这样的感情，何所取于这样的意志？"接着，他提出"知情意合一"教育的主要意涵：

"知情意的教育是整个的，统一的。知的教育不是灌输儿童死的知识，而是同时引起儿童的社会兴趣与行动的意志。感情教育不是培养儿童脆弱的感情，而是调节并启发儿童应有的感情，主要的是追求真理的感情，在感情之调节与启发中使儿童了解其意义与方法，便同时是知的教育；使养成追求真理的感情并能努力与奉行，便同时是意志教育。意志教育不是发扬个人盲目的意志，而是培养合于社会及历史发展的意志。合理的意志之培养和正确的知识教育不能分开，坚强的意志之获得和一定情况下的情绪激发与冷淡无从割裂。现在我们要求在统一的教育中培养儿童的知情意，启发其自觉，使其人格获得完备的发展。"

"知情意合一"点明了陶行知美育的本质，知情意是整个的、统一的，具体来说，陶行知美育是"知情意合一的整体教育""知情意合一的创造教育""知情意合一的和谐教育"，在"整体、创造、和谐"的"统一的教育中培养知情意"，最终实现人格均衡、完备的发展。

## 一、知情意合一的整体教育

陶行知呼吁的是"知情意合一"的健康人格、理想人格。健康人格是一种整体性的人格。首先,整体意味着全面,也就是说健康人格是人格诸要素尽可能充分发展的结果,而不是只有某一方面特别突出、占统治地位的片面人格。"知情意合一"就是不偏重任何一方的教育,要求人格的知、情、意充分发展、均衡发展、协同发展。其次,整体意味着人格诸要素的有机统一,逻辑思维的发展不仅不压制形象思维的发展,而且促进它的发展;情感的丰富不仅不冲击理智的严密,而且使理智更富于创造性;道德的提高不仅不限制想象的丰富,而且使想象更深厚。这就是说,整体性的健康人格内部是和谐的,而不是分裂的[①]。

## 二、知情意合一的创造教育

陶行知诉求的是一个"知情意合一"的创造人格,即具有一种能够持久并具有创造性的人格,这也是健康人格的重要特征。创造性一般可分为两个层面:一是指专门的创造能力和技能,如在理论上提出新问题和新观点、在实践中发明和制作新事物的能力;一是指不断实现和更新生命与生活的自觉意识和能力,是一种活泼的生命活力。"其实质是指全面实现人的潜能的能力和状态,即发展和完善生命。美育对个体创造性的推动,主要在于激发学生的情感,丰富个体的生命,使之具有自发涌动的创造性欲望和动力、自觉的创造意识、高度灵敏与发达的创造性能力,并为个体创造性实践的发挥提供良好的素质和心理基础。"[②]

人的审美创造能力的开发、审美创造活动的广泛活跃,是美育的具体归宿,也是人的全面发展的基本内容之一。人正是由于自身审美创造能力的持续性开发和审美创造活动的广泛发展,而不断走向了高度自由的审美世界。知情意合一的创造教育就是在创造、自由、想象的空间中,培养儿童的创新意识、创造性思

① 杜卫.美育学概论[M].北京:高等教育出版社,2001:34.
② 杜卫.美育学概论[M].北京:高等教育出版社,2001:53.

维、创造能力以及实践能力,全面开发儿童的各方面潜能。同时也塑形儿童的精神世界和内心情理世界的搭建,滋养儿童的心灵,培养儿童的价值理想追求、情感体验等情感需求,在儿童知情意的整合和协同教育中,发展和丰富儿童的个性。知情意合一的创造教育多方面地表现人自身的具体追求和才能,从而使儿童的个性发展健康且和谐均衡。

### 三、知情意合一的和谐教育

知情意合一的和谐教育能培养正确处理自己与他人、社会、自然相互关系的态度和能力。知情意合一的和谐教育追求与外部世界(包括自然与人)相互协调的态度。健康人格倾向于与人对话和交流,保持着对万物的“仁爱”之心和宽容的态度,体现着“天人合一”“人与自然”和谐相处、和合共生的和谐局面。

知情意合一的和谐教育是个体感性力量和精神力量的和谐。德国美学家席勒就曾经明确地说:“有促进健康的教育,有促进认识的教育,有促进道德的教育,还有促进鉴赏力和美的教育。这最后一种教育的目的在于,培养我们的感性和精神力量的整体达到尽可能和谐。”“在紧张的人身上恢复和谐,在松弛的人身上恢复能力,并以此方式按照人的本性使局限状态返回到绝对状态,使人成为自身完美的整体”,这正是美育的目的。知情意合一的健康人格是对此前所有片面人格的超越,是对理性人的超越,是对道德人的超越,是对感性人的超越,它是一种感性和理性相协调、相统一的完整人格。也就是说,对于健康人格来说,光有理性的发展是远远不够的,光有感性的发展也是远远不够的,人的感性和理性都必须同时得到发展,才能构成健康的人格。

## 第三节 陶行知美育思想的目的论:真善美合一

美育的目的意在探求“美育为了什么”。陶行知有着自己的审美境界和审美理想,他倡导和实践美育的目的指向美育的育人功能。有学者指出,陶行知倡导与实践美育的目的在于“为了艺术的生活”,即美育的目的不在于将人人都培养成艺术家，而是使每个人都能诗意的生活[1]。在陶行知那里，美育的目的是在生活教育中实现“真善美”的合一。学界一般将陶行知的美育观概括为“生活美育观”。在哲学渊源上，“生活美育观”直接来源于陶行知的“生活美学观”；在生活教育的大命题下，“真善美合一”构成了陶行知美育的目的论。

首先，“真善美合一”是陶行知终身追求的教育理想。陶行知所言“让我们歌颂真善美的祖国，真善美的世界，真善美的人生”，即是其教育理想的充分表达。其次，“真善美合一”是生活世界的本真状态。真善美三者难以分割，都是生活世界原本所有的，因此美育离不开真与善，更离不开生活。最后，创造“真善美的活人”，是陶行知美育的终极目标。这一目标，既强调了促进人的全面和谐发展，又强调了美育与其他教育形态的必然联系[2]。陈福翔着重分析了“真善美合一”中真、善、美三者间的关系：陶行知视真与善为美的前提，并尤为强调真的重要性，强调道德是做人的根本，坚决反对学校和教师将道德与行为分离[3]。

## 一、“真人”

“真人”是陶行知生活教育理念的总体培养目标，亦是陶行知所诉求的一种“理想人格”，也是其美学与美育思想的出发点和归宿。他指出，“知情意的教育是整个的，统一的”，“在统一的教育中培养儿童的知情意，启发其自觉，使其人格获得完备的发展”[4]。可见，陶行知的教育理念诉求的是培养“知情意合一”的、具有“完满的人格”和“道德自觉”的“真人”。这是一种整体性、全面发展的德育理念。人的完整的思想品德的发展与完善，应该是知、情、意、行的协调统一，并最终形成“整个的、统一的”德性。陶行知的诗歌就体现对人生真善美的追求，以及对完善的道德人

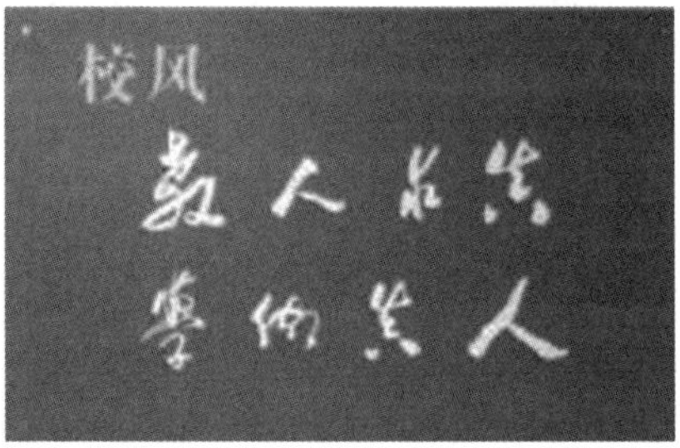

图 3-13　南京晓庄学院校风

① 肖晓玛.陶行知先生的美育理念及其实践[J].苏州科技学院学报(社会科学版),2011,28(4):66-69.

② 张建中.论陶行知的生活美育理论及其当代启示[D].贵阳:贵州大学,2007.

③ 陈福翔.陶行知美育思想初探[J].教书育人:校长参考,2005(1):52-53.

④ 陶行知.陶行知全集(第4卷)[M].成都:四川教育出版社,2009:382.

格的追求。

"千教万教教人求真,千学万学学做真人。"陶行知教育思想的核心或者说总的培养目标,就是一个"真"字。可以说,陶行知从大学时代开始,就树立了"立真去伪的宏愿"。当时的中国是社会腐败、世道衰微、虚伪盛行、欺骗塞途、真假难分、是非难辨,"于是伪君子乃杂然应时而兴,随地而起。位高者为伪大,位卑者为伪小"。面对着这样的社会现实,陶行知揭示出"中华之大病在于不诚",在于作伪,整个中国为伪之人遍布社会,为伪之事屡见不鲜。他在《假人》一文中曾感慨地说:"真小人易知,伪君子难防。看去是真的,又像有几分假;听来是假的,又像有几分真:真中有假,假又像真,把人弄得头昏脑黑,无从辨别。假社会当中做人是多么难对付的一件事啊!"1913 年发表的《伪君子篇》一文更对做什么样人的问题做了透彻的分析,深刻阐明了"为人须为真人,毋为假人"的人生真谛,并对伪君子的社会危害进行了深刻的剖析。1931 年,他在《假人》一文中,描述了假好人、假父子、假母女、假夫妻、假情人、假朋友、假师生、假军队、假官吏的丑恶嘴脸之后,表明了与假人、假事做斗争的决心。他说:"去年夏天写就《假好人》短诗十首,志在劝世,兼以自励。措词未免过分,但一腔热血,实望大家洗心改面,共同手创一个光明磊落的真世界罢了。"并宣称:"我是新武松,已上景阳岗。遇着人面虎,打去无商量。"①

陶行知说的"教育是教人做人",就是他给"教育"下的定义。"教人做人"是教育的根本使命,也是教育所追求的真谛和真正的价值所在。教人做什么样的人?教人做"真人""主人""好人""好国民",即是要通过教育提高全民族的素质。"教育是教人做人"这一定义,对"教育"本质特征的揭示和对"教育"内涵和外延的概括是十分深刻和确切的。陶行知所要培养的"真人"就是指追求真理的人,有理想、有道德的人,勇于改革创新的人,手脑并用的人。

## 二、"真善美的活人"

陶行知在 1930 年《教育改进》中,曾表达了健全人格的特征,他说:

所谓健全人格须包含:"一、私德为立身之本,公德为服务社会之本。二、人

① 陶行知. 陶行知全集(第 7 卷)[M]. 成都:四川教育出版社,2009:12.

生所必需之知识技能。三、强健活泼之体格。四、优美和乐之感情。”

陶行知美育思想的终极理想是培养真善美的健全人格。那么,什么是“健全人格”呢?“健全人格是一个统一的、和谐的、具有协调能力、富有创造性和丰富情感内涵的自我有机体。健全的人格应该是情感性、协调性、整体性与创造的统一。”[①]健全人格即完整的人格,它的塑造显然与审美教育密切相关。审美教育通过促进人的感性发展而切入到健全人格的塑造中来。作为一个现代概念,“健全人格”是对前人所有片面的人格的超越,是对理性人的超越,是对道德人的超越,是对感性人的超越,它是一种感性和理性相协调、相统一的完整人格。也就是说,对于健全人格来说,光有理性的发展是远远不够的,光有感性的发展也是远远不够的,人的感性和理性都必须同时得到发展,才能构成健康的人格。

“真善美的活人”是陶行知所诉求的“理想人格”。陶行知的教育理念诉求的是培养“知情意合一”的、具有“完满的人格”和“道德自觉”的“真善美的活人”。这是一种整体性、全面发展的教育理念。人的完整的思想品德的发展与完善,应该是知、情、意、行的协调统一,并最终形成“整个的、统一的”德性。陶行知的审美理想就体现对人生真善美的追求,以及对完善的道德人格的追求。“健全人格”是陶行知育人理念中理想人格的模型。这个理想人格范式包含了他的人生态度、生活态度、道德操守。这个教育目的也旨在培养一个整个的人,完全的人,全面发展、和谐发展的人。

陶行知在《育才学校教育纲要草案》中指出:“育才学校办的是知情意合一的教育。”育才学校的教育目标简言之,即“培养‘知情意合一’的真人”。“真人”是陶行知生活教育理念的总体培养目标,亦是陶行知生活教育所诉求的“理想人格”。

陶行知还指出“育才学校办的是智仁勇合一的教育”。陶行知说:“智仁勇三者是中国重要的精神遗产,过去它被认为‘天下之达德’,今天依然不失为个人完满发展之重要的指标。”他反对把学校作为培养只求个人“升官发财”的“人上人”[②]。为此,他要求育才学校的教学密切结合社会实际,把培养学生的人生观放在首位,德智体美劳全面发展,尤重德育。他要求实施“智仁勇合一的教育”,

① 杜卫.美育学概论[M].北京:高等教育出版社,2001:34.

② 陶行知.陶行知全集(第4卷)[M].成都:四川教育出版社,2009:378-379.

培养“智仁勇兼修的人”,“不智而仁是懦夫之仁;不智而勇是匹夫之勇;不仁而智是狡黠之智;不仁而勇是小器之勇;不勇而智是清谈之智;不勇而仁是口头之仁”。他强调,“道德是做人的根本,根本一坏,纵使你有一些学问和本领也无甚用处。没有道德的人,学问本领愈大,就能为非作恶愈大”,他把道德看作“建设人格长城的基础”①;他“要求每一个学生个性上滋润着智慧的心,了解社会与大众的热诚,服务社会与大众自我牺牲的精神”。

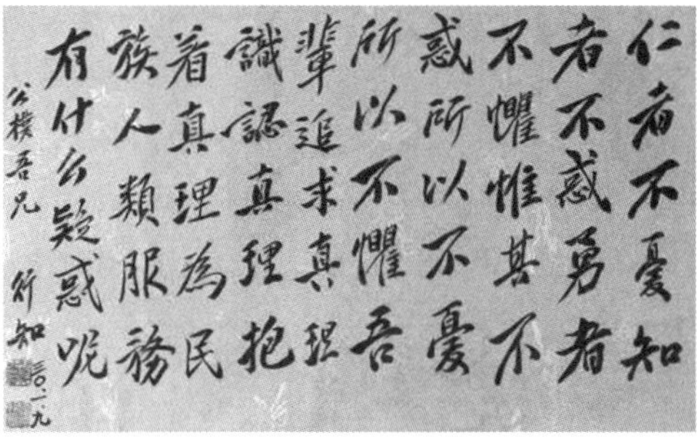

**图 3-14 陶行知手迹《书赠李公朴》**

陶行知还创造性地发表《创造宣言》,《创造宣言》写作于 1943 年 10 月 13 日,10 月 15 日下午向育才学校指导会宣读,16 日早晨在朝会上向全体学生宣读。当晚深夜 12 时,方与严主持的《创造壁报》出版,11 月 25 日在重庆《新华日报》发表。与其说是“创造宣言”,不如说是“教育宣言”,它集中表达了育才时期陶行知的创造教育思想和在育才所进行的创造教育的核心理念。陶行知被视为中国创造教育的首创者,他指出:“教育者不是造神,不是造石像,不是造爱人。他们所要创造的是真善美的活人。真善美的活人是我们的神,是我们的石像,是我们的爱人。”从这里我们可以看出,陶行知育才时期的理想人格即为“真善美的活人”,他还说:“在一个集体当中,每一个活人之塑像,是这个人来一刀,那个人来一刀,有时是万刀齐发。倘使刀法不合于交响曲之节奏,那便处处是伤痕,而难以成为真善美之活塑像。在刀法之交响中,投入一丝一毫的杂声,都是中伤整个的和谐。”他又进一步指出,“教师的成功是创造出值得自己崇拜的人。先生之最大的快乐,是创造出值得自己崇拜的学生”。同时,“先生创造学生,学生也创造先生,学生先生合作而创造出值得彼此崇拜之活人”。而对于环境平凡、生活单调、年纪太小、太无能了、陷入绝境五种“不能创造”的借口,陶行知也予以了批驳,并得出了结论:“处处是创造之地,天天是创造之时,人人是创造之人。”最后,陶行知用诗性的语言,热切的呼唤:创造之神快回来,然后“开创造之花,结创造

① 陶行知. 陶行知全集(第 4 卷)[M]. 成都:四川教育出版社,2009:435.

之果，繁殖创造之森林”。

## 创造宣言①

创造主未完成之工作，让我们接过来，继续创造。

宗教家创造出神来供自己崇拜。最高的造出上帝，其次造出英雄之神，再其次造出财神、土地公、土地婆来供自己崇拜。省事者把别人创造的现成之神来崇拜。

恋爱无上主义者造出爱人来崇拜。笨人借恋爱之名把爱人造成丑恶无耻的荡妇来糟踏，糟踏爱人者不是奉行恋爱无上主义，而是奉行万恶无底主义的魔鬼，因为他把爱人造成魔鬼婆。

美术家如罗丹，是一面造石像，一面崇拜自己的创造。

教育者不是造神，不是造石像，不是造爱人。他们所要创造的是真善美的活人。真善美的活人是我们的神，是我们的石像，是我们的爱人。教师的成功是创造出值得自己崇拜的人。先生之最大的快乐，是创造出值得自己崇拜的学生。说得正确些，先生创造学生，学生也创造先生，学生先生合作而创造出值得彼此崇拜之活人。倘若创造出丑恶的活人，不但是所塑之像失败，亦是合作塑像者之失败。倘若活人之塑像是由于集体的创造，而不是个人的创造，那么这成功失败也是属于集体而不是仅仅属于个人。在一个集体当中，每一个活人之塑像，是这个人来一刀，那个人来一刀，有时是万刀齐发。倘使刀法不合于交响曲之节奏，那便处处是伤痕，而难以成为真善美之活塑像。在刀法之交响中，投入一丝一毫的杂声，都是中伤整个的和谐。

教育者也要创造值得自己崇拜之创造理论和创造技术。活人的塑像和大理石的塑像有一点不同，刀法如果用得不对，可以万像同毁；刀法如果用得对，则一笔下去，万龙点睛。

有人说：环境太平凡了，不能创造。平凡无过于一张白纸，八大山人挥毫画他几笔，便成为一幅名贵的杰作。平凡也无过于一块石头，到了飞帝亚思、米开朗基的手里可以成为不朽的塑像。

有人说：生活太单调了，不能创造。单调无过于坐监牢，但是就在监牢中，产生了《易经》之卦辞，产生了《正气歌》，产生了苏联的国歌，产生了《尼赫鲁自传》。

① 陶行知.陶行知全集(第4卷)[M].成都:四川教育出版社,2009:3-6.

单调又无过于沙漠了，而雷塞布(Lesseps)竟能在沙漠中造成苏彝士运河，把地中海与红海贯通起来。单调又无过于开肉包铺子，而竟在这里面，产生了平凡而伟大的平老静。

可见平凡单调，只是懒惰者之遁辞。既已不平凡不单调了，又何须乎创造。我们是要在平凡上创造不平凡；在单调上造出不单调。

有人说：年纪太小，不能创造。见着幼年研究生之名而哈哈大笑。但是当你把莫扎尔特、爱迪生及冲破父亲数学层层封锁之帕斯加尔(Pascal)的幼年研究生活翻给他看，他又只好哑口无言了。

有人说：我是太无能了，不能创造。但是鲁钝的曾参，传了孔子的道统，不识字的惠能，传了黄梅的教义。惠能说："下下人有上上智。"我们岂可以自暴自弃呀！可见无能也是借口。蚕吃桑叶，尚能吐丝，难道我们天天吃白米饭，除造粪之外，便一无贡献吗？

有人说：山穷水尽，走头无路，陷入绝境，等死而已，不能创造。但是遭遇八十一难之玄奘，毕竟取得佛经；粮水断绝，众叛亲离之哥仑布，毕竟发现了美洲；冻饿病三重压迫下之莫扎尔特，毕竟写出了《安魂曲》。绝望是懦夫的幻想。歌德说：没有勇气一切都完。是的，生路是要勇气探出来，走出来，造出来的。这只是一半真理；当英雄无用武之地，他除了大无畏之斧，还得有智慧之剑，金刚之信念与意志，才能开出一条生路。古语说，穷则变，变则通，要有智慧才知道怎样变得通，要有大无畏之精神及金刚之信念与意志才变得过来。

所以，处处是创造之地，天天是创造之时，人人是创造之人，让我们至少走两步退一步，向着创造之路迈进吧。

像屋檐水一样，一点一滴，滴穿阶沿石。点滴的创造固不如整体的创造，但不要轻视点滴的创造而不为，呆望着大创造从天而降。

东山的樵夫把东山的茅草割光了，上泰山割茅草，泰山给他的第一个印象是：茅草没有东山多，泰山上的"经石峪"、"无字碑"、"六贤祠"、"玉皇顶"……大自然雕刻的奇峰、怪石、瀑布，豢养的飞禽、走兽、小虫和几千年来农人为后代种植的大树，于他无用，都等于没有看见。至于那种登泰山而小天下之境界，也因急于割茅草而看不出来。他每次上山拉一堆屎，下山撒一抛尿，挑一担茅草回家。尿与屎是他对泰山的贡献，茅草是他从泰山上得到的收获。茅草是平凡之草，而泰山所可给他的又只有这平凡之草，而且没有东山多，所以他断定泰山是一座平凡之山，而且从割草的观点看，比东山还平凡，便说了一声："泰山没有东山好。"茅草中有一棵好像是先知先觉的树苗，听他说："泰山没有东山好"，想到自己老是站在寸土之中，终年被茅草包围着，陡然觉得平凡、单调、烦闷、动摇，幻想换换环境。一根树苗如此想，二根树苗如此想，三根树苗如此想，久而久之成趋向；便接二连三的，一天一天的，听到有树苗对樵夫说："老人家，你愿意带我到东山去玩一玩么？"樵夫总是随手一拔，把它们一根一根的和茅草捆在一起，挑到东山给他的老太婆烧锅去了。我们只能在樵夫的茅草房的烟囱，偶尔看见冒出几缕黑烟，谁能分得出哪一缕是树苗的，哪一缕是茅草的化身？

割草的也可以一变而成为种树的老农，如果他肯迎接创造之神住在他的心里。我承认就是东山樵夫也有些微的创造作用——为泰山剃头理发，只是我们希望不要把我们的鼻子或眉毛剃掉。

创造之神！你回来呀！你所栽培的树苗是有了幻想，樵夫拿着雪亮的镰刀天天来，甚至常常来到树苗的美梦里。你不能放弃你的责任。只要你肯回来，我们愿意把一切——我们的汗，我们的血，我们的心，我们的生命——都献给你。当你看见满山的树苗在你监护之下，得到我们的汗、血、心、生命的灌溉，一根一根的都长成参天的大树，你不高兴吗？创造之神！你回来呀！只有你回来，才能保证参天大树之长成。

罗丹说："恶是枯干。"汗干了，血干了，热情干了，僵了，死了，死人才无意于创造。只要有一滴汗，一滴血，一滴热情，便是创造之神所爱住的行宫，就能开创造之花，结创造之果，繁殖创造之森林。

图 3-15　育才学校

陶行知为育才学校所创造的校歌《凤凰山上》，更是集中表达了这样的观点，正所谓："创造幸福的新中国，新世界。真即善；真即美；真善美合一。让我们歌颂真善美的祖国，真善美的世界，真善美的人生，真善美的创造。"

## 凤凰山上[①]

我们是凤凰山的儿女。
我们是凤凰山的小主人。
凤凰山是我们的家,我们的学校,我们的乐园,我们的世界。
我们是凤凰山的开垦者,
要创造出新的凤凰山,新的家,新的学校,新的乐园,新的世界。
我们要虚心,虚心,虚心:
承认我们一无所知,一无所能。
我们要学习,学习,学习:
达到人所不知,人所不能。
我们要贡献,贡献,贡献:
实现文化为公,天下为公。
修炼智慧之眼。磨出金刚之啄。
展飞大无畏之翼。涵养一心向真之赤心。
观!静观大千世界。
啄!啄开未知之门。
飞!飞入神秘之宇宙。
找!找出真理之夜明珠,
衔回人间,饰在每一个人的额前,
照着人类在狂风暴雨的黑夜里,
走到天明,迎接东升的太阳!
得到光,得到热,得到力:创造幸福的新中国,新世界。
真即善;真即美;真善美合一。
让我们歌颂真善美的祖国,
真善美的世界,
真善美的人生,
真善美的创造。

陶行知的美育理想指向他的社会理想,他重视美育在社会改造中的作用,多

① 陶行知.陶行知全集(第4卷)[M].成都:四川教育出版社,2009:25-26.

次强调要用“美术的观念”和“美术的精神”去改造社会。他指出,“我们深信乡村教师应当用科学的方法去征服自然,美术的观念去改造社会”。“依据美术精神,师生共同从事改造学校环境,以为改造社会之起点”。正如有学者指出:

“20世纪上半叶之所以能够产生像陶行知这样的文化巨人,是当时特定时代条件、社会背景和个人因素共同作用的结果。时代与社会环境造就了人才,人才又能通过自己的创造性成就来回报时代与社会……中西文化交融的特殊时代造就了陶行知这样的文化伟人,而陶行知也没有辜负社会与时代的期望,在文化教育的众多领域进行了开拓与创建,为时代与社会作出了突出贡献。”①

陶行知为时代和社会做出了突出贡献,他的教育思想、教育改造实际是为了造国。在晓庄时期,陶行知把“艺术的兴趣”作为培养目标的重要一环,与“农夫的身手”“康健的体魄”“科学的头脑”“改造社会的精神”共同构成陶行知早期理想人格的重要特征。在育才时期,陶行知的理想人格有了发展,他致力于以“健康的堡垒、艺术之环境、生活之园地、艺术之气氛、真善美之人格”的“健康、科学、美术、劳动与民主所组成之和谐生活,即和谐的教育”,“努力创造真善美的活人”。

总之,陶行知诉求“真善美的活人”的养成,也诉求“完满的道德人格”的养成,更诉求“诗意人生”“美术生活”的养成。真善美的人,完满的人格,再到诗意的人生观,乃至美术的生活态度,都是陶行知育人成才的道德修养路径。

陶行知的美育思想有着诗性、诗意和诗化的审美理想和教育理想,他试图构建“诗的学校”(他对晓庄和育才学校都有这样的期待),谱写“真善美的诗歌”,进行着“真善美的教育”,开创着“真善美的创造”,培养着“知情意合一”和“智仁勇合一”的“真善美”的“健全人格”,以人们都过着“真善美”的“诗的生活”为旨归,最终创造出“真善美的人生”和“真善美的世界”。

① 周洪宇.陶行知生活教育学说[M].武汉:湖北教育出版社,2011.

# 第四章　陶行知美育观的实践体系

陶行知美育观的实践体系，具体包含陶行知美育的内容与形式、途径与方法。陶行知美育的内容与形式以艺术教育为主，包含诗歌、戏剧、音乐、美术、书法等艺术教育形式。陶行知以艺术教育为美育的主要途径，多方推行美育，变革艺术教育，在教学做合一的总的方法论引领下，以艺友制和小先生制来进行美育实践，取得了一定的成功经验。

## 第一节　陶行知美育的实践历程

陶行知的美育观是他在不断的实践中不断地发展和完善的。陶行知的美育实践主要集中在中华教育改进社、晓庄和育才学校时期，他也是指导新安旅行团游学抗日的“幕后英雄”。而这一系列的美育实践活动，为他美育观的产生和发展奠定了坚实的基础，同时对其美育实践也产生了积极、深远的影响。

早在 20 世纪二三十年代，陶行知在主持中华教育改进社时，他就在改进社内设立美育组，主张学校将音乐、图画、工艺等艺术课程，作为一门主课，陶冶学生的精神、情操和品德，培养学生创造艺术的精神。

1927 年，陶行知创办晓庄师范学校，晓庄师范学校五大目标：“康健的体魄”“农人的身手”“科学的头脑”“艺术的兴趣”“改造社会的精神”。“小学教育应培养手脑双全、志愿自立立人的儿童。”晓庄时期的美育实践主要包括自然美育、社会美育和艺术美育。陶行知把音乐课程列为正式课程，还填词创作了《锄头舞歌》《镰刀舞歌》等歌曲，并亲自教唱。此期间，他创造性地推行“艺友制”“小先生制”。为培养学生“艺术的兴趣”，在田汉的南国剧社的影响下，成立晓庄剧社，陶

图 4-1 《锄头舞歌》唱片

行知还亲自上台演出，在话剧《苏州夜话》中演老画家，在《生之意志》中演老父亲。1929 年，晓庄各中心校改为学园。陶行知在他亲自兼任园长的和平学园，推行以艺术为中心的教育实验。在劳山学园里，明文规定音乐等艺术学科为必设科目。在晓庄师范学校期间，陶行知进行了大量的艺术创作，产生了著名的《晓庄歌曲集》，他希望可以通过歌曲来培养学生的艺术情感，也希望能以身作则，使得学生们能够喜欢艺术，喜欢艺术创作。晓庄师范学校时期是陶行知首次大规模地进行了他的艺术教育实践活动。

1935 年的新安旅行团(简称“新旅”)①，以文艺为武器宣传抗日，也得到陶行知的指导和帮助。“新旅”出发时，团员每人只有一身单衣，一双草鞋，一把雨伞及简单行装，他们打着三角蓝色的团旗，全团仅 50 块钱和一套电影放映设备、几部黑白无声抗日影片和几十张抗日救亡歌曲的唱片(电影放映设备及影片大都是陶行知捐献的)。从淮安出发时，孩子们都曾宣誓：“志愿参加本团生活，誓以忠诚谋团体生活发展，为‘生活教育’努力，为民族生存奋斗！”1936 年春天，田汉在南京组织中国舞台协会公演一批爱国进步的话剧，特邀“新旅”重返南京参加公演。“新旅”团员除协助演出外，还在《复活》《械斗》《回春之曲》等话剧中扮演角色。演出期间，田汉为“新旅”写了《新安旅行团团歌》，其中团歌的后半部分就是由陶行知作的词。此外，陶行知还帮助“新旅”灌制了《锄头舞歌》《镰刀舞歌》等歌曲唱片，后带到美国宣传“新旅”、宣传抗日。1936 年 5 月，“新旅”来到上海。经过党组织的安排，孩子

图 4-2 新安旅行团在武汉

① 朱少伟. 抗战烽火中的新安旅行团[N]. 联合时报，2015-8-7.

图 4-3 新中国成立之际，新安旅行团在上海

们在一些著名学者和艺术家的指导下，接受了比较全面的文艺培训。在上课时，洪深、张庚讲戏剧与导演；艾思奇讲哲学；孙冶方、骆耕漠讲政治经济学和中国沦为半殖民地的过程；冼星海、吕骥、孟波、麦新等讲声乐、音乐。冼星海当年的作品如《救国军歌》等，都是经过"新旅"先行试唱、教唱后，才修改、发表的。当时著名电影导演蔡楚生曾请孩子们观看抗日电影，团员还担任了蔡楚生编导的电影《小五义》的小演员。"新旅"在上海期间，还曾去工厂、学校搞抗日救亡歌咏活动，参加"九·一八"游行示威，到南京路散发传单，并成为鲁迅先生出殡时的挽歌队。1938 年 5 月下旬，"新旅"抵达西安。1938 年 6 月底，"新旅"来到抗战重地武汉，参加了保卫大武汉的抗日活动。陶行知特意赞扬他们："人从武汉散，他在武汉干，一群小好汉，保卫大武汉。"10 月 10 日，"新旅"在武汉举行建团三周年茶会，陶行知特地赶来参加，并向孩子们赠诗《三万里歌》，鼓励大家"保卫大武汉，打倒小东洋！"皖南事变后，在周恩来的指示下该团转移到苏北抗日根据地，继续开展文艺工作。到 1944 年冬，苏北已有十八万儿童加入了抗日斗争行列。抗战胜利后，"新旅"给毛主席写信汇报工作情况。1946 年 5 月 20 日，毛主席亲笔复信："新安旅行团全体同志：来信收到，极为感谢！祝你们努力工作，继续前进，争取民主中国的胜利。"1946 年 9 月，"新旅"随中国人民解放军踏上新的征程；1949 年 5 月，又随部队南下，跨过长江，解放上海。在入城仪式上，团员们打着腰鼓，意气风发地行进在南京路上。后"新旅"更名华东新旅歌舞剧团。新中国成立初期，新旅歌舞剧团和其他文艺团体合并为华东人民艺术剧院（今上海歌剧院）。从 1935 年到 1952 年，17 年间，"新旅"前后团员达 600 余人，足迹遍及 22 个省市区，行程 5 万多里，为民族解放事业和新中国的诞生做出了卓越贡献，并在实践中培养了大批优秀人才，是陶行知生活教育及其美育思想的丰硕成果。

在育才学校中，艺术教育更是受到了极大的重视，艺术美育是育才时期主要的美育形式。1939 年 7 月 20 日，育才学校按学生的才能、兴趣和爱好，分设音乐、戏剧、绘画、文学、社会、自然、科学六个专业组。1944 年成立舞蹈组。先后

图 4-4 《小主人》公演预告

请来了贺绿汀、李凌、陈烟桥、章泯、戴爱莲等专家学者。在经费极其紧张的情况下，陶行知为了使育才的师生能更好地开展音乐教学活动，写信给冯玉祥将军，要求支援经费，后来花两万元重金购买了钢琴、风琴等多件乐器。当时的育才音乐组只有18位学生，在设备上却有4架钢琴、5架风琴、8把提琴，为实施他主张的以艺术为中心的教育实践活动提供了必备的教学设施。在这期间，陶行知为《新华日报》写了一篇很著名的《创造宣言》，这也是他艺术教育观中很重要的一篇文章。育才学校是陶行知一生中进行艺术教育实践的主战场，他将他的教育观都用在了这些艺术教育实践之上，而通过这些实践，又不断地丰富着他的艺术教育理论。

1946年初，陶行知的生命已进入倒计时，他创办了一生中最后一个教育实体，也是"生活教育"在大陆民国时期发展逐渐成熟的最后一个结晶——社会大学。社会大学办人民的大学，运用文艺的武器，运用演讲、电影、歌曲、话剧来使民众觉悟、联合、解放乃至创造，给人民大众献演《啷格办》《朱大嫂送鸡蛋》《王大妈补缸》，还带去新疆、蒙古和西藏的民族舞。还要带电影到处要放映：鸡蛋怎样变小鸡？大羊怎样生小羊？五谷怎样生长？棉花怎样改良？汽车怎样制造？钢铁怎样出产？还要放映《生路》《一曲难忘》《在敌人后方》等进步电影。社会大学的美育实践可以从其校歌《社会大学颂》中得以管窥。

"青天是我们的圆顶。大地是我们的地板。太阳月亮是我们的读书灯。二十八宿是我们的围墙。人民创造大社会。社会变成大学堂。大学之道，在明民德，在亲民，在止于人民之幸福：是我们创学之新主张。什么是民德？要目有四项：觉悟，联合，解放，还有创造——要捣碎痛苦的地狱，创造人间天堂。教

图 4-5 话剧《啷格办》演职人员

人民做主人,不让公仆造反。为老百姓服务,不靠高调唱得响。农场、工场、会场、商场、广场、战场、娱乐场,都是我们数不尽的课堂。我们要各尽所能,各学所需,各教所知,各得其所。我们要自由,自动,自强。我们要民有,民治,民享。自己来发起。自己来筹款。自己选董事。自己举校长。请真理做老师。学生有三百六十行。只要虚心学,而且不间断;乡人不出村,能知万里远。个个考博士;行行出状元。农人可以中状元,工人可以中状元,老妈子可以中状元,失学的青年可以中状元,荣誉军人可以中状元。

先办夜大学。夜间失学无人管。职业青年千千万,格物致知久已旷。万仞宫墙飞不进,教育制度缺一环。要想深造丢饭碗。丢掉饭碗家人靠谁养?只有白天做工夜求学,肚皮头脑都饱满。

次办函授大学,文化交流信来往。再办新闻大学,运用报纸助座谈。再办电播大学,广播教育范围广。太太和老妈,在家里也能听讲。电影教育更深刻:谷子变成秧,秧又变谷子,可以见生长。原料出矿山,走进机器房。几个弯一转,飞机出工厂。

最后办旅行大学,走遍南北西东和中央,还要渡海飘洋。跟老百姓学习,陪着老百姓向前向上长。我们要有演讲调查队,还要歌舞话剧团:献演《啷格办》,《朱大嫂送鸡蛋》,《王大妈补缸》,还带去民族舞,来自新疆、蒙古和西藏。还要带电影,到处要放映:鸡蛋怎样变小鸡?大羊怎样生小羊?五谷怎样生长?棉花怎样改良?汽车怎样制造?钢铁怎样出产?还要放映《生路》《一曲难忘》《在敌人后方》。我们要走遍天涯地角。让老老少少男男女女都来看,都来谈,都来玩,都来想,都来干,把中国造成一个好模样,叫整个民族安居乐业,万寿无疆。

这就是我们的社会大学堂,只怕课堂少,不怕学生旺。来一个,收一个。来两个,收一双。来一千,收一千。来一万,收一万。全中国四万万五千万,全世界二十万万二千万,如果愿意这样干,都欢迎加入这个大学堂。国民党,共产党,中国民主同盟,各派各党,无派无党,大家一起来,创办这个社会大学堂,人民大学堂,民主世界大学堂!”①

---

① 陶行知.陶行知全集(第7卷)[M].成都:四川教育出版社,2009:955-959.本篇原载1946年2月《民主生活》第2期。

## 第二节　陶行知的大众艺术教育观

陶行知的美育观是大众的美育观、生活的美育观、创造的美育观。陶行知呼吁文化解放，呼吁大众文化的方向，他秉承着大众文艺观来倡导大众艺术教育，为老百姓而歌，为老百姓而唱，为老百姓奔走呼号。

### 一、坚定大众文化的方向

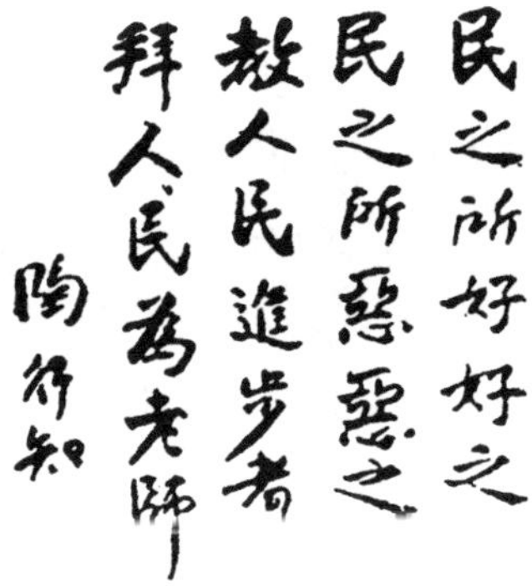


图 4-6　陶行知手迹(一)

陶行知在《文化解放》一文中，对文化的本质、功用以及文化解放的对象、任务、方法和途径等一系列问题做了重要论述，来阐释他的大众文化思想。他认为，人类文化可以做广义和狭义两种解释。从广义上看，“除了大自然之外，凡是人类所创造的一切都是文化了。凡是可以用来生产、战斗、交通、享乐、治理、思想的工具以及这些工具所引起的变化都可以当作文化看待了”。照此看法，文化是与大自然相对的。世界上的一切可以分成两大类，一类是没有加上人工的，叫作自然；另一类是人工所创造的，叫作文化。他指出，这个定义虽然有其涵盖面广的优点，但是在这个广义的定义之下，研究讨论的工作是不易进行的。因此，他主张“从这广大事物里抽出一部分来，特别叫它为‘文化’”，即所谓“狭义文化”。这部分文化“便是记录思想、传达思想、发展思想、改变思想的符号、工具和行动”。依此而言，在文化里面包含了书籍、报纸、戏剧、电影、学校教育、社会教育、民众运动、高深学术研究等。值得注意的是，他特别强调指出：“文化所要记录、传达、发展、改变的思想乃是人类生活中心的思想，即是政治经济的思想，文化脱离了政治经济便成了不可思议。”“在本质方面看，文化工作是反映着人类经济政治的思想。”

从这种文化观出发，陶行知引导人们合乎逻辑地推导出下述结论：人类文化的产生和发展是同一的，只是由于近代各民族政治经济发展的不同，才导致中西文化出现巨大差异。而帝国主义的野蛮侵略与封建主义的专制统治又进一步加剧了这种差异。因此，要从根本上解决中西文化冲突，首先必须解决中国社会最紧迫的现实问题，即民族的解放和大众的解放，并且要运用文化工作作为“民族大众解放的斗争的武器”。

为了把文化从“小众”手里解放出来，使整个文化成为大众的文化，让大众更好地运用这一斗争武器实现自身的解放和民族的解放，陶行知大声疾呼要对文化从认识、工具、方法、组织、时间和新文化创造等方面实现解放。所谓“认识上的解放”，即把文化从各种错误歪曲的观念里（如文化无用论、文化万能论、文化静止论等）解放出来，明确文化是政治经济斗争的武器，这个武器的掌握不能靠等待，不能靠他人的恩赐，而应靠行动，靠人民大众自己去争取。所谓“工具的解放”，即推行大众易写易认的新文字，使大众在短期内就会写信、读书、看报，了解国家大事，提高思想觉悟。所谓“方法的解放”，即废除灌注式的教授法，开展相互的自由讨论；打破知识封锁，把白话文解放成大众文；反对教而不做或学而不做，在行动上推进大众文化。所谓“组织上的解放”，即把文化从“模范监牢”式的旧学校里解放出来，使它跑进大社会里去，提倡“社会即学校”，把茶馆、酒楼、戏院、破庙、茅棚、晒台，甚至茅厕，都作为大众的课堂，整个民族解放运动都当成大众的课程。所谓“时间上的解放”，即将学生从周考、月考、学期考、毕业考、会考等各类考试中解放出来，将大众从繁忙的工作中解放出来。所谓“新文化创造的解放”，即把新文化从文化界“刽子手”剪刀的虎口里解放出来。陶行知明确指出：“大众文化是大众的文化，是大众为自己推动的文化，是大众为自己谋幸福除痛苦而推动的文化。大众文化的解放是要大众运用集体的力量来争取的。它决不是小众可以送来的礼物。并且民族解放、大众解放、文化解放是一个分不开的运动。必得要联起来看、联起来想、联起来干，才会看得清楚，想得透彻，干得成功。”[①]20 世纪 40 年代，随着文化实践的日趋深入，他逐渐认识到，无论是东方文化派的主张，还是西化派的主张，都不符合中国人民真正的愿望，都不是人民大众所需要的文化。因此，他在科学地总结中西文化论争的基础上，提出了“民主的、大众的、科学的、创造的”[②]四大方针，这是陶行知晚期文化思想及他对中国文化发展道路独立思考的产物。

① 陶行知. 陶行知全集(第 3 卷)[M]. 成都：四川教育出版社，2009：391-396.
② 陶行知. 陶行知全集(第 4 卷)[M]. 成都：四川教育出版社，2009：499.

陶行知在《中国大众教育概论》以及《大众教育问题》中表明他的大众教育观。陶行知首先回答了“为什么要大众教育？”对于这个问题，他指出，“中国是遇着空前的国难。这严重的国难，小众已经解决不了，大众必得起来担负救国的责任而中国才可以救”。其次，他指出大众教育的概念，“大众教育是大众自己的教育，是大众自己办的教育，是为大众谋福利除痛苦的教育。这种教育和小众教育固然大不相同，即和小众代大众办的所谓民众教育、平民教育也是根本矛盾。大众教育是要教大众觉悟；只是教大众生产、生产、生产，长得肥一点，好叫小众多多宰割的教育不是大众教育。大众教育是对大众讲真话；专对大众说谎的教育是骗子教育而不是大众教育；大众教育对着麻醉大众的歪曲理论是要迎头驳斥；始而装痴装聋，继而变成哑巴，终之而拜倒在当前势力下，这是帮凶教育而不是大众教育。大众教育是要教大众行动，教大众根据集体意识而行动；只教大众坐而听，不教大众起而行，或是依照小众的意思起而行，都是木头人教育而不是大众教育。大众教育是要教大众以生活为课程，以非常时期的有计划有组织的生活做他们的非常时期的有计划有组织的课程；这非常生活，便是当前的民族解放、大众解放的战斗生活，这是大众教育的中心功课。在这里我们要指出，民族解放与大众解放是一个不可分解的运动。如果大众不起来，民族解放运动决不会成功；但是如果不拼命争取民族解放，中国大众自己也难得到解放。所以大众教育只有一门大功课，这门大功课便是争取中国民族大众之解放。若只教大众关起门来认字读书，那是逃避现实的逃走教育而不是真正的大众教育”。最后，关于“大众教育怎样办？”的问题，陶行知提出两条原则和一个新工具。两条原则即“社会即学校”和“即知即传”，其中“农村、店铺、家庭、戏台、茶馆、军营、学校、庙宇、监牢都成了大众大学的数不清的分校。客堂、灶披、晒台、厕所、亭子间里都可以办起读书会，救国会，时事讨论会”。“前进的知识分子当然是负着推动大众教育的使命。但是经过很短的时间，前进的大众和前进的小孩都同样的可以做起先生来，我们可以说大家都是学生，都是同学，都是不收学费的先生。在传递先生和小先生的手里，知识私有是被粉碎了，真理为公是成了我们共同的信条。”这样一来，就可以使大众教育突破金钱关。而一个新工具即是“拼音新文字”，这个工具才是大众文字，并且可以使大众教育进行得更有效力、更有意义。而“依据社会即学校，即知即传两条原则，拿了新文字及其他有效工具，引导大众组织起来争取中华民族大众之解放:这便是中国所需的大众教育"[①]。

## 二、立足"大众的艺术"立场

陶行知自幼出身贫寒,儿时的生活经历使他深知民众疾苦。他从小就同情民众,热爱民众,形成了亲民、爱民、救民的思想,这些观念是他灵魂最基本的底色,也决定了他一生努力的方向。陶行知教育思想的文化导向不仅包括对大众文化的赞誉与阐发,也包括对本土文化和乡土文化的继承与创新。陶行知在晓庄时期,面对困苦的乡村生活,秉承乐观向上的生活信条,撰写的很多文章都体现出一种乐观和对乡土的深深眷恋,如《乡下生活之苦乐》《下乡拜年——和牛大哥同铺》等,这一方面和陶行知出身乡土有关,另一方面则同陶行知对中国国情的深切考察后而选择教育造国的文化教育观念有关。"乡土"是中国基层社会最鲜明的特色,乡土气息是文化的根源。"在这个变化很少的乡土社会中,社会继替即社会成员的新陈代谢的过程由教化性权力来完成,教化过程是代替社会去陶炼出合于在一定的文化方式中经营群体生活的分子。"[②]陶行知的大众教育、乡村教育思想就是一种乡土文化教育。乡土文化教育便是一种协助个体认知生活空间和历史文化,并促使个体同乡土环境和乡土文化的认知,也培养欣赏、认同、珍爱的态度,更是在运用文化并参与乡土文化,使乡土文化获得保存与发展。在陶行知的乡土文化教育中,他切实践行着他的文化解放理念,他回到乡村,一方面是基于对乡土怀有深深的情感,另一方面是对中国社会的切实体认,他通过教育实践和教育活动试图增进人民对乡土文化的认识,也注重对学生乡土情感的培养;他爱农人,爱自然,爱乡村,积极带领学生参与到田间地头的劳作之中,也带领学生参与到创造新农村的洪流之中;他以乡村的困苦生活为乐,诗意生活;他注重培养学生爱护乡土的情操和对乡土文化的传承,这一切都深深地印刻着这位伟大的人民教育家独具特色、最具人民性的、最能体现大众需求的文化教育观。

1945 年 4 月 22 日,马思聪到北碚为育才学校举行音乐演奏会,当晚陶行知

---

① 陶行知.陶行知全集(第 3 卷)[M].成都:四川教育出版社,2009:372-375.

② 费孝通.乡土中国[M].北京:人民出版社,2008:82.

举行宴会，陶行知在宴会上的讲话，主题即《艺术是老百姓最需要最爱好的东西》，他说：

今天机会很巧，在坐的翦伯赞先生、周谷城先生、吴泽先生，他们都是弄历史的，以后可以帮马先生写一本民间艺术史。艺术本是老百姓最需要、最爱好的东西。自从文化被集中以后，便集中到少数人的手里去了，艺术私有了，老百姓反而变成缺乏艺术性而枯干地生活着。今后必须掉转方向的，恢复正流的，一切以人民为本位，一切走向人民。艺术在它人原的阶级上是有着一种形态的，便是由大家集体学习，集体工作，集体表现，集体享受，集体保存，集体发扬的人民艺术。新的艺术，追溯起来都是起源于民间的。

音乐是件专门的东西，小提琴更专门了，听不懂只要听，自会懂的。像洗澡一样，把皮肤上的"不洁物"洗去几分乃至几钱，洗了之后，总是愉快、舒服的。有失必有得，听音乐也是一样，专心专意的毫无成见的全部精神的放在上面听，你以为有所失，听过了便知道有收获了。翦先生就被这个道理感动的。

白健生先生有一次和我说，"以不变应万变"，我提议在不字下面加一横，意思是"以丕变应万变"。丕变，即是大变。今日中国的政治需要大变，整个社会需要大变，向民主方面变，向进步方向变。我们要在生活上起大的变化，才能应付政治的进步社会所起的大变化。民主政治所起的变化是很大的。例如承认个人的尊严，便不能随便侵犯别人的自由。采用协商批评的方法，便须放弃"我即是""朕即天理"。要使人了解你，同时又要使你了解人，便须放弃"民可使由之，不可使知之"，又必需要虚心下问，集思广益。实行共同创造，便须放弃少数人包办的倾向。政治问题的焦点，在上面闹得太紧，闹得太凶了，上层不起变化，自然透不过气来，我们要解开这一个结，必须四方八面用力不可了[①]。

1945年5月，陶行知为帮助吴晓邦解决经济拮据的问题，让吴晓邦和戴爱莲女士合作举行舞蹈晚会，上演了《思凡》《饥火》《生的哀歌》《义勇军进行曲》《游击队员之歌》等六个节目。陶观看了演出，并在三场演出结束后，约吴到北碚聊谈，聊天时指出："真正的艺术是长青的"，这一个非常鲜明的艺术观点。1946年1月1日在《民主教育》第3期，陶行知特意撰文《大众的艺术》，集中表达民主的、大众的艺术观。

① 陶行知. 陶行知全集(第11卷)[M]. 成都：四川教育出版社，2009：672-673.

我们生活教育运动自从订了四大方针，即民主的、大众的、科学的、创造的方针，即于去冬在育才学校里开始实行。那时我首先感觉到育才学校的艺术各组是和大众脱节，我便对这个问题加以深刻的考虑。因为筹款的关系，我在城里的时候比较的多，因此对于绘画组的学习方法、作品、对象都时加以留意。老实说，我对于绘画完全是外行；我只是拿大众的尺度来量。我为自己配了一副大众的眼镜来观察。我的观察和分析，在一次朝会的演讲上结了晶。当天，彭松同志把我的讲词记录下来，拿给我看，并且对我说，校长今天的讲词简直是一篇诗。我听了很高兴，但是觉得我自己的讲词还遗漏掉一些意思没有包括进去，总想抽空补充使成完璧，再为发表。只因事忙，一直到两星期前才补充好，代他投入《民主星期刊》，当时未经登出。后来觉得还是登在《民主教育》上更为适合，而《民主星期刊》编者遍索不得，想是失落了，甚为遗憾。幸而诗里的要点是自己观察深思的结晶，常常浮出脑海，今日黎明前在梦中又得了三四句，醒过来，怕忘掉，即刻把它留在纸上，是比较完整了。彭稿有五段，这里只有一段，将来彭稿找出时，当再发表。我在这里要向彭松同志致谢，因为没有他的诗化的记录，我根本没有想到那天的讲演是一篇诗。最后，力扬先生当时说，我所讲的不但是为绘画组说法，而且对于音乐组、戏剧组、舞蹈组、文学组皆同样地指出了应该走的路。这话我细想之后，也有道理①。

1946 年，陶行知创办社会大学时提出的办学宗旨："大学之道，在明民德，在亲民，在止于人民之幸福。"基于这样的观念，陶行知站在民众之间写诗。他主张在"劳力上劳心"，扫除教育上人与人之间的不平等。陶行知先生教导民众自力更生，促进了人民大众自我意识的提高和能力的提升。他的大众教育观，培养"人中人"，教育人们从老百姓中来，回到老百姓中去，以所学贡献给老百姓，为老百姓造福利；以所学贡献给整个国家民族，为整个国家民族谋幸福；以所学改造世界，为整个人类谋利益。

陶行知因要达成"创造四通八达的社会"的理想，他深入群众，亲近人民，强调只有"农民化"才能"化农民"。他说自己本来就是一个中国的平民，自身的中国性、平民性很丰富。事实证明，不论是陶行知早期推广的平民教育，还是之后开展的乡村教育，抑或是普及教育的开展与推广，我们都看到一个"农民化""平

① 陶行知. 陶行知全集(第 4 卷)[M]. 成都：四川教育出版社，2009：499-500.

民化”“大众化”的陶行知，这个陶行知不再是位于金字塔尖的精英陶行知，不是人民群众中的“小众”知识分子，他回归到了大众中来，和人民站在一起。陶行知一生都在为人民大众而歌，为老百姓而画，为平民教育而奔走呼号。

## 第三节　陶行知美育的内容与形式

陶行知的美育内容主要包含艺术美育，他的艺术教育形成了非常庞大的教育体系，如他在育才时期的课程设置就体现了这一点，学校设置了音乐、戏剧、绘画、文学、社会、自然等组。

陶行知关注和倡导艺术美育，同时也实践艺术美育。他曾多次撰文，指出艺术美育的重要育人价值，如《真正的艺术是长青的》《艺术是老百姓最需要最爱好的东西》《把戏剧带给广大的人们》《儿戏与儿教》《戏剧与教育》《音乐的感受力和发展舞蹈》等，在此倡导和实践艺术美育的基础上，陶行知也逐渐形成了自己的大众艺术教育观，他对于大众艺术的认识形成了一定的理论体系，发表《大众的艺术》《大众歌曲与大众唱歌团》《大众画报》等文章，表达大众艺术教育的重要性和现实意义。

陶行知在同家人、友人的书信往来中，也多次提及音乐、美术、戏剧等艺术形式的创办情况和发展情况，如“我对南国戏剧艺术的感想”“春风文艺社题词”“与翦伯赞的几次对话”“艺术组已长得很好”“音乐组开始招生”“音乐组同学进城学习的安排”“请协助排歌舞”“育才合唱团”“育才戏剧组共勉”等；“请问育才画展绘画”“美术馆的小朋友着实努力”“国画也要提倡了”等。陶行知艺术教育的思想在一篇篇文章中，一封封书信中，得到淋漓尽致的表达。

### 一、“一切诗化”

陶行知是 20 世纪 30 年代的诗坛独树一帜的诗人，虽谈不上是文学巨匠，也形成其独特的“陶行知体”而享誉诗坛。陶行知的诗歌，是我们了解陶行知和其教育思想的重要组成部分。他用普通群众喜闻乐见的一种形式，用人民大众易懂的诗歌形式来抒发人民的呼声，同时也表达自己的思想和感情。

关于什么是诗歌，陶行知于 1945 年在育才学校文学组举行的诗歌朗诵会上曾指出:“诗和歌是有分别的。我不知道自己写的到底是诗或是歌。不论歌或诗,只要人民能接受,听得进耳、背得上口,都是好的。”[①]他说:

我要把育才办成一个诗的学校,盼望大家帮助我。我要以诗的真、善、美来办教育。我并不是要学生每个都成为诗人,那太困难了。但我却要由我们学校做起,使每个同学、先生、工友都过着诗的生活,渐渐的扩大出去,使每个中国的人民、世界的人民,都过着诗的生活!

诗和歌是有分别的。我不知道自己写的到底是诗或是歌。不论歌或诗,只要人民能接受,听得进耳、背得上口,都是好的。

做一个农民的诗人,首先得生活在农人中间,和他们一起耕地、锄草、唱山歌,不要还抱着为写诗而去,而要真正做一个农民,对吗?[②]

关于陶行知的诗歌观,比较有代表性的,是他同吴立邦小朋友的两封信。

立邦小朋友:(答吴立邦小朋友的信1)

我接到你的第二封信,立刻就想写回信给你,只因我要说的太多,要写的太长,所以等到现在还没有写。现在再不能等了,写得短些总比不写好。所以我决定先写一封回信,短点不妨,等到有空的时候再和你畅谈畅谈。

你信上说要拜我做老师,本来是不敢当。不过古人有相学相师的道理,如果你愿意做我的老师,我一定愿意做你的老师。我现在最小的学生是四岁,最老的学生是六十六岁。他们都是我的学生,也都是我的老师。他们教我,我教他们,别有兴味。我现在的老师和学生,北至蒙古,南至南洋群岛,西至德国,东至美洲都有。不过徽州除你以外,还没有别人愿意教我,并且从我学。你是我在徽州第一个老师,第一个学生。欢迎!欢迎!一定欢迎!

你出给我的第一个难题目,就是要我教你做诗。啊呀!诗这个艺术是教不来,学不来,做不来的。就拿我来做个比方。我虽然比不上李太白的斗酒诗百篇,但在一点钟之内,也曾写过十几首的。现在简直一首诗也做不起来,就是勉强凑成几句,也是不会好的。有的人说我向诗神请了假,有的人说诗神向我请了假。总之,诗神不来,随便怎样学总是三不像;诗神一来,一学就会,不学也会。等到你觉得肚子里有块东西,不得不吐到笔里,笔里有点东西,不得不写在纸上的

① 陶行知.陶行知全集(第4卷)[M].成都:四川教育出版社,2009:442.
② 陶行知.陶行知全集(第4卷)[M].成都:四川教育出版社,2009:442.

时候，那时你的诗就自然而然的来了；那时你再看看《诗经》、《古诗》、唐诗、宋诗、白话诗以及种种好诗，都是你自己要说的话了。诗兴未到，诗是诗，你是你，读诗虽多，终不相干。等到你是诗，诗是你，你和诗分不开了，才有好诗出来。世界上诗做得多，好的少，就是因为做诗的人，不能把生命放在诗里，不能把诗放在生命里，不能把诗和生命合而为一，换句话说："没有诗的生命，决做不出生命的诗。"

第三中学方振民先生和许敦士先生的介绍信，我已经写去了。我并且请他们直接回你的信，省得误事。我现在还送上介绍片一个，以便到校时应用。

祝你和全家平安，康健，快乐！

二月六日(1924 年)[①]

立邦好友：(答吴立邦小朋友的信 2)

接读正月二十七日的信，晓得你和新善哥已经进了第三中，很好，很好。方校长也写信告诉我了，他说你们还有一位弟弟一同去的。这位弟弟姓甚名谁？你可以告诉我吗？

你所说徽州的土产一层，我倒想和你谈谈。我以为我们只问好不好，不问土不土。你现在新拜的那位老师，身子虽在外面，骨子里也是徽州的土产。我们徽州的土产本来不错。你看朱晦庵、江慎修、戴东原诸位乡先贤，哪一位不是土产？现今的胡适之先生，从头到脚也只是我们家园所出的土产。我深信，他们来做你们的老师，你们是一定欢迎的。譬如，茶叶是家乡的土产，我们徽州人是没有不欢喜吃徽州茶的。

你说随地随时都可以做诗，这句话是很对的。我只想补充两句：随时随地都是诗；随时随地都可以做诗；随时随地都不可以勉强做诗。诗贵自然，充天地间都是诗的材料，诗人随意拈来都成好诗。

你问诗的功用，我先拿诗对于诗人的功用回答你。你试站在河西桥上，望着十寺或别的好风景：尽量呼一口气出来，忍住，忍到不能再忍了，那时你就明白诗人读诗的功用；尽量吸一口气进去，忍住，忍到不能忍了，那时你就明白诗人做诗功用。至于诗的普通功用，孔子说得好："诗可以兴，可以观，可以群，可以怨。"我不必细说了。

我昨天在徐州旅馆里没有事体做，就做了一首诗。抄来给你们看看：

① 陶行知. 陶行知全集(第 8 卷)[M]. 成都：四川教育出版社，2009：57-58.

自勉并勉同志

人生天地间，各有所禀赋：

为一大事来；做一大事去。

多少白发翁，蹉跎悔歧路。

寄语少年人，莫将少年误。

你如有诗，也请送我几首读读。

这封信是火车上写的，所以很不整齐，请你原谅。

三月二十六日(1924 年)①

通过陶行知同吴立邦小朋友的通信内容，我们发现，信的内容主要围绕写诗展开，集中表达了陶行知的诗歌观：一是“诗贵自然”，“诗这个艺术是教不来，学不来，做不来的”。它讲究“诗神”、“诗兴”和“诗境”，如陶行知写的《车中偶题》，说明他在旅途奔波中也不忘写诗，也“往往得佳句”，正所谓“车中何所思，将思化作诗”。二是“没有诗的生命，决做不出生命的诗”。诗要诗人回归生活、生命，将“诗和生命合而为一”。三是诗的功用，除了“可以兴，可以观，可以群，可以怨”外，还是诗人情感的宣泄与表达，正如陶行知所说的那样，“忍到不能再忍了”。诗的功用，既是诗人对美景、对情感的表达与赞美，又是诗人抒发情感的酣畅淋漓和不吐不快的心理感受。

纵观陶行知诗教思想的发展历程，我们不难发现，其诗教思想都闪耀着一条主线就是诗化民众。陶行知用人民群众喜闻乐见的形式，用大众易懂的诗歌形式来抒发人民的呼声，同时也表达自己的思想和感情。这些看似浅白、有些歌谣成分的诗歌正是陶行知诗歌的特有属性，体现了陶行知的伟大。因为，他走入大众之中，他的诗歌成为诗化民众的“人民经”。

### (一) 诗的政治诉求：呼唤民主

研读陶行知的诗，我们发现陶行知的诗歌由始至终贯穿着他的民主精神和民主意识，而其诗歌的政治诉求与当时的时代背景及其人生阅历密切相关。陶行知所处的时代，正值中华民族的危机时刻。年轻的陶行知有着深刻的国家观念和民族感，小小年纪就有了一个坚定的信念：“我是一个中国人，应该为中国做

① 陶行知. 陶行知全集(第 8 卷)[M]. 成都：四川教育出版社，2009：68-69.

出一些贡献来。”之后在学习西学的过程中和辛亥革命浪潮的影响下，对孙中山提倡的“三民主义”极为推崇，逐渐形成了民主的观念。此外，陶行知留学美国的生活经历，更加激起了他向往民主自由、追求个性解放的政治激情。因此，1917年留美回国时，他曾豪气地提出：“我要使全体中国人都有受教育的机会。”这一教育主张，也体现了陶行知追求教育机会均等的民主教育的强烈决心。1946年2月，他写了《自由警报》一诗：“主人尚未作主，公仆何日为公？报与钟儿知道，古庙仍须敲钟。”全诗仅四句，表现出诗人对人民当家做主的热切渴望。1946年6月的《诗人节祝词》是在《诗的学校》的基础上发展和升华而成：“社会为学校，人民是老师。同胞皆同学，学写停战诗。民国为学校，人民是老师。同胞皆同学，学写民主诗。世界为学校，真理是老师。人类皆同学，学写创造诗。”表现了陶行知对中国当时政治形势的急切心情，他呼吁停止内战，呼吁人民群众追求民主与和平。

### （二）诗的民众意识：开启民智，促进民众意识的觉醒

陶行知自幼出身贫寒，儿时的生活经历使他深知民众疾苦。一个教育家，他的出身、他的经历决定了他的眼界，因此陶行知从小就同情民众，热爱民众，悲天悯人的情怀一直伴随他的一生。正如他在1946年创办社会大学时提出的办学宗旨：“大学之道，在明民德，在亲民，在止于人民之幸福。”基于这样的观念，陶行知站在民众之间写诗，主张在“劳力上劳心”，扫除教育上人与人之间的不平等。用诗歌这种人民大众喜闻乐见的方式，与人民大众联系着，为人民大众服务着，为人民大众的教育普及和平民化教育的推广而践行着。1936年底，日寇即将发动全面的侵华战争，陶先生写下了《中国人》：“我是中国人，我爱中华国。中国现在不得了，将来一定了不得。”陶行知就是通过这样一种方式引导人民群众的爱国热情。1936年的《诗人》：“有人说我是诗人，我可不懂。唱破了喉咙，无非是打仗的号筒，只叫斗士向前冲。”反映出陶行知写诗的一个主要目的就是使民众觉醒，呼吁民众的国家意识、民族意识和斗争意识，使民众斗争起来，争取民族的解放。这正是因为“行知先生是一个人民的诗人。他善于用诗的形式表达自己的意见，以说明问题。他写了好多关于阐发生活教育理论，关于救国，关于争取民主政治的诗歌。他的诗有一种特殊的风格：通俗、生动、亲切、有力。他的语言是人民的语言，很少有那生硬的欧化语汇。所以，他的诗感召了千千万万群众起

来为民族解放与自由而斗争。”①

“在民族危难时刻，诗人看到了民众斗争的力量。他借自己的诗文，一方面热情赞美民众觉醒的爱国意识，一方面努力唤醒更多的民众融入抗日的伟大洪流，诗人的心和民众的心在爱国的旗帜下一起跳动，民众所想就是诗人所想。因此，他的诗能引起民众的共鸣，能‘打到民众的心里’去。陶行知的诗歌几乎每一篇都是密切地结合着人民的。”②

### （三）诗的形式内容：大众化与白话文

陶行知积极投身白话文运动中，提出“一切公立学校，都应教授白话文”、提倡“大众语”“大众文”等一系列主张。陶行知的语言文字观主要建立在他大众教育的基础上，他认为，普及大众教育、普及儿童教育都需要大众语、白话文运动的推动，而诗歌通俗易懂，是人民群众喜闻乐见的一种形式，更有利于大众教育的普及。陶行知所有思想的支持都来自他对大众教育、普及教育的一片热忱，只要能够普及教育，他就一定不遗余力地去做。诗歌是载体，诗歌也是工具，是陶行知普及教育的很实用的一种手段和方法。陶行知在《自立立人歌》中写道：“滴自己的汗，吃自己的饭，自己的事自己干，靠人、靠天、靠祖上，不算是好汉！”教导民众自力更生。他题的《骂人》：“你骂我，我骂你。骂来骂去，只是借人的嘴巴骂自己。”全诗四行，却将骂人的恶习及其后果生动、朴实地表现出来，并教人改正骂人陋习。他的学生仿照其诗：“你打我，我打你。打来打去，只是借人的拳头打自己。”这就是

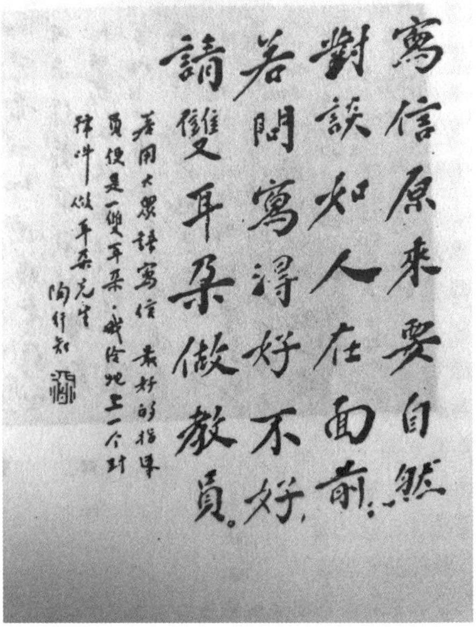


图 4-7　陶行知手迹(二)

① 江苏省陶行知教育思想研究会. 纪念陶行知[M]. 长沙：湖南教育出版社，1984：43.
② 许向峰. 苍凉时代的“人民经”——浅谈陶行知诗歌的“教育气韵”[J]. 生活教育，2006(3)：14-15.

陶行知诗教的力量。不仅影响了学生，而且学生做到了举一反三的深刻自省。陶行知早期改名“知行”，但在实践中发现王阳明“知行合一”的观点不对，而“行是知之始，知是行之成”才是真理，于是将名字由“知行”改为“行知”。这说明他对实践与理论的关系，形成了正确的认识。由此他排出了行动、知识、创造三者的先后顺序和因果关系，他的短诗《三代》：“行动是老子，知识是儿子，创造是孙子。”简单的三句话就形象地阐明了行动、知识、创造之间的关系。

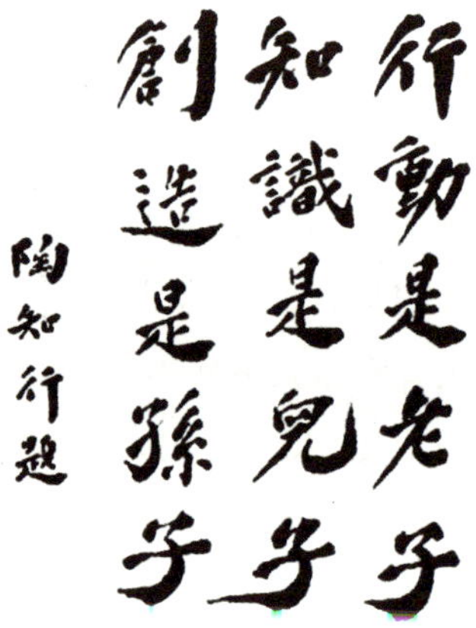


图 4-8　陶行知手迹(三)

陶行知的诗歌之所以采用大众语、白话文，是因为在他看来，诗歌这种看似高雅的文学载体不应该只掌握在少数人的手中，它应该属于人民大众，所以他写出通俗易懂、普通民众都读得懂的大众诗歌。所以说：“行知师是人民诗人。人民诗人必须是居于人民大众中的一员，时时站在人民大众的队伍里，然后他才能作为人民大众的喉舌，发出人民大众心灵深处的呼声，成为民族存亡的号角，建立平等互助世界的灯塔！行知师又是人民教育家。人民教育家必须接受人民大众生活实践的指导，认清人民大众的生活的需要，才能解决人民大众生活的问题。教育人民大众生活得有意义，发出生活的光辉，照耀着人民大众向着光明之路进军，向着新的平等互助的极乐世界探寻。”“行知师是人民教育家的人民诗人。是人民诗人的人民教育家。所以他的诗的号筒和他的教育主张，都统一在人民大众的基础上面，建立在人民大众的基础上面。所以他能够时时放出人民大众的心声，响彻云霄。”[①]陶行知诗歌的载体正是基于这样一种朴素的理念，惠及大众，根植于大众，才使其诗歌的影响如此意蕴悠长，辐射久远。

## 二、“戏剧与教育”

1918 年，陶行知在《南京高等师范学校教育研究会会刊》第 3 期发表文章《戏剧与教育》，从对“演者之影响”和对“观者之影响”两个角度，详细分析戏剧与

① 方与严. 方与严教育文集(下)[M]. 成都：四川教育出版社，1995：1235.

教育之间的关系。他说,从“演者之影响”来看有四个方面:其一,“教育贵宜适性”,“人之游戏倾向与生俱来,戏剧特高,称之游戏耳。非拘束成习者,莫不乐为之。于其乐为之中,寓人生之要道,则演者必尽全副之精神,以乐其道”。其二,“教育贵发舒”,“人之为学,固籍正当之外感,尤恃充分之反应。发舒足者,所获益亦多。故演戏者,无思想情操则已,有之,必能见面盎背,施于四体,尽其发舒之能事焉”。其三,“教育贵中节”,“自动之宜提倡,尚矣;然自动而不中准绳,则妄动矣。妄动,非教育所宜有也。演戏者之声音、容貌、举止,皆不得不调和中节,故习礼娴乐,莫善于戏”。其四,“教育贵群效”,“教育以适群为目的,故必求所以培养协力之道。协力[囊]厚者,其教必良。一剧之中,人各按其所长司其职务,工分而力合。情景声色,如百川发皇,腾越向海,奔流沛然,莫之能御。合群之方,庸有良于此者乎?”。

图 4-9　话剧《朱大嫂送鸡蛋》

而后他又从“观者之影响”提出三个方面:

一是“教育贵备正当之消遣”“劳思逸,疲思安,人之情也。安逸而不得其道,适伤其生。故教育之目的不徒教人作业,抑且教人消闲。有正当之作业,有正当之消闲,庶乎无大过矣。美国驻德公使威特先生谓德国有三宝,其一即公共戏园,盖人民有此消闲之所,无虑失德矣。故能乐而不淫,哀而不伤,则戏剧诚人人必需之游息也。于此时而寓教焉,则社会教育事半功倍矣。”①

二是“教育贵养正当之情操”“事有知之未必行,行之未必力者,多由于感情未动耳。故化知为行为,变思想为事实,必自培养情操始。培养情操,重在直觉,盖不遇可歌可泣之事,安知歌之泣之?不知歌泣其事,又安能力行之哉?戏剧能传人成败忧乐,引人入胜,是不特能兴人之情操,亦且能锻炼之也。”②

三是“教育贵探有生之方法”“教育以适于群生为目的,故其方法,亦以合于

① 陶行知.陶行知全集(第1卷)[M].成都:四川教育出版社,2009:239.
② 陶行知.陶行知全集(第1卷)[M].成都:四川教育出版社,2009:239.

生存之真相为标准。戏剧与人生之相去，其间不能以寸，莎士披耳(通译莎士比亚。——编者)曰：'大千世界都是舞台，匹夫匹妇，莫非优孟。'盖世人无处不演戏，无处不看戏。所异者，舞台之大小耳。故自广义言之，戏剧即人生，人生即戏剧。夫以有生之人演人生之事，岂不诚教人为生之美术哉！"①

最后，陶行知指出，戏剧与教育都有社会功能，善于运用戏剧来影响观众，则可以进行社会改良。

"戏剧予观者之影响既如此，于演者又如彼，然则戏剧有利无弊乎？曰：唯唯否否。益生者，戏能演之能教之；害生者，戏亦能演之能教之。戏之能力则大矣！善用，则社会可以改良；不者，用之风化足以败坏。是不可以不慎也，然不善用戏剧，遂咎其为不可用者，又戏剧之罪人也。"②

在此戏剧观与教育观的影响之下，戏剧教育的重要功能在晓庄和育才都得以体现。1929 年初，南国社剧团到南京演出。陶行知于 1 月 20 日写信给田汉和南国社诸位先生，邀请剧团到晓庄演出。1 月 23 日下午，陶行知领了几辆汽车，打着"欢迎南国社下乡"的旗帜，接剧团至晓庄。当晚演出前先开了欢迎会，在小朋友致辞和农民代表演说后，陶行知致了欢迎词，主旨意思是"革命的艺术和革命的教育携手"。

"今天南国社居然到乡下来和我们见面，实在万分地荣幸！我想，我们晓庄欢迎南国社下乡有个很大的意义，就是革命的教育和革命的艺术携手。

因为南国社和我们晓庄的同志有许多相似的精神：第一，南国社的艺术是为民众的，我们的教育也是为民众的。第二，南国社的同志是以教就学、以学就做、以做就教地在努力戏剧，我们也是以教学做合一地在努力教育。第三，南国社的师生同志是同睏稻草、同吃白饭，作事共同甘苦的！我们也是一样。第四，南国社同志是在贫困中奋斗的，我们也是在贫困中想找条出路。所以南国与晓庄，在精神上是不谋而合的，我们怎能不欢迎我们的同志呢？所以今天我们欢迎南国社下乡，实在是革命的艺术和革命的教育携手。那末，我要代表晓庄的人们致谢南国社！"③

育才学校当时的戏剧组的表演课由舒强来教，"他强调学表演要从最基本的东西学起。"比如有一次上课，他要同学们把满满一碗水端到他面前，但不能漏出

① 陶行知. 陶行知全集(第 1 卷)[M]. 成都：四川教育出版社，2009：240.
② 陶行知. 陶行知全集(第 1 卷)[M]. 成都：四川教育出版社，2009：241.
③ 陶行知. 陶行知全集(第 12 卷)[M]. 成都：四川教育出版社，2009：173.

一滴水来,同学们在端水的时候把注意力都集中到这碗水上,谨慎小心地慢步走道,总算达到了要求。第二次上课时,仍然是做这个练习,但没有实物,要同学们运用想象,要像真的端着一碗水那样,送到他面前……舒强还十分注意培养学生们树立正确的生活态度和提高文化修养。他说:“一个优秀的演员,一定要有高尚的人格、严肃的生活态度、渊博的知识和健康的身体。至于演技上的修养,那更是要不断学习,不断提高。”①

## 三、为老百姓而唱

在艺术教育中,陶行知重视音乐教育,将音乐作为大众教育的重要内容,强调音乐为民族和人民的根本利益服务,主张在音乐艺术实践中培养艺术人才。陶行知音乐教育的思想支点是生活教育,从这一支点出发,育才学校的音乐教育实践注重开展早期音乐教育、发现音乐人才,重视因材施教,将音乐教育的思想性与艺术性相结合,强化校外音乐实践活动。本质上,陶行知推行与实践音乐教育的目的具有时代性和战斗性,音乐教育的内容具有民族性和大众性,音乐教育的方法具有互助性和集体性②。

### (一)“科学与音乐二者相成”

陶行知本人是喜欢音乐的,从他翻译了《箭与歌》这首诗即可窥见一二。《箭与歌》(The Arrow and the Song)是美国诗人亨利·沃兹沃斯·朗费罗(Henry Wadsworth Longfellow)的作品,译文如下:

我向空中射了一枝箭,
落下地来,我不知道它在何方,
只见它一去如飞,
眼光跟不上箭的去向。

我向空中唱了一首歌,

① 付文芯.演员的诞生:中国百年戏剧表演教育[M].上海:上海社会科学院出版社,2018:61-62.
② 刘广伊.陶行知音乐教育思想和实践对音乐教育改革的启示[J].生活教育,2007(9):18-21.

落下地来，我不知道它在何方；
谁有如此敏捷健强的眼光，
跟得上歌声的飞扬？

好久好久以后，
在一棵橡树上，
我寻着了这枝箭，仍旧没有破；
在一个朋友的心里，
我寻着了这首歌，一个字也不错①。

20 世纪 30 年代，由陶行知作词，赵元任、贺绿汀、吕骥等作曲家谱曲的《儿童节歌曲集》，专门为儿童而创作，特采撷几首由陶行知及其朋友合作创作的儿童歌曲。

1.《春天不是读书天》（陶行知作词，赵元任作曲）②

① 陶行知. 陶行知全集（第 6 卷）[M]. 成都：四川教育出版社，2009：651.
② 陶行知. 陶行知全集（第 5 卷）[M]. 成都：四川教育出版社，2009：682-683.

2.《小孩不小歌》(陶行知作词,赵元任作曲)①

## 小孩不小歌

赵元任 曲

3.《手脑相长歌》(陶行知作词,贺绿汀作曲)②

## 手脑相长歌

陶行知 词
贺绿汀 曲

---

① 陶行知.陶行知全集(第5卷)[M].成都:四川教育出版社,2009:685.

② 陶行知.陶行知全集(第5卷)[M].成都:四川教育出版社,2009:684.

1943年3月23日，陶行知特意写信给郭咸中，言辞恳切，希望郭咸中允许其子郭以实参加音乐会事宜，表明陶行知对于音乐的教育功能的赞许，同时阐述了他对于科学与音乐二者之间的关系。陶行知指出："自然科学者带学音乐可以调剂生活，免除不良嗜好……二者相成，足以丰富人生之乐趣而使之更求向上。"信中写道：

咸中先生大鉴：

久仰高风，未亲教益为怅。令郎参加音乐演奏会，以不得父命为虑。自然科学者带学音乐可以调剂生活，免除不良嗜好，当代大科学家爱因斯坦善小提琴及钢琴，一有演奏，万人空巷。小儿陶宏研究科学亦好音乐。弟观其二者相成，足以丰富人生之乐趣而使之更求向上。现今政府以乐治国，定四月为音乐月，亦欲将哑巴民族化为黄钟大吕之民族，藉以移风化俗。敝校响应音乐月之号召，缺少男音，令郎甚为合格，尚希允其参加，共观厥成。专此奉商[1]。

除了对于音乐的倡导，陶行知还提出要发展舞蹈。在1944年11月5日《新华日报》上，记者报道了育才音乐舞蹈会的情况，陶行知回忆这件往事，他说：

图4-10　育才舞蹈组

有一次从欧洲返国途中，船过红海，旅客们在甲板上散步，播音机中正在播出快乐的唱片，我看见一个四岁的小女孩在甲板上跳舞。我细细地观察，这个小姑娘的舞蹈是很合音乐拍子，而其表演出来的快乐情绪也是与音乐相合的。

这引起了我的惊奇，立即商请船上的人换一张悲哀的片子，要试试这孩子对音乐的感受力。果然当悲哀的乐声一起，那小姑娘的舞式不仅整个改变，脸上的快乐情绪也突然改换了，一种严肃深沉的忧郁。我愈看愈奇，又商请改换了一张革命的片子——《马赛曲》。当《马赛曲》的乐声一起，只看小姑娘拿出了拳头，向甲板上的旅客挥动……

① 陶行知．陶行知全集（第11卷）[M]．成都：四川教育出版社，2009：645.

这一幕给我一个很大的启示，就是音乐的天才，一个人在四岁的时候就能发现。因此，我现在招收音乐组学生，也采取了这一办法，来测验对音乐的感受力。

音乐与舞蹈，在中国古代史上并不是像今天一样贫弱，唐代的舞蹈就很流行，如今日本反而流传过去不少，所以我们在这个意义上应该发展舞蹈[①]。

因此，育才在招收音乐组学生时，主要测验孩子对于音乐的感受力。同时，陶行知也指出要发展舞蹈，音乐与舞蹈要并行不悖，共同发展。

### （二）“大众的歌曲是大众心灵的呼声”

陶行知指出，“把我们的音乐和老百姓的要求合拍起来”，并且撰文《大众歌曲与大众唱歌团》，集中表达了自己的大众音乐观。

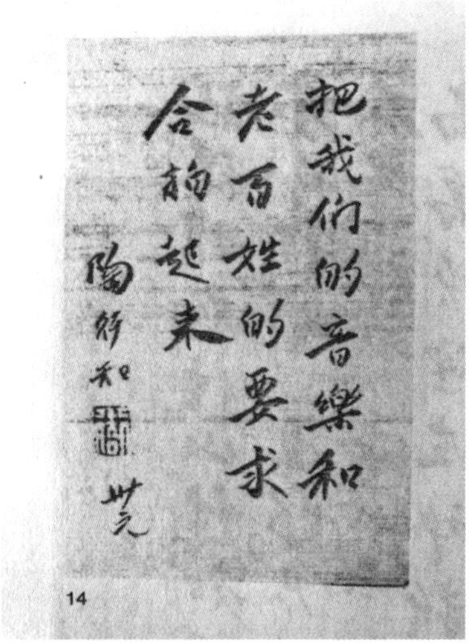


图 4-11　陶行知手迹（四）

首先，关于“什么是大众歌曲?”，陶行知指出：

“大众的歌曲是大众的心灵的呼声。它是用深刻的节奏喊出大众最迫切之内心的要求。少数天才之创作必定是符合了这个条件，才为大众所欢迎而成为大众的音乐和大众的诗歌。大众的歌曲是要唱出大众的心中事，从大众的心里唱出来，再唱进大众的心里去。它来，是从大众的心里来；它去，是到大众的心里去。”[②]

陶行知指出：“只须站在大众的战线上来做斗士，便能感觉大众的艰难，了解大众的需要，说大众要说的话语，唱大众要唱的歌曲。一个脱离了大众生活的天才绝写不出大众的歌曲来。因此，大众的歌曲可以说是大众运用天才写起来的，简直可以说，是大众共同创造起来的。”

其次，陶行知赞美民众歌咏团的伟大。他以刘良模的民众歌咏团为例，指出：

“刘良模先生所创的民众歌咏团是大众音乐以最正确的形式表现出来的。

---

① 陶行知. 陶行知全集（第 11 卷）[M]. 成都：四川教育出版社，2009：667.

② 陶行知. 陶行知全集（第 3 卷）[M]. 成都：四川教育出版社，2009：397.

这种歌咏团现在在中国各大都会里都有了组织。最初在上海我曾经听过一次二三百人的合唱，他们是预备到高桥去唱给乡下人听。近来看《永生》又知道他们一团七百人，于六月七日在上海西门公共体育场合唱给五千人听。会场中曾有警察干涉，但是听啊，'中国人连中国歌都不能唱了吗?'这个五千人的吼声是使警察不好再说话。最近六月二十日夜里，香港民众歌咏团团员四百人在青年会体育场上对三千民众合唱，把民族自救的声浪打到每一个听众的心里去。我这次也是听众之一，亲自感觉到这个运动的前途的伟大。"①

陶行知指出："音乐是大众心灵的呼声。大众欢喜唱歌，那是无可怀疑的。每一个大众的心灵里都潜伏着音乐的种子。但是在那伟大的音乐气候未到以前，他们只能唱几套小调儿过过瘾，表现不出很大的力量。这好比是一种子在地下吸收一些潮湿时所发出的低微的声音。现在是伟大的时代的前夜，大众是预备开口了。春天到了，你能叫桃花不开吗？夏天到了，你能叫荷花不开吗？秋天到了，你能叫菊花不开吗？冬天到了，你能叫梅花不开吗？大众的时代到了，你能叫大众的口不开吗？因为日本帝国主义不断的侵略，中国是遇了空前的大灾难。中国大众不肯亡国做奴隶。中国大众要追求自由，追求平等，追求生存。中国大众要为自由而战，为平等而战，为生存而战。"②

陶行知还强调："世界上最伟大的音乐是战斗的音乐，最伟大的文学是战斗的诗歌。中国是在发动一个空前的民族解放的伟大战斗，在这个时候，是自然而然的会跑出最伟大的战斗的音乐与战斗的诗歌。"这是因为，其一，"战斗的音乐与战斗的诗歌之外，次有力而也含有普遍性的是恋爱的音乐与恋爱的诗歌。恋爱的音乐与恋爱的诗歌在古时与野蛮社会里也是大众的集体活动。在择配结婚的时候，一群一群的青年男女奏着恋爱的乐，唱着恋爱的歌，跳着恋爱的舞。但是在开化的国度里，这种集体的欢会是失掉了，恋爱变作个人的事，恋乐恋歌都变成靡靡之音而为大众集体生活所丢弃。但是仔细考察起来，恋爱是性之战斗也是战斗的一种。恋歌恋乐未尝不可以和战歌战乐相通。假使把革命与恋爱打成一片，使恋爱受着革命的领导，那末武装的恋歌恋乐也可以成为伟大的作品而为大众所欣赏"。其二，"工歌也是战歌的一种。它是与自然界和剥

① 陶行知.陶行知全集(第3卷)[M].成都:四川教育出版社,2009:397-398.
② 陶行知.陶行知全集(第3卷)[M].成都:四川教育出版社,2009:398.

削者战斗之呼声。武装的工歌当然是有它的伟大，也当然是大众欢喜吃的家常便饭”。①

再次，陶行知鼓励音乐天才和文学天才的伟大创造。他说："受着时代的伟大的感动，音乐的天才自然会创作大众高兴唱高兴听的音乐；文学的天才自然会写出大众高兴听高兴唱的歌词。从前有人写一首歌要找人做个谱很难，有人做一个谱要找人填一首词也很难，勉强配合起来，好比旧式结婚，总难中意。有时弄出绝大的笑话，开学歌配上出丧的音乐。其实，它们不但是不相配，而且是音乐不成音乐，歌词不成歌词。现在却不同了。一首前进的歌要一位前进的音乐家做个谱，他的谱就恰到好处。一个前进的谱要一位文学家填一首词，他一填就填到天衣无缝。而且唱起来，大众都兴奋。这是因为什么缘故呢？因为制谱者、做歌者、唱者、听者都是遇着同一的大灾难，发生同一的大觉悟，参加同一的大战斗，是必然的唱出同一的大和声。""我所说的音乐天才和文学天才并不是超人的天才。有音乐的天才而实际上不是一个与大众站在一条战线上和大灾难拼命的斗士，他写不出感动大众的乐谱；有文学的天才而实际上不是与大众站在一条战线上和大灾难拼命的斗士，也写不出感动大众的歌词。现在能写大众的歌词的人是比较的多，能写大众的乐谱的人还很少。聂耳先生之死是中国大众音乐的一个最大的损失，几乎是等于音乐之国里失掉一个东北，东北可以收回，聂耳不能复活，这是一件令人伤心的事啊。中国有音乐天才的人数本来也有一些，多数到现在还是站在大众战线之外，享受个人的自由幸福。这些朋友到现在还写不出一件为大众欢迎的作品，这不是很可惜吗？但是我相信，只要他们一加入大众的队伍和民族的大灾难开始拼命，就不啻是聂耳先生一个又一个的复活了。然而聂耳先生给我们的音乐遗产已经是很可宝贵了。我们的劳苦大众自己创造的山歌也不错。还有好些前进的文学家所写给大众的词也值得感谢。这些人都是把他自己的生命放在大众的战斗里，才把他们的天才发挥出来，写成大众的音乐，大众的诗歌，使大众有东西唱，兴高采烈的唱了又要唱。"②

最后，陶行知指出大众唱歌的前途的十四条路径和建议③。"（一）改个名

① 陶行知. 陶行知全集(第 3 卷)[M]. 成都：四川教育出版社，2009：399.
② 陶行知. 陶行知全集(第 3 卷)[M]. 成都：四川教育出版社，2009：399-400.
③ 陶行知. 陶行知全集(第 3 卷)[M]. 成都：四川教育出版社，2009：400-403.

字。名字要符合大众语，歌咏的咏字不很通俗，我提议把它改为大众唱歌团。（二）越多越好。从前韩信将兵多多益善，大众唱歌团的团员和大众是越多越好。少则要做到一千人唱，一万人学；多也不妨一万人唱，十万人学。旧世界只有小巧之美，那大量之美是一个新的观念。我希望大众唱歌能给这“大量之美”或“集体之美”一个深刻而具体的印象。（三）大众开口。大众到会场上来不是听，乃是学；不是学，乃是学唱。我们只有唱众，没有听众。起首虽是听众，当场变做唱众。这样才能更充分的发挥大众的力量。一群哑巴的大众有什么精神呢？（四）选歌标准。大众唱歌团所选的歌是要有标准。一要意识前进，二要歌谱有精神，三要歌词不违背大众语。香港民众歌咏团所选的歌曲里就有一两首用文言歌词的，大众唱着调子而不懂得里面的意思，效用是未免要减少些。（五）到源头上去找。有些不懂事的人把人家的歌曲乱改或是不小心地抄错印错，所以选歌要在源头上去找材料。比如《锄头歌》的第四段是“革命的成功靠锄头，锄头锄头要奋斗”。香港的选本是根据一个改错的本子成了“肩着了锄头要奋斗”。这歌的原意是以锄头代表农人，它是招呼农人要奋斗，并不是叫农人拿着锄头去奋斗。这个选本又把最重要的一首丢掉。这首歌末尾还有一段：“光棍的锄头不中用，联合机器来革命。”倘使这一段丢掉，《锄头歌》之所以赶得上时代的精神，最要紧的还是后头这一段，这如何可以把它丢掉呢？再么，香港唱的调子是改得与原来的不一样。词不可乱改，谱是多年民众精神的结晶，更不可以乱改。百代公司出了一张小先生唱的《锄头舞》歌唱片，是根据原来的山歌的调子收音的，可以做参考。我的主要的意思只是希望大家要谨慎的去找材料，不要轻易的改人家的作品。如果要改，也得先和作者商量，倘若真正青出于蓝而胜于蓝，那是谁也愿意接受的。（六）追求歌词的意义。在小组练习的时候，每首歌的意思都要讨论清楚。这种讨论会自然的联系到时事的讨论，并引起人家去看前进杂志报章之兴趣。（七）引起识字的趣味。因为欢喜唱歌就对于歌里的文字发生趣味。我们如果抓住这种机会运用传递先生或小先生的法子教人识字读书，再使认字读书与民族解放联系起来，也是很有益处的。（八）继续不断的办。照民众歌咏团的办法，每一工厂，每一店铺，每一家庭，每一学校或每一集团，只要有十人以上就可派人去教。这是一个顶好的办法。这种组织应当成为永久的自求长进的组织。因为新的歌曲是川流不息的出来，我们怎么可以中途而废呢？我们要继续的唱，唱到中国独立、平等、自由了才许它告一段落。（九）军歌要换。

我们二百万军队是需要前进的歌曲。不幸得很,他们还是唱着没有多大意思而很难听的老军歌。一个个的军队都应该成为一个大众唱歌团,至少要采用大众唱歌之集体合唱方法,去唱民族解放之战歌。(十)大众唱歌团下乡。乡下人是欢喜唱歌。暑假、寒假、星期假,大众唱歌团团员应当下乡训练农民大众唱歌,并组织乡村大众唱歌团。乡下的教师如有会音乐的,应当即刻着手提倡乡村大众唱歌团,随时来它一个联村大合唱。(十一)告音乐天才。有音乐天才的朋友不要把自己的天才在靡靡之音上浪费掉。你们要站在民族的联合战线上来,替大众写乐谱。(十二)告文学天才。有文学天才的朋友再不要为文学而写文学,也应该加入大众的队伍里来为大众写歌词。(十三)别抄袭。不要梦想把欧美现成的歌谱拿来填词。我们现在所需要的是半殖民地反抗日本帝国主义的调子,这个调子在欧美的乐谱里是没有的。它是要我们大众队伍里的天才在中国的土壤气候里扶养出来。(十四)防止麻醉。唱歌是最能启发人的心灵也是最厉害的迷魂汤。从前的宗教家和现在的法西斯都用唱歌来麻醉人。那个德国的福井范格勒便是用音乐代替纳粹党去麻醉大众的所谓音乐家。美国大众上月听说他要到纽约来做乐队总指挥,大众都起来抵制,不听他所指挥的音乐,乐队里的队员也表示不愿接受他的指挥。一个麻醉人的音乐家是这样受大众的鄙弃,我们看了这件事,是格外明白大众音乐所应该走的路。在我们提倡用大众歌曲来唤起大众的时候,说不定有人也想用假的大众歌曲来叫大众再睡睡,睡到亡国再起来。我们要一致留心,这种麻醉的策略,先给它打一支预防针。大众的时代快来到,小众的靡靡之音应该走开,麻醉大众的歌曲是格外应该走开。但空言是无济于事。只要真正的大众歌曲继续不断的创造起来,便如白日中天,什么微生物也要消灭了,让我们努力创造吧!”

陶行知同时也希望当时的音乐家多创作一些适合儿童的歌曲、适合民众的歌曲,在“为真理而歌,为创造而歌,为老百姓而歌”中,把众生普度上彼岸来。在晓庄时期创作的《晓庄歌曲集》,就体现了这一特点,它是由陶行知主编,陆静山编的晓庄学生用书。其中比较有代表性的作品是《锄头舞歌》和《镰刀舞歌》,其中《锄头舞歌》成为晓庄试验乡村师范学校的校歌(今南京晓庄学院),传唱至今。

1.《锄头舞歌》(南京山歌调,陶行知作词)①

2.《镰刀舞歌》(南京山歌调,陶行知作词)②

① 陶行知.陶行知全集(第5卷)[M].成都:四川教育出版社,2009:667.
② 陶行知.陶行知全集(第5卷)[M].成都:四川教育出版社,2009:668.

图 4-12 育才学生木刻

图 4-13 育才学生写生

## 四、“写诗作画慰劳人”

1926 年 1 月 15 日《新教育评论》第 1 卷第 7 期，陶行知发表文章《国画也要提倡了》。之所以发这样的文章，是因为陶行知之前参加了当时为上海美术专门学校举行的国画展览会。该校校长刘海粟先生做了一篇宣言叫作《昌国画》，陶行知看过之后很为赞赏，不禁为中国美术前途贺。他说：“中国人画中国画，自是当然之事，现在也要提倡了，岂非奇事！仔细想来，这又何足为奇，中国文化那一样不是弄到这步田地呢？”同时陶行知也提出当时学校美术教育的一大问题，陶行知说他“近年来参观学校时最觉得伤心的一件事，就是到处所见的学生图画作品，一百分之九十九是非驴非马的西洋画”。还回忆起五年前陪杜威夫人参观的时候，很严重地批评说：“放弃固有的艺术去干这种三不像的外国画，断断乎是条走不得的错路。”为此，陶行知指出了画画要具备的四要素，简单来说就是“天赋、名师、临摹和薰染”。他说：

学画要想学得好，必得有四种要素；一是自己的天才，民族特长在个人身上之表现；二是名师的指点；三是名画之临摹；四是自然之薰染[①]。

当然陶行知也指出，他并不是反对外国画，他反对的是没有精神、没有薰染的“大杂烩”。他说：

① 陶行知. 陶行知全集(第 1 卷)[M]. 成都：四川教育出版社，2009：48.

在中国学校里学外国画，这四种要素，简直是一无所有，那能学得好呢？若学国画，则自己的天才本来相近，名师之指点及名画之临摹，机会都比学外国画多得多。至于自然之薰染，则山川美景，触目皆是，更不必说了。在这种情形之下，倘能努力进修，不难在艺术上占一地位。我不是反对学外国画，我所反对的是三不像的外国画，是在无外国生命精神之环境里学补字纸篓的外国画。看中国人画的西洋画，好像吃中国式的番菜，或美国式的杂碎，很难说得到欣赏。我很希望全国画家抱着"文艺复兴"的宏愿为国画开一新纪元。我更希望全国艺术教员还是自寻路走，不要蒙起头来跟人瞎跑①。

陶行知很喜欢读《板桥全集》，有一首他专门为此而写的诗《读〈板桥全集〉》。陶行知自己也说："美术家写自己性灵，何暇择人而沽？惟冷眼偶尔一观当世之收藏，只见古今杰作多流落在富贵人家做侍儿，劳人安能得其慰藉？此诚美术家之大憾事。板桥道人说：'凡吾画兰、画竹、画石，用以慰天下之劳人，非以供天下之安享人也。'这是何等伟大的精神！"②始终和人民群众站在一起，始终是人民群众的坚实后盾，"写诗作画慰劳人"。

1935年12月1日，陶行知在《生活教育》第2卷第19期发表文章《大众的画报》，副标题是《一个需要·一个建议》。他指出，在当时的"画报是有资格受大众欢迎的，但是有些画报，编排复杂，说明难寻，有时也是文绉绉的，使得大众只是看画而不知道画中的意义，并且价钱太贵"。因此，陶行知向作家及出版界提出一个建议："'编辑出版一种真正的大众画报。'这种大众画报采取日报、三日报、周报、半月报、月报，都有需要，但应当符合下列五种条件：(一)灌输现代知识，培养前进思想；(二)用大众语写，要趣味胜过正经；(三)用连环图画写，要图画多于文字；(四)编排清楚；(五)价钱便宜。如果能合上面所说的五种条件，这种画报必可成为普及教育的一种最重要的工具。大众得了它必是如同大旱得了大雨一样的快乐。我是天天望着这样有意义的画报出现啊！"③

1939年9月，育才学校成立绘画组。当时的育才绘画组由陈烟桥、张望、王琦、许士骐等进步艺术家来教授素描、写生、色彩、木刻等课程。陶行知曾指出"对于绘画组的学习方法、作品、对象都时加以留意"，还说："老实说，我对于绘画

① 陶行知.陶行知全集(第1卷)[M].成都：四川教育出版社，2009：48.
② 陶行知.陶行知全集(第7卷)[M].成都：四川教育出版社，2009：227.
③ 陶行知.陶行知全集(第3卷)[M].成都：四川教育出版社，2009：315-316.

完全是外行;我只是拿大众的尺度来量。我为自己配了一副大众的眼镜来观察。”(《大众的艺术》)这些都为绘画组的美育教育指明方向。在具体的教育实践中,育才绘画组体现了先进的具有开拓性的美术教育①。其中,绘画组强调美术创作与现实生活的结合。绘画组老师经常带领学生到现实生活中去写生,去画现实生活中的劳动者,而不是仅仅在画室里画模特、画石膏。育才学校绘画第一批学员伍必端曾记述:“老师带我们去画农田里的耕牛,画农家,画农具。学校后山下面就是一座煤矿,老师带我们去画矿工推煤车和矿工在煤堆上休息的场景。”②“看到煤矿工人赤身露体,浑身乌黑,用竹子做的小车把煤炭一车车从煤窑底下推上来……我们很受震撼,也是在那个时候,进步抗日、为人民画画的想法就深深扎根在我脑中。”

绘画也强调绘画创作学习和绘画理论学习的结合。王琦先生主讲西方美术史:“从文艺复兴三杰……到介绍提香、波提切利的《维纳斯之诞生》,以及西斯廷大教堂的天顶画……介绍法国写实主义画家米勒的作品……介绍了德国女版画家珂勒惠支……”③

绘画组还强调艺术创作与展览、出版、发表的结合。绘画组在 1942 年重庆中苏友好协会举行了“抗敌儿童画展”(主要是木刻作品)。“画展影响很好,社会上不少进步人士为了支持‘育才’学校而购买了孩子们的画”,展览产生了强烈的社会反响。同时,“在当时经济条件十分困难的情况下,陶行知还为绘画组的木刻创作出版了两本木刻集——《幼苗集》(1941 年 3 月出版第一集,1942 年 3 月出版第二集);并积极将绘画组同学的作品推荐到当时的刊物上发表,其中伍必端的一幅木刻《血的控诉》还被张望老师推荐到《新华日报》发表。我们今天还可以从民国的期刊上找到大量育才绘画组孩子们的木刻作品,如《儿童月刊》(四川)、《联合画报》、《战时教育》、《民主教育》等刊物,成为今天我们了解育才绘画组木刻教育成果的重要材料。”④

陶行知有一首非常著名的诗歌《为老百姓而画》,淋漓尽致地表达了陶行知

① 郝斌.从幼苗到大树——陶行知育才教育对伍必端艺术人生的塑造[J].中国文艺评论,2019(7):80-89.

② 伍必端.刻痕——画家伍必端自述[M].北京:生活·读书·新知三联书店,2006:32.

③ 伍必端.刻痕——画家伍必端自述[M].北京:生活·读书·新知三联书店,2006:37.

④ 郝斌.从幼苗到大树——陶行知育才教育对伍必端艺术人生的塑造[J].中国文艺评论,2019(7):80-89.

拜人民为师，讴歌平凡人的奋斗与伟大，这也是陶行知当时对于育才绘画组的“精神讲话”：“为老百姓而画，到老百姓的队伍里去画，跟老百姓学画，教老百姓画，画老百姓，画出老百姓的好恶悲欢，画出老百姓之平凡跟伟大……”全诗如下：

“为老百姓而画，
到老百姓的队伍里去画。
跟老百姓学画，
教老百姓学画。
画老百姓：
画老百姓的爸爸，
画老百姓的妈妈，
画老百姓的小娃娃，
画出老百姓的好恶悲欢，作息奋斗，
画出老百姓之平凡而伟大。
把画送进每一个劳苦的人家，
使乡村美化，
使都市美化，
使中国美化，
使全世界美化。
给老百姓安慰，
将老百姓的智慧启发，
刺激每一个老百姓的创造力，
创造出老百姓所愿意有的天下。”
希望有一天老百姓都喜欢挂我们的画，
尤其是喜欢挂他们自己画的画[①]。

① 陶行知．陶行知全集（第 7 卷）[M]．成都：四川教育出版社，2009：947-948．

## 五、“卖字卖画买寒衣”

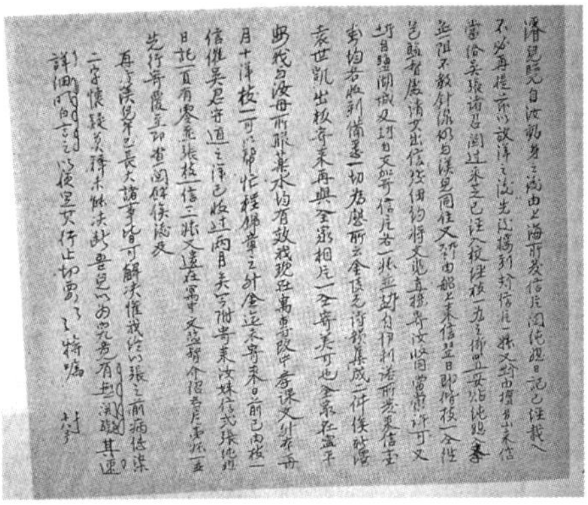

图 4-14 陶父遗墨

陶行知对书法这门艺术相当重视①，他的幼年、少年时代，主要是跟父陶位朝学习书法并受父亲书法的影响。陶父真迹存世的仅有一纸，那是 1914 年 10 月 18 日陶父写给在异国他乡求学的儿子的亲笔信，其书法结体开张，那长枪大戟式的横竖撇捺较明显地吸收了黄山谷书法的一些特点，线条骨气硬朗、清拔犀利，只是稍乏浑劲，稍逊变化。陶行知曾长期将此信珍藏在身边，信封上写有“宝留父亲遗墨”字样。后来陶行知更多地吸收了颜体的特点。从书法史的角度来看，自清刘石庵、何绍基、钱南园诸家学颜字而自成一家，清末至民国年间以颜字为习字范本，一时成为风气。一般论者认为，陶先生书法有颜体雄强风范，大概是所见多为先生此期书作的缘故。这一时期的作品，我们以为至少可分为两类：一类是学其父亲的；另一类是取法颜体的，体势纵长，用笔如捺画的收笔即具有较典型的颜体特征。

陶行知留学回国后，重新进入中国这一书法文化圈，重新审视作为民族文化精粹的书法，表现出极大的热情。特别是 1923 年春迁居北京、1927 年创办晓庄学校、1931 年后在上海时期都进行了较广泛的书法学习。陶行知辞去东南大学教职后，于 1923 年春举家迁居北京从事平民教育运动。在北京期间，他没事时就上街逛书铺、字画店，收集字帖与图书，因为收藏得很多，便请孩子的舅公帮助编书目。他在北京石驸马大街的住宅里布置了一间书房，四壁挂满了碑帖，供平时观赏揣摩，一有空就在书房里伏案临摹碑帖，对书法表现出浓厚的兴趣。这期间他还对书法的创作格式做了有益探索。

1923 年 10 月致程仲沂信中提道：“他（指王伯秋）的老太太六十岁做寿的时候，我送了一副寿联：‘作十万新民，寿六旬王母。’这副对联是知行亲手写的。但

① 本部分内容主要参考陈爱民. 陶行知的书法教学做[J]. 生活教育，2010(3)：44-49.

是初次写对联，写到夜里两点钟，写坏了两副，勉强把第三副送到他家里去。”以此为契机，陶行知一生中创作了不少内容丰富、书法精美的对联。

在南京创办晓庄师范那样的艰苦时期，他也没有停止书法学习。1927 年 11 月，他在给陶母的信中说：“家中字帖除桃红、小桃需用的之外，请一并寄到南京神策门外晓庄学校为祷。先寄几本来，随后可以慢慢寄。”同年 12 月，在写给妹妹文渼的信中又说：“您所寄之《双体千字文》、《赤壁赋》及《云麾碑》，都是我最喜欢的。收到后，快乐之至。”信中提到的《双体千字文》即隋智永和尚的《真草千字文》，《云麾碑》乃唐李邕的《云麾将军碑》，《赤壁赋》为宋苏东坡之名作。由于这些字帖在北京的书法学习中，陶先生已经接触到并且是“最喜欢的”，现在重又获得则如遇故人，故而“快乐之至”。自此，他在这些字帖中倾注了不少心血，使其书法又进入一个新境界。

从先生的遗墨来看，这时期的书法受苏东坡的影响较深。仰其人而习其书，苏氏面对逆境而表现出来的旷达的人生态度，应该是陶行知对东坡先生书法情有独钟的主要原因。1923 年致程仲沂信中陶先生曾有“人生必有出世之精神而后可以入世”之说，故而选择苏体当是自觉的。陶先生一生所遇艰难困厄非常人可以想象，而皆能坦然处之，勇往直前，与这种人生观自然有着密切的联系。书法作为人的精神的载体，也常常给他以慰藉。

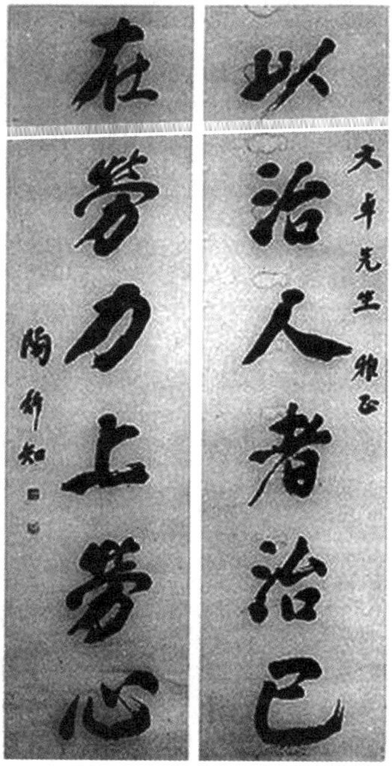

**图 4-15　陶行知题字(一)**

陶行知对于书法一方面自己研究，一方面也向人请教。20 世纪 30 年代初在上海，他曾间接地从同乡徐谦那儿获得了正确的运笔方法。徐氏工书法，隽永秀逸，有“二王”风韵(刘正成主编《中国书法欣赏大辞典》)。受徐谦的影响，陶行知对“二王”书法也开始关注。而从他此期的墨迹来看，受颜真卿、苏东坡书法的影响仍然较大。如 1934 年至 1936 年间为吴树琴女士创作的横幅“在劳力上劳心”及“教学做合一”，前者写得泼辣生动，凝重有势，雍容大方，甚得颜字风骨；后者则结体扁方，用笔厚重，墨色较浓，较明显地汲取了苏体特色。《手脑相长歌》则颇具晋唐人写经体的特点，笔法灵动，写得润泽秀丽。从总体上看，虽然在结体和用笔上还不够成熟，但较过去已是丰富得多了。

图 4-16 陶行知题字（二）

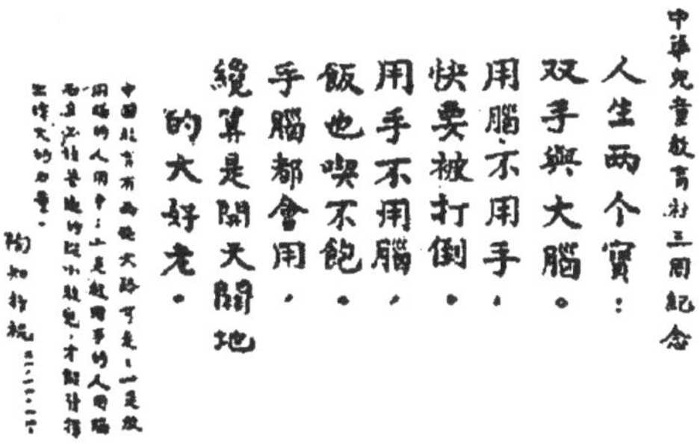


图 4-17 陶行知题字（三）

1936 年作为国民外交使节出访欧美的陶先生于 1938 年回国后，再一次燃起对书法艺术学习与创造的热情，直至 1946 年 7 月逝世。这一时期陶先生书法风格多样，个人面貌渐趋成熟，形成了以二王书法面貌为主，用笔兼颜真卿之圆浑与苏东坡之厚重的“陶体”书法。

陶行知的书法艺术历程，更伴随着他的卖字兴学史。陶行知“卖字”兴学，传承武训，为了发展教育事业而无私奉献。山海工学团期间，为了兴学，“卖字、卖文章、卖演讲”。抗战时期，为了筹集育才学校经费，为学生“卖字卖画买寒衣”。他经常组织书画家书画义卖，为学校解困。

陶行知“以书法教学做服务民众，以书法教学做比拟人事，以书法教学做培育家人，以书法教学做改革教学”①。陶行知对书法喜爱之至，可从他与郭沫若

① 陈爱民. 陶行知的书法教学做[J]. 生活教育，2010(3)：44-49.

的交往窥见一二。1941 年 11 月 16 日，陶行知为庆祝郭沫若创作 25 周年及五十大寿的诗歌《送沫若》，让我们来感受文人之间的交情与惺惺相惜。

**送沫若**[①]

——沫若创作 25 周年及五旬大寿纪念

（一）东海为墨池，峨眉为巨笔，写就奇文章，浩气吞暴日。

（二）本来不相识，一见成同道。愿跟小孩学，字典都无老。

（三）甲骨会说话，见证鼎与钟。寿星今考古，五经亦还童。

（四）文化是文器，做诗如做工；一切为创造，创造向大同。

陶行知用自己一生的躬行实践与执着探索，体现了爱国者的呐喊，文人的风骨，知识分子的担当，教育家的情感，诗人的灵性，用书法艺术书写了浓墨重彩、遒劲生动的生命历程。“文化是文器”，陶行知以文艺为武器，“创造向大同”，呼唤一个民主共和的“新中国”。

## 第四节　陶行知美育的途径与方法

### 一、陶行知美育的途径

#### （一）多方推行美育

在美育实践中，陶行知注重从小开始、因材施教、寓教于乐、知情意合一、“寓教于美”，多方推行美育。其一，在校内外环境、学校各种活动中潜移默化地进行美育。陶行知将校园环境视为无声的教科书，选择校址时注意自然风光之美。同时，倡导自己动手，创造优美的校园环境、校容和校风。为此，陶行知带领师生制定校训、谱写校歌、制作校旗、设计校徽、创作对联和警句，对师生的生活细节进行指导，如要求师生打扫整理宿舍、教室、饭堂，以“朴素美”为原则注意仪容仪表等。其二，在学校的非艺术课程中渗透美育。陶行知认为，非艺术学科中潜含着审美因素，如

① 陶行知. 陶行知全集(第 7 卷)[M]. 成都：四川教育出版社，2009：757-758.

生物课隐含着自然美，政治课隐含着社会美，因此，非艺术学科也是重要的美育渠道。其三，通过在学校设立戏剧、绘画、音乐、舞蹈等艺术课程来实施美育。

### （二）革新艺术教育

艺术教育是实施美育的最主要途径。陶行知认为，当时中国的艺术教育存在两大弊端：一是受“老八股”的影响，生动活泼的艺术教育变成了机械单调的操练；二是受“洋八股”的影响，艺术教育全盘西化。

为革新中国的艺术教育，陶行知提出五个变革思路：(1) 走中国的艺术教育之路；(2) 艺术教育的目的不在于培养少数艺术天才，而是陶冶个体情操，培养健康人格与崇高心灵；(3) 艺术教育要有懂得艺术的教师及合适的教材与课程；(4) 艺术教育要重视科学的训练；(5) 进行艺术教育的同时还必须创设艺术的环境。为全面落实新型的艺术教育，陶行知聘请高质量艺术师资，注重因材施教，强调学生的学习应专业与基础并行，鼓励学生学以致用；并在艺术创造教育方面探索出了集体创造、在各种艺术活动中学习艺术创造、设立艺术创造奖金、实行见习团制等方法。同时，他强调艺术教育的实践性、直接性与大众性，注重个体的全面发展，重视发挥艺术教育的多种功能尤其是服务社会的功能。

**图 4-18　教学做合一**

## 二、教学做合一

陶行知美育方法即“教学做合一”。“教学做合一”的美育方法，集中体现在了育才学校的美育实践中。张建中认为，陶行知“教学做合一”的美育方法论，彰显出了美育的过程性、主体性与全面性等本质特征。首先，陶行知的“教学做合一”是建立在实践基础上的、以实践为核心的方法论，与美育所具有的过程性特点相一致。其次，“教学做合一”强调“做”，“做”即实践，最能体现人之为人的主体性。美育是教育者与受教育者共同参与的活动，为个体发挥主体性提供了广阔的舞台。最后，陶行知的“教学做合一”倡导“整个”的教育而非“片面”的教育，鼓励个体全面发展，与美育影响个体人格的每一方面相契合①。

1927 年，陶行知发表《教学做合一》一文，认为："教学做是一件事，不是三件事。我们要在做上教，在做上学。在做上教的是先生；在做上学的是学生。从先生对学生的关系说：做便是教；从学生对先生的关系说：做便是学。先生拿做来教乃是真教；学生拿做来学方是实学。不在做上用工夫，教固不成为教，学也不成为学。"晓庄试验师范学校的校训即是“教学做合一”。1931 年，陶行知发表《教学做合一下之教科书》，他认为："教的方法根据学的方法；学的方法根据做的方法。事怎样做便怎样学，怎样学便怎样教。教与学都以做为中心。"陶行知认为，做具有三个特征：(1) 行动；(2) 思想；(3) 新价值之产生。陶行知强调，做的过程中要形成思想，产生新的发现。

“教学做合一”不仅是陶行知教育思想的总的方法论，也是陶行知美育的主要方法。教学做合一强调过程性，审美教育亦强调过程性、体验性和实践性，教学做合一与“美育”的过程特点相一致，重视过程、重视实践、重视审美经验。“审美是一个内心过程，它把人生的外在目的转化为内心体验，把对某种结果的期待转化为积极的创造的过程，把机械性的法则转化为生命活动的手段，审美的不断开创人生新境界的价值正是在这种转化中实现的，而转化就是一种过程。”②

在育才时期，陶行知提出三种形式的“教学做合一”，“育才学校之一般‘教学做’的过程，有三种形式：(一) 以工作或问题为中心的教学做过程；(二) 以事物之历史发展为中心的教学做过程；(三) 各学科、各系统的学习与研究的教学做过程。这三个过程，育才学校参合互用。”这三种教学形式是并存教学做过程的，在育才学校的艺术教育、美育教学和活动中交互影响。

传统的教学则更重视知识的灌输，压抑了学生的主动性，陶行知的“教学做

① 张建中. 论陶行知的生活美育理论及其当代启示[D]. 贵阳：贵州大学，2007.
② 杜卫. 美育论[M]. 北京：教育科学出版社，2000：66.

合一"重视学生的活动，将"教学应逐步由教师主导的教学，转向学生自主的学，正是在这一转化过程中，教与学这对矛盾才可能得到较为彻底的调和"①。陶行知在育才时期指出："这里我们要反对两种不正确的倾向：一种是将教与学的界限完全泯除，否定了教师领导作用的错误倾向；另一种是只管教，不问学生兴趣，不注意学生所提出的问题之错误倾向。前一种倾向必然是无计划，随着生活打滚；后一种倾向必然是盲目地灌输学生给弄成填鸭。"陶行知说："育才学校之总的过程为：(一) 以儿童为行动的主体，在教师之知的领导下，所进行的行与知之不断联锁的过程；(二) 以儿童为行动的主体，同时以儿童自身之知为领导，所发展之行与知不断联锁的过程；(三) 育才教育目的之一便是从第一种过程慢慢地发展至第二种过程。"可见，陶行知的教学做合一以儿童为行动的主体，注重儿童的主体性发展。

教学做合一还应注意"六大解放"，即：(一)解放儿童的头脑，使之能想；(二)解放儿童的双手，使之能干；(三)解放儿童的眼睛，使之能看；(四)解放儿童的嘴，使之能说；(五)解放儿童的空间，使之能接触大自然和大社会；(六)解放儿童的时间，不逼迫他们赶考，使之能学习自己渴望学习的东西。

美育是一种师生共同参与的活动，强调受教育者在教育过程中处于主体的地位。"美育必须组织受教者参与并投入审美活动，通过审美活动获得教益。而审美活动则常常借助于意象，通过调动激发受教者自身的直觉、情感、想象等非生理性因素来促进受教者的感性发展，而知识、道德等教育主要通过施教者的理性灌输和传授来完成。后者虽也应调动学生的学习主动性、积极性与创造性，但就教育的内容而言，则应以施教者的理性教育为主导，而美育则唯有靠受教者内在诸心理要素特别是非理性要素的调动和体现才能完成。"②

陶行知在育才时期特别重视知识自身的逻辑和学生生活经验之间的整合，他强调："育才学校今日而言文化教育，就其内容而言，必须确定以下诸点：(一) 约缩地反应人类历史上重要而有代表性的文化遗产。(二) 着眼哲学科学(社会与自然)与艺术之历史的发展及其在社会实践的意义。(三) 着重人类进化史及中国历史的认识。"而最基本的工具知识，陶行知认为应该包括，"(一) 语言，(二) 文字，(三) 图画，(四) 数学，(五) 逻辑。广义地说来，这五项东西是表达

① 闫引堂. 从两类知识的矛盾看"教学做合一"思想的形成与转向[J]. 生活教育，2012(12)：14-17.
② 张建中. 论陶行知的生活美育理论及其当代启示[D]. 贵阳：贵州大学，2007.

思想的工具。只有这种工具获得了才可以求高深的学问，才可以治繁复的事……我们认为工具教育，应该从丰富的集体生活中来吸取培养它自己的血液，用语言文字图画来表达集体生活，用集体生活中统计的事项来作写计算的材料，用集体生活之事实、论争发展儿童客观的逻辑，代替儿童之虚幻的逻辑。”

陶行知在《育才学校教育纲要草案》中直接申明：

育才学校办的是人才教育，分音乐、戏剧、绘画、文学、社会、自然等组。但和传统的人才教育方法有所不同。传统的人才教育，一般地是先准备普通的基本教育，然后受专门的高等教育。我们的办法是不作这样严格的时间上的划分，我们选拔具有特殊才能的儿童，在开始时便同时注意其一般基础教育与特殊基础教育。前者所以使儿童获得一般知能及优良的生活习惯与态度；后者所以给予具特殊才能之儿童以特殊营养，使其特殊才能得以发展而不致枯萎，并培养其获得专门知能之基础。表面上看来，这是一般基础教育与专科基础教育之过早的区分，但根据我们的办法，这是及早防止一般基础学习及专科基础学习之裂痕。我们要及早培养儿童对于世界和人生一元的看法。倘若幼年的达尔文对于生物浓厚的爱好是发展伟大的进化论者达尔文的条件之一，那末今天提早发展儿童之个别优异倾向，实在有其理由。倘若中国近年来文化工作之脱离广泛社会实际生活，和技术专家之缺少正确的认识可以作为殷鉴，那末，今天便在一般基础教育与特殊教育中予以统一，防止那样的分裂倾向，实在有其必要。

可见，“育才学校在实施美育的过程中，教学形式灵活，不仅仅是教授学生基本的技能和知识，同时还注重对学生加强道德引导和价值引领，体现了五育融合的特色”①。此外，各组在进行课程学习的同时，尤为注重课外的学习，“每一组的同学得领导全校作关于这一部分的学习。譬如文艺组要负责举行艺术讨论会、诗歌朗诵会等造成全校的文艺气氛，绘画组开展览会，音乐组要领导大家组织合唱团，戏剧组要帮助各组成立剧团，自然组发动谈天会”等。同时，在育才学校的美育实施中，陶行知积极组织各组学生到社会举办各种活动，如图画展览、话剧公演、音乐演奏等，如“文学组的学生还组织了‘侠名社’‘榴火社’‘浪花社’，从事抗战的文艺宣传。学生们到工人农民中去，‘以歌声唤起大众’（邓颖超语）”②。

① 程功群．陶行知的美育思想、实践及现实启示［J］．南京晓庄学院学报，2021（2）：1-5，124．
② 周志俊，魏名国．试论陶行知的美育思想［J］．安徽师大学报（哲学社会科学版），1985（4）：39-45．

## 三、陶行知美育的具体方法:艺友制和小先生制

### (一)艺友制

艺友制由陶行知首创,于1928年1月5日有“艺友制”之名。首先,陶行知确认了艺友制的概念。“艺友制是什么?艺是艺术,也可作手艺解。友就是朋友。凡用朋友之道教人学做艺术或手艺便是艺友制。……所以要想做好教师,最好和好老师做朋友。凡用朋友之道教人学做教师,便是艺友制师范教育。”[①]可见,艺友制本来就突出了艺术和手艺,是教学交流和师生互动的重要方法。

其次,陶行知回答了“艺友制如何可以应用到师范教育上来”的问题,陶行知把快速培养有实际工作能力教师的艺友制作为师范学校的一种机制。他说:

师范教育的功用是培养教师。教师的生活是艺术生活。教师的职务也是一种手艺,应当亲自动手去干的。那些高谈阔论,妄自尊大,不屑与三百六十行为伍的都不是真教师。学做教师有两种途径:一是从师,二是访友。跟朋友操练比从师来得格外自然,格外有效力。所以要想做好教师,最好是和好教师做朋友。凡用朋友之道教人学做教师,便是艺友制师范教育[②]。

由此可见,艺友制教育与艺术生活密切相关,师生与师友之间可以相互切磋技艺,以“艺”会友,凸显了艺友制生动、感性的情感交流和教学互动。

再次,陶行知指出艺友制的根本方法。“艺友制的根本方法是教学做合一。事怎样做便怎样学,怎样学便怎样教。教的法子根据学的法子,学的法子根据做的法子。先行先知的在做上教,后行后知的在做上学。大家共教共学共做才是真正的艺友制,惟独艺友制才是彻底的教学做合一。”[③]

最后,陶行知指出了艺友制的实施范围,可以说,“艺友制”放之四海而皆准,适合从幼儿园到研究所各级各类学校的教育活动乃至美育活动。他说:

“凡学校有一艺之长的教师便可招收艺友。从幼稚园以及到研究所,只要这个条件符合,都可试行艺友制。假使中国现有之二十万学校个个有把握,便个个

① 陶行知.陶行知全集(第1卷)[M].成都:四川教育出版社,2009:129.
② 陶行知.陶行知全集(第1卷)[M].成都:四川教育出版社,2009:129.
③ 陶行知.陶行知全集(第1卷)[M].成都:四川教育出版社,2009:129.

可收艺友，个个可做训练教师之中心。每年训练一位，只要五年便可解决普及四年小学教育所要之师资问题。但是一百个学校当中至少有九十个是没有把握的，我们的责任是要使没有把握的学校变为有把握的学校，使有把握的学校个个都变做训练教师的一个小小的中心。”

陶行知深信这种办法不但是最有效力之教师培植法，并且是解除乡村教师寂寞和推广普及教育师资之重要途径。当时的南京六校(指晓庄试验乡村师范学校、市立实验小学、鼓楼幼稚园、燕子矶小学、尧化门小学和燕子矶幼儿园)已经联合开始招收艺友，取得了一定的成功经验，由此可见，艺友制是非常适合美育活动和美育实践的。

（二）小先生制

陶行知首创“即知即传”的“小先生制”。小先生制是陶行知为尽快普及乡村教育所推行的又一举措。小先生制的中心指导思想是“即知即传人”，“用大孩子去教小孩子”，或者“用小孩子去教小孩子”。

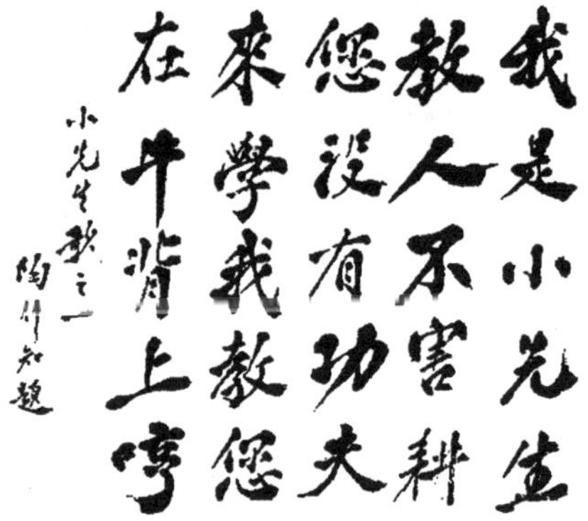

图 4-19 陶行知题字小先生

1934 年，陶行知致信给潘一尘，指出“小孩子有不可思议的力量”。他举了很多例子，指出了百候中学、西桥工学团、自动学校中小孩子表现出来的“超越的天才”，这些例子证明小孩子有不可思议的力量。所以，陶行知指出，“小孩子能做先生”，“小孩子是普及成人与儿童教育的生力军”，要动员小孩子参与到普及教育中来。1934 年 1 月 28 日，山海工学团召开普及教育总动员大会。在这次大会上，陶行知正式提出了“小先生制”。

所谓“小先生”，就是通过教育家庭里的小朋友，再利用小朋友去教育家里不识字的人。陶行知总结了采用“小先生”的几大好处：首先，有利于中国女子教育。在当时的社会风气之下，女性主要在家庭里，而且奉守陈旧的观念，她们的教育问题相当不好解决。而有了“小先生”们，该困境几乎不再存在，至少识字教育不是障碍。其次，大人跟小孩学，无形之中能使大人心态年轻，这也有利于培育少年中国的精神气质。再次，“小先生制”有利于打破教育垄断的藩篱，使得知识可以转化为公共资源，为社会成员共同分享。最后，传统教育的一大难点是家庭和学校之间联络不畅，但如果有了“小先生”们，就可以把学校、社会和家庭有效地联结在一起。陶行知号召“全国小学生总动员，做小先生”，创立“即知即传，自觉觉人”为核心的“小先生制”，可以说，“小先生制”与民众运动、普及运动和识字运动都密切相关，对于民众的知识普及起到了不可磨灭的作用。通过传递性教育活动进行以识字为主的普及教育，并取得了显著成效，在短时间推广到全国二十多个省市，并推广到东南亚。

陶行知相信小孩子，认为小孩子有不可思议的力量，“小先生”可以教美术、自然、音乐和图画，“小先生”是可以作为美育的师资力量的，可以在普及大众艺术教育中起到一定的积极作用。胡同炳在《陶行知与儿童自动学校》中记载：“陶先生的指导，给我们增添了力量。大家推选沈广鑫……和我共十位同学担任小先生，并分了工，有的教国语，有的教美术，有的教自然、音乐、图画……我们这十几个娃娃年龄最大的不过十七岁，小的只有十一二岁。”

被誉为“中国少年儿童的一面旗帜”的新安旅行团，得到了陶行知的支持与赞扬。该团体是中国共产党领导下的少年儿童文艺团体，成立于 1935 年 10 月 10 日。当时民族危机日益深重，新安旅行团共 14 人(团员均为 10 余岁的少年，如 12 岁的曾兆寿、13 岁的曹维东、14 岁的张早、16 的程昌林等)，汪达之担任随团顾问，开始全国旅行。从此，这些孩子在党组织的领导下，克服各种困难，深入工厂、农村、学校、码头，积极宣传抗日救亡，动员民众团结御敌。

新安旅行团不怕艰苦，奋进卓绝，以文艺为武器，唤起民众抗日救亡的意识，宣传党的主张，为民族解放事业和新中国的诞生做出了卓越贡献。新安旅行团的发展成长与壮大是中国共产党的支持、关心与帮助的结果，但也离不开陶行知生活教育思想的理论武装、陶行知本人的情感支撑和经费支持。新安旅行团也是陶行知生活美育思想下的丰硕成果。

# 第五章 陶行知美育思想的时代价值

陶行知的美育思想及实践具有一定的时代价值,这需要我们重新审视陶行知美育思想在中国近现代美育史的地位。陶行知是中国近现代美育史上倡导和实践美育的先驱之一,他开创性地确定了美育独立的地位,还原了美育真善美的本质,积极倡导美育回归生活,进而构建了全方位全过程的美育育人体系。同时较为难能可贵的是,陶行知美育亦弘扬了中华传统美育精神。

## 第一节 确定美育的独立地位

席勒在世界美学史上第一次明确地提出“美育”这一概念,具有划时代的意义。从他开始,“美育”才真正确立独立的地位,“他倡导美育是试图在理性占主导的文化和教育中保护和发展人的感性,使人能够重新获得感性与理性的协调平衡。所以,美育的主要目标就是促进人的感性的发展,即审美发展”[①]。他把美育置于很高的地位,将它同人类的崇高理想和历史的发展前景紧密联系起来。席勒美育理论的现实精神,启发了美育的发展道路。他认为,要想拯救已经分裂的社会,就必须通过审美的途径,建设一个审美乌托邦,由此赋予艺术一种全面的作用。艺术对现实的超越,就展现了一个异于现实世界的美的世界,一种美好的人性理想,使人摆脱现实造成的人性的片面性。当审美作为人的本能,消除了感性和理性对人的强制后,人将进入一个审美的王国。

中国古代孕育着丰厚的美育思想和美育实践,中国传统教育文化中的“理想

① 张建中.论陶行知的生活美育理论及其当代启示[D].贵阳:贵州大学,2007.

人格"即是中国传统美育思想的一种表征,体现为中国传统美育育人的人格典范,或者说是理想的道德人格、倾向人格的道德规范和标准。在中国古代社会,儒家思想长期占统治地位。儒家理想人格的建构,是基于社会层面观照人生,强调个人的一切行动均要合乎社会整体的规范,强调人为后天的努力与进取精神。这自有其优长之处,因为人毕竟生活在群体之中,人的潜力需要某种压力和动力才能发挥出来。但这种重视和谐的人生哲学是以牺牲个体人格的某些天性与自由为代价的,在某些情况下又成了限制人的自由、束缚人的真性的僵死教条。与儒家思想不同,道家的思想虽然不占统治地位,但它主张以"道"为体,"道法自然",倡导"清静无为"的思想,在中国传统文化中占有重要地位。道家理想人格的建构,是从自然宇宙层面上观照人生,力求从宇宙本体高度来论证人生哲理,探求人类精神达到无限和自由的道路,把人生的精神需求放在首位,追求既不脱离人世生活而又极度净化了的审美趣味,强调人的个性与身心的自由,强调遵循自然规律,提倡自然美,认为保持人纯真的人性与自身的生命价值,要远大于功名利禄等社会价值,把人类提到了与天地、万物"并生""为一"的地位。这些思想成为冲破儒家道德伦理束缚的有力武器,成为一种反叛的批判力量。

在中国文化发展史上,儒道两家的理想人格是对立的,各自指引规范着后世几千年的士林人生道路范式。二者又是互补的,道家理想人格正好补儒家之短,相辅相成,共同构成中国传统文化理想人格建构的组成部分。所以"儒道互补"成为中国传统文化的"事实"和人们的共识。儒道互补理想人格模式,历来为中国文人士大夫所推崇、效法。如果说儒家以其刚健有为、积极入世这一侧面影响和塑造中华民族性格的话,那么道家则可以说是从超越现实人生,追求个体人格自由这一侧面影响和塑造中华民族性格而显赫于中国传统文化的。"以儒家为代表的中国的美育思想侧重人生问题,特别关心通过审美、艺术等活动来达到对人格的陶冶,形成了以伦理道德为内核的美育'陶冶论',促进了中国社会的进步发展。"①

据张岱年先生考证:"在中国古代没有'人格'这个词,但有'人品''为人''品格'这些词。在中国古典哲学中,有独立人格的思想……就是指人自已有一个独立意志,它不受外界势力的压制。"可见,在我国传统的文化心理结构中,人格主

① 张建中. 论陶行知的生活美育理论及其当代启示[D]. 贵阳:贵州大学,2007.

要是一个伦理道德范畴。“人格通常被理解为道德人格，指人的道德品质，相当于‘人的品质’。由于我国古代哲学主要是一种伦理哲学，所以‘人的品格’成了我国学术界对人格的主要看法。”[①]这种文化心态是我国传统文化的折射和积淀。故理想人格更多在于实现道德理想的人格，是人生所要追求的最高境界。理想人格体现着一个时代的人生追求和价值取向，体现着做人的方向和人格标准。“当某种人格形象得到他人、群体和社会的赞美时，从中就会升华出新的社会价值观念和行为规范。这种人格形象就成为体现这种社会行为规范的典范，得到社会的推崇，成为其他人效仿、学习和追求的理想人格。”[②]总之，中国古代的理想人格更多指向道德领域。

20 世纪 20 年代，中国美育从梁启超到王国维，再到蔡元培，这时中国的先哲们都普遍认为美育是情感教育，所以在当时崇尚实用的思想影响下，美育在学校中的地位受到强烈的冲击。据张建中的考察，可以窥见：

1902 年的《钦定小学堂章程》虽附有图画及手工科目，但却定为“随意科”，可见并未真正重视艺术的作用。《奏定初等小学堂章程》和《奏定高等小学堂章程》虽对图画课要求做了规定，但也特别注明，“视地方之情形，尚可加图画手工之一科目或二科目，凡加授之科目，均作为随意科目”。《奏定中学堂章程》中更是将图画的目的说成是“以备他日绘画地图、机器图，以讲求各项实业之初基”。可见，近现代的“西学东渐”虽极力模仿西方的学校制度以求达到发展强国富民的目的，但这主要是从发展经济等实用角度来考虑课程的开设，对于不涉及科学技术的科目则一概予以拒绝[③]。

这种美育困境的出现主要与美育的定位有关，在当时极度的科技功利主义面前，人们将美育定位为情感教育，造成美育在教育中没有地位的局面。

1921 年 1 月，蔡元培担任中华民国临时政府教育总长，他通过教育部法令的形式，确立了美育在教育方针中的独立地位。但从蔡元培美育思想形成过程来看，美育并未真正得以充分重视。他在《对于新教育之意见》中提出“五育并举的教育方针主义”，即“军国民教育”“实利主义教育”“公民道德教育”“世界观教育”“美感之教育”来建构自己的教育体系，虽强调这五个部分是新时代教育中不

① 肖川. 主体性道德人格教育[M]. 北京：北京师范大学出版社，2002：520.

② 齐振海. 人的价值问题探索[M]. 北京：教育科学出版社，1995：226.

③ 张建中. 论陶行知的生活美育理论及其当代启示[D]. 贵阳：贵州大学，2007.

可缺少的组成部分，但又认为它们有轻重之分。具体而言，就是军国民教育、实利主义、世界观及美育，都要以道德为核心。可以看出，美育在他的教育体系中仍然是依附在德育之中，缺乏足够的独立性的。之后，蔡元培又提出了“四育说”，详细阐述了关于塑造健全人格必需的德、智、体、美四育并重的教育理论。虽然“四育说”与“五育说”有所不同，但“以德育为中心”的思想仍未改变。他解释说，从前他是将美育包含在德育里的，由于近来人们“太把美育忽略了”，“为要特别警醒社会起见所以把美育特提出来与体智德并为四育”。后来，他为《教育人辞书》所撰写的“美育”条文中更明确地指出教育的目的“以德育为中心”，美育和智育相辅而行“以图德育之完成者也”。可以说，“蔡元培从来没有突出美育在上述几种教育类别中的独立地位，相反却屡屡提到美育隶属德育”①。

对于二十世纪初中国美育所面临的困境，陶行知先生有着非常清醒的认识。他说，“中国的新教育是知识贩卖的教育”，“只是在那儿教洋八股，制造书呆子”。如在《杀人的会考与创造的考成》中指出：“学生是学会考，教员是教人会考，学校是变了会考筹备处。会考所要的必须教；会考所不要的，不必教，甚而至于必不教。于是唱歌不教了，图画不教了，体操不教了，农事不教了，农艺不教了，工艺不教了，科学的实验不教了，所谓课内课外的活动都不教了。”②在他看来，当时的学校，普遍“把无所谓的功课排得满满的，把时间挤得点水不漏，使得学生对于民族前途和别的大问题一点也不能想，并且周考、月考、学期考、毕业考、会考弄得大家忙个不了”。这种教育完全是一种感情教育缺席的教育，是一种“片面教育”或“畸形的教育”。

图 5-1　育才小学生联欢

1927 年，陶行知创办晓庄。晓庄师范学校的教育理想就是培养具有“康健的体魄，农人的身手，科学的头脑，艺术的兴趣，改造社会的精神”的乡村教师，以实现陶行知“改造一百万个乡村”和“为三万万四千万农民烧心香”的教育宏愿。1930 年，陶行知提出：“健全人格须包含：一、私德为立身之本，公德为服

① 杜卫. 审美功利主义——中国现代美育理论研究[M]. 北京：人民出版社，2004：77.

② 胡晓风. 陶行知教育文集[M]. 成都：四川教育出版社，2005：474.

务社会之本。二、人生所必需之知识技能。三、强健活泼之体格。四、优美和乐之感情。"1939年，陶行知创办育才学校，育才学校是"知情意合一""智仁勇合一""真善美合一"的学校。从"艺术的兴趣"，到"优美和乐之感情"，再到"知情意""真善美"，无论陶行知五育并举、全面发展、整体发展、和谐发展的教育理念如何发展变迁，美育都构成陶行知教育体系的重要组成部分。这在美育无辜被智育、德育所取代或淹没的时代，无疑具有启示意义。即只有全面的教育才能造就高素质的人才，否则，便会出现片面的、单向度的"人"的泛滥。

因为，"与德育和智育相比，美育具有一种感性的品格。它重于人的感知与情感，是针对人的感性和情感而进行的。而在健康人格的养成和塑造之中，显然不能缺少感性的维度，也就是说，不能缺少美育的维度。如果审美教育长期缺乏，人的感性和情感得不到正确的培养和发展，它就会失去与外界进行情感交流的能力，感性方面机能的衰退也会导致生活质量的下降，还会导致思维的创造性水平和道德水平的下降"①。

## 第二节　还原美育的知情意合一

美育史上，席勒系统地阐述了美的理想王国对人的完善的重大意义。他希望以"美育"对抗或解放由于理性世界片面扩张而带来的人的感性世界被压抑、被无视，而导致的人的天性的丧失和人格的畸变，从而求得理性和感性完美统一的人性的建立。席勒还认为美育是智育和德育的基础，正是通过美，人才可以由感性达到理性，实现绝对存在。他指出："要使感性的人成为理性的人，除了首先使他成为审美的人，没有其他途径。"这就指明了美育作为教育人的最佳手段，既是智育和德育的基础，也是培养全面发展的人的前提。席勒还认为："有促进健康的教育，有促进认识的教育，有促进道德的教育，还有促进鉴赏力和美的教育。这最后一种教育的目的在于，培养我们感性和精神力量的整体达到尽可能的和谐。"

我们应重视陶行知在近现代美育史的地位，他是中国近现代美育史上倡导

① 杜卫．美育学概论[M]．北京：高等教育出版社，2001：36.

和实践美育的先驱之一，陶行知开创性地确立了美育的独立地位。而在寻求解决美育的附庸地位，争取美育的独立地位的过程中，陶行知认识到了当时美育过度强调理性、忽视情感的危害性。他批判了王国维、蔡元培"知情意并重"的思想，认为知情意的教育不能割裂开来。在他看来，理性教育与情感教育并非两个东西，而是一个事物的两个方面。因此，美育在本质上是"知情意合一"的教育。陶行知独创性地指出了这一观点，恢复美育"知情意合一"的本质，开创了认知、审美与道德合一，理论与实践结合的美育道路。

有学者指出，现代化对人性有两方面的影响，"一方面表现为富于理性，永不满足地追求真理；同时，在另一方面，则表现为对物质、对眼前欲望的追求。追求真理导致伤害大自然，丧失对自然万物构成的活生生节奏的敬畏之心。而欲望的追求使传统伦理树立的高人性的景仰和上进心荡然无存。其结果，正如过去或现在许多知识分子所指出的那样，不只人的精神尊严，连人类的继续生存也都濒临危险"。陶行知的观点与此不谋而合。虽然，陶行知面临的是在中国社会进程中，人的片面发展所带来的危机。但是他提出对于人的精神世界应该给予更多的关注，将更多的力量投入到健康人格的建构上，进行"知情意合一"的审美教育。"知情意合一"的健全人格需要"知情意合一"的美育。

陶行知呼吁和强调的"知情意的教育"是"整个的，统一的"。他"要求在统一的教育中培养儿童的知情意，启发其自觉，使其人格获得完备的发展"。陶行知美育的终极目标是人格教育，美育通过促进理性和感性的协同发展而切入到健康人格的塑造中来。健康人格的建构，不仅要有理性的参与，而且也要有感性加入，更要两者的有机结合。"知情意合一"的美育不仅发展人的感性，同时又发展人的理性。"一方面，它使人的感性人性化，从而避免感性泄导过程中容易出现的物化与蜕化的倾向；另一方面，它又使人的理性人性化，从而避免人的理性由于过分膨胀而导致的非理性化。这一切，既不是通过压抑感性来实现的，也不是通过压抑理性来实现的，而是通过种种特殊手段，使感性具有文明的内容，具有人性的内容，使理性得到滋润而一

**图 5-2　育才绘画组活动**

改其‘灰色的’属性，理性因为有了感性的支撑而立足于坚实的根基之上，感性因为有了理性的提携而飞在文明的天空。”①

“知情意合一”是陶行知美育的本质，是在一个精神与物质有机统一、和谐交融的世界里，持续地引导着人格的健全、人性的完善，引导着一个真正人性世界的建设。陶行知美育是“知情意合一的整体教育”、“知情意合一的创造教育”和“知情意合一的和谐教育”。“知情意合一”的美育发展人的感性，同时也有利于人的理性的健康发展，“知情意合一”的美育指向健全人格的全面构建，“知情意合一”的美育用精神浸润心灵，用情感滋养生命，使人的精神世界同物质世界，以及人的感性与理性最终统一、协调起来，并实现同步发展。

## 第三节　倡导美育回归生活

陶行知倡导人们过“诗的生活”和“美术生活”，这是陶行知审美境界的现实表达。“美在生活”是陶行知美学的最终注脚，以生活教育为大前提，陶行知倡导一种回归生活的美育理论与实践。

### 一、回到陶行知的“生活世界”及生活教育理论

陶行知是我国著名的教育家，是用一生在躬行实践的教育家，生活教育理论是其教育思想的核心，其三大原理即是生活即教育、社会即学校、教学做合一。陶行知的生活世界与生活教育理论是相伴相生的，通过生活教育理论的发展脉络来梳理，更有利于我们理解陶行知的生活世界与生活教育理论。

在陶行知的概念体系中，“生活”等同于“生活世界”。陶行知较少指明“生活”的概念，不过在《生利主义之职业教育》中，陶行知指出：“生活主义包含万状，凡人生一切所需皆属之。其范围之广，实与教育等。”而这里的生活“有关于职业之生活”“有关于消闲之生活”“有关于社交之生活”“有关于天然界之生活”②。

① 杜卫. 美育学概论[M]. 北京：高等教育出版社，2001：37.

② 陶行知. 陶行知全集(第1卷)[M]. 成都：四川教育出版社，2009：10.

陶行知指明“实际生活是我们的指南针”。1929 年《答朱端琰之问》:“教学做有一个公共的中心,这中心就是‘事’,就是实际生活。实际生活,说得明白些便是日常生活……实际生活便是人生的一切。”①

1930 年的《生活即教育》第一次明确指出“生活”,即“有生命的东西,在一个环境里生生不已的就是生活”②。对此,陶行知结合他的生活教育理论阐发了一系列关于生活的概念,如生活应该是“康健的、劳动的、科学的、艺术的、改造社会的”。生活教育要“达民之情,顺民之意,把天理与人欲打成一片”,陶行知的生活教育并不反对书本教育,他指出:“从前的书本教育,就是以书本为教育,学生只是读书,教师只是教书。在生活即教育的原则之下,书是有地位的,过什么生活就用什么书,书不过是一种工具罢了。书是不可以死读的,但是不能不用。”③

陶行知同时也指出,“我们是现代的人,要过现代的生活,就是要受现代的教育。不要过从前的生活。也不要过未来的生活。……过今日之生活,受今日之教育”④。要“承认一切非正式的东西都在教育范围以内”,“叫教育从书本的到人生的,从狭隘的到广阔的,从字面的到手脑相长的,从耳目的到身心全顾的”⑤。而这一范围的界定也是生活的宽度与广度,即生活的范围。

陶行知在对生活教育的自我回顾和梳理中,指出了生活教育理论的起点和发展历程。“‘生活教育’第一次的发现,是民国七年在南京高等师范演讲。中国的教育太重书本,和生活没有联系。教育不通过生活是没有用的,需要生活的教育,用生活来教育,为生活而教育。为生活需要而办教育,教育与生活是分不开的。我们应以前进的生活提高落后的生活,以合理的生活提高不合理的生活,以有计划的生活,克服无秩序的生活。民国八年是生活教育思想上的萌芽。民国十五年,有五六个教师下决心,丢掉了传统教育下乡去。民国十六年三月十五日在南京的一角,才出现生活教育的具体机构——晓庄师范,也就是生活教育从理论到实践开始的一天。”⑥

陶行知首次明确提出生活教育的概念是在一篇名为《生活教育》的文章之

① 陶行知.陶行知全集(第 2 卷)[M].成都:四川教育出版社,2009:20.
② 陶行知.陶行知全集(第 2 卷)[M].成都:四川教育出版社,2009:397.
③ 陶行知.陶行知全集(第 2 卷)[M].成都:四川教育出版社,2009:401.
④ 陶行知.陶行知全集(第 2 卷)[M].成都:四川教育出版社,2009:403.
⑤ 陶行知.陶行知全集(第 2 卷)[M].成都:四川教育出版社,2009:410.
⑥ 胡晓风.陶行知教育文集[M].成都:四川教育出版社,2008:551.

中。他说:“生活教育是生活所原有,生活所自营,生活所必需的教育(Life education means an education of life,by life and for life)。教育的根本意义是生活之变化。生活无时不变,生活无时不含有教育的意义。”①他还指出,“生活教育是下层建筑。何以呢?我们有吃饭的生活,便有吃饭的教育;有穿衣的生活,便有穿衣的教育;有男女的生活,便有男女的教育”②。

在1936年的《生活教育之特质》中,陶行知指出了生活教育的特质:“生活的,行动的,大众的,前进的,世界的,有历史联系的。”③我们发现,在生活教育的六大特质中,“生活”在生活教育中占首要位置。此后,1939年,陶行知在生活教育原有概念的基础上,又重新界定了其定义:

“从定义上说:生活教育是给生活以教育,用生活来教育,为生活向前向上的需要而教育。从生活与教育的关系上说:是生活决定教育。从效力上说:教育要通过生活才能发出力量而成为真正的教育。教学做合一是生活法亦即教育法。”④

自此,陶行知完成了生活教育概念的全面建构。陶行知的美育思想也是以陶行知的生活教育理论为指导,探寻美育向生活的回归。倡导美育要回归生活,就是实践陶行知的生活美育思想。

## 二、在生活中践行美育

生活的各个方面都存在着无穷无尽的美和审美的可能性,审美生活可以也必定要涵盖生活的全部领域。不过,在现实环境中,由于各种条件的限制,审美生活的范围主要包括:第一,对自然美的发现与欣赏。它是人们对外部世界已有的天然形态的对象的积极、主动的把握,是以自然审美活动为形式的自觉享受。尤其是在现代社会中,自然美的发现与欣赏不仅反映了人的实践能力迅速扩大,而且反映出人对自身与自然和谐关系的具体认识。第二,对丰富的物质生活条件和物质产品的审美创造与享受。它包括人的衣食住行等各个方面,即包括日

① 陶行知.陶行知全集(第3卷)[M].成都:四川教育出版社,2009:206.
② 陶行知.陶行知全集(第3卷)[M].成都:四川教育出版社,2009:206-207.
③ 陶行知.陶行知全集(第3卷)[M].成都:四川教育出版社,2009:604-606.
④ 陶行知.陶行知全集(第4卷)[M].成都:四川教育出版社,2009:358.

常生活的基本物质形式。正是由于人们创造物质生活条件和产品的能力不断提高，创造过程不断深入，创造领域不断扩大，才为人的生活向审美创造方向发展提供了基本的前提，才有了人在丰富的物质领域广泛享受自身审美创造成果的可能性。而人对物质生活条件和物质产品的享受的发展，也从审美方面进一步提出了持续改善和丰富物质生活条件与物质产品的要求，从而为审美生活领域的拓展提供了基本动力。第三，人与人之间和谐关系的创造与发展。作为人们在进行物质和精神交往过程中产生、发展起来的相互关系，人与人之间物质和精神上的融洽平等、协调有序、亲近友好，不仅制约了审美生活的现实展开，而且也构成审美生活的重要内容。第四，人自身美的创造与欣赏。这是审美生活的主体形式，包括外在的人体形态美，风度、服饰的美，以及内在的情操、个性等。它的发展，表明美最终必须回到人本身。第五，艺术美的创造与欣赏。它是人对美的创造能力和人的审美意识对美的能动性的最高度的发挥。一旦人们对艺术美的创造与欣赏成为生活的不可分离的部分，这时人的生活就可能成为一种艺术化的存在。

陶行知指出“是生活决定教育”，即美育要“尽量地贴近学生的生活实际，使美育真正回归学生真实的生活，不要人为地拔高教育目标，以致影响实际的教育效果”。这就要求教师要积极践行“美育教学的生活化”，善于创设生活情景，“要根据学生的特点和发展状况精心筛选材料，为学生创设自主选择和自我发展的生活场景，铺设能联结学生过去生活、现在生活和未来生活的通道，引领学生在丰富多彩的生活场景中进行真实、鲜活的生命体验，主动地获取自身发展的资源和力量”。

图 5-3　育才学生在大自然里学习讨论

美育应该是一种快乐的教学，重过程的主动参与，重情绪的积极体验，重个性的独立解放，使人际关系宽松和谐，使学生在轻松明快的环境中，在欢快愉悦的心境下，自由自在、无忧无虑、不知不觉地获得身心的健康发展。具体在美育教学中要合理安排游戏，提高学生的兴趣，兴趣是学生最好的老师，这样就要求我们设置符合他们年龄特点的游戏和活动。同时可以让学生到生活中寻找锻炼方法，相互交流，充实美育课堂教学内容。

美育回归生活成为主流教学理念与方法。通过实践的不断总结和探索，可以证明，它能有效激发学生的艺术兴趣，对于改变传统课堂教学内容竞技化、教学形式单一化、忽视学生学习需求、脱离学生认知水平的状况，以及提高课堂教学质量有着积极的作用。美育教学回归生活是教学改革的必然趋势。我们要适应教育改革与发展的新形势，深入课堂，研究生活，努力把美育教学和社会生活以及学生的实际相联系，力图重建学生的生活世界和学习世界，引导学生开展丰富多彩的美育锻炼和美育活动，从多维度阐释生活、联系课堂，使美育教学发挥更大的育人效果，使美育教学为学生的身心健康发展、今后的工作生活打下坚实的基础。

## 三、美育指向美好的生活

引导美育回归生活是美育社会功能的积极体现。一方面，美育要和生活相结合，发掘社会生活中固有的美来启迪人心，培养高品位的生活情趣；另一方面美育要提高人的艺术化生活的能力，从而提高人们的生活质量。

首先，培养和提高人的高品位的生活情趣。由于审美生活真正体现了真与善的高度统一，并且在感性形象中再现了美的巨大魅力，因此，对审美生活的引导，有助于从日常生活过程的每一个方面、每一个细节上，培养人们高尚、健康、富有自我生命情调的趣味要求，充实生活的审美价值，使人真正以审美的态度对待生活、以艺术的眼光来改善生活。而随着人的生活情趣的不断提高，生活的审美发展前景则将变得更加灿烂。其次，强化人们享受自身生活的内在要求，并且使之不断发展成为艺术化生活的创造能力。人们享受自身生活的要求，有一个从低级向高级、由不尽合理向真实合理、由单纯官能层面向精神与物质有机统一层面的发展过程。审美生活既是人们快乐享受的过程，也是人们生活创造能力不断走向更高层次的艺术境界的过程。审美生活的持续发展，一方面具体强化了人们享受生活的动机；另一方面，这种享受要求不断激励人们去克服现实过程的局限性，以审美方式和艺术的手段具体改造现实，弥补现实的缺憾。由此，享受的动机与创造的能力实现了有机的统一。这样，审美生活内容的丰富化、审美生活形式的完善化，最终便在动机与能力相统一的基础上带来了生活的艺术化发展，生活将成为一种富有诗意的自由境界而合乎人的全面发展目的。

# 第四节　建构全方位美育体系

陶行知所处的时代，中国社会非常落后，“要使全体中国人都接受教育”成为陶行知的宏愿，很显然受教育的人很少，而能接受到美育及艺术教育的人就更少了。当时的有识之士如蔡元培等人都深刻理解到中国文化至晚清已衰败至极，西方科技文明引导下的近代文明和文化已经成了世界文化的主流。他们呼号警醒世人，并探索解决中国美育的办法和途径。刚刚留美回国的陶行知也关注到了这个问题。从 20 世纪 20 年代起，陶行知就致力于美育及艺术课程的设置，以陶冶学生的精神、情操和品德，培养学美术精神和创造精神。

经过三十多年的美育理论发展与美育实践的历程，这个践行“知情意合一”的整体教育、和谐教育、创造教育的教育家，在属于他的时空，逐渐建构起全员全方位全过程的美育育人体系，凸显了美育独特的育人功能。

图 5-4　育才学生看文艺

从确立美育的独立地位，到还原美育“知情意合一”的本质，再到培养“真善美合一”的健全人格；从将美育确立为一门重要的课程，到晓庄对于音乐、戏剧的尤其重视，再到育才时期建成的集“戏剧、音乐、美术、诗歌”等为一体的课程体系的整体育人设计；从“美在自然”，到“美在创造”，再到“美在生活”的美学观念的发展变迁和逻辑演进；从欣赏自然美到重视形式美，到肯定社会美再到倡导艺术美，以及对自然美育、社会美育、家庭美自、学校美育、艺术美育的多方推进。陶行知坚持德智体美劳五育并举，加强各学科有机融合，整合美育资源，形成了全员、全过程、全方位育人体系。

## 一、面向人人

陶行知致力于中国教育改造，怀揣着“要使全体中国人都有受教育的机会”的教育宏愿，他深入乡里城间，为普通民众办教育，他开展平民教育、乡村教育、普及教育、民主教育，面向的从来都是全体中国人。他的教育如此，他的美育亦是如此。陶行知的审美理想是要“人人都有面包吃，都有水仙花看”。“人人都有水仙花看”，人人都需要精神的浸润和情感的滋养。因此，陶行知美育是一种面向全体、全员参与的教育模式，是“人人都有面包吃，都有水仙花看”的面向人人、面向全体的育人机制。陶行知美育让所有人都享有接受美育的机会。

## 二、全面发展

陶行知在晓庄时期的培养目标是：“康健的体魄、农夫的身手、科学的大脑、艺术的兴趣和改造社会的精神”。这些培养目标可以说是陶行知全面发展教育思想的集中表述，到了育才时期，无论是“知情意合一”“真善美合一”，还是“智仁勇合一”，都体现了陶行知教育思想“体、劳、智、美、德”五育共举和全面发展。陶行知美育加强了美育与德育、智育、体育、劳动教育的相互融合，充分挖掘和运用五育体系中的心灵美、礼乐美、语言美、行为美、科学美、秩序美、健康美、勤劳美、艺术美等丰富的美育资源。

## 三、学科融合

育才时期，陶行知设置以音乐、戏剧、绘画、文学、社会、自然等主要课程体系的人才教育模式。陶行知美育陶冶高尚情操，塑造美好心灵，增强文化自信。他提倡音乐的感受力、节奏和韵律；认为戏剧对于人的情操、情感、行为有多方面的影响；提倡国画、书法等中国传统文艺形式；注重社会美和自然美的重要美育价值。以音乐、戏剧、绘画、文学、社会、自然为核心的六位一体的课程体系，凸显了陶行知美育以艺术课程和艺术活动为美育的主要内容载体，以审美和人文素养培养为核心、以创新能力培育为重点的艺术课程体系。

### 四、协同推进

陶行知美育贯穿自然美育、社会美育、家庭美育和学校美育全领域，陶行知美育系统是一个充满活力、多方协作、开放高效的美育格局。他欣赏自然美，拜自然为师，认同“美在自然”；他肯定社会美，肯定劳动与创造的重要价值，也认同“美在创造”；他构建五育并举、学科融合的学校美育体系，希望人们最终“美在生活”，过美的生活。陶行知美育在实践过程中多方推进美育实施，以“教学做合一”的教学方法，以及“艺友制”和“小先生制”的具体方法，协同推进社会美育、家庭美育、学校美育以及艺术美育的共同发展。就学校美育而言，除环境要合乎美的条件外，还应开设音乐、图画等美育课程，并通过一切课程贯彻美育的精神；还可经常组织音乐会、展览会、纪念会并开展各种艺术活动，以便向所有的学生进行普通美育的教育。此外，学校美育还可包括专门美育，即开设各级音乐学校、戏剧学校、美术学校等，以便把有艺术天赋的学生培养成为专门的艺术人才。这两个部分都是学校美育不可或缺的部分：普通美育面向全体，并为专门美育孕育幼苗，打好基础；专门美育是在普通美育基础上的提升，肩负着为国家、为社会输送艺术工作者和艺术家的重任。社会美育方面，要专设美育机关，如美术馆、剧院、影戏馆、博物馆等，要利用一切建筑物、公园、道路、古迹、景观等，经常举办展览会和开展各种艺术活动。家庭美育也是实施美育的重要方面，应创设物质和精神的美育环境，将美育寓于家庭生活之中。

## 第五节　弘扬中华美育精神

### 一、理解中华美育精神的内涵与本质

“美育”的概念虽然于 20 世纪初才引入中国，但美育的思想和实践在中国源远流长。中华民族在数千年从未间断的文明进程中，创造了灿若星辰的文化艺术和丰富充实的精神生活。先贤思想体系中闪耀的美育之光贯穿中华文明悠久

的历史。

在“天人合一”的境界追求中，人们敬畏天地、道法自然，获得生命方向的引领；在“礼乐教化”的熏陶中，人们“从心所欲不逾矩”，获得“尽善尽美”的蓬勃情感与高尚修为；在“耕读传家”的传承中，人们勤劳耕作，以立性命，不辍读书，以立高德，获得家风的滋养和书香的化育。中华美育始终根系中华民族精神命脉①。

在这里，我们有必要简单阐释一下中华美育精神的意义和内涵。“中华美育精神滋养了中华数千年文明创造，造就了中国人民爱美求善、自强厚德的文化品格和精神风貌，使中国文化艺术具有了雄浑质朴、典雅高迈的丰富内涵和不凡境界。”②“中华美育精神，是数千年来中华多民族生存境遇及其共同价值体系长期孕育的结晶，凝聚着中华民族优秀文化传统的精华，具有绵长久远的生命力，在当前美育工作中具有重要的传承和弘扬价值。”③

中华美育精神是一个内涵丰富和层次多样的概念，需要做认真细致的辨析。可以说，它与中华美学精神之间存在着紧密联系，共同属于中华民族的审美与艺术传统，只是在其中分属不同的方面或层次：如果说，中华美学精神更多揭示中华民族审美与艺术传统在理性及学术层面的独特建树，那么，中华美育精神的内涵在于，它更多指向中华民族审美与艺术传统在育人及应用层面的独特建树。其实，从根本上说，中华审美与艺术传统的核心内涵之一就在于人的培育或养成。正是在这个意义上说，中华美育精神尤其能体现中华审美与艺术传统的精神特质：中华审美与艺术的终极目标不仅仅在于个体的情感陶冶，而在于由此而实现完整人格的养成，而这种完整人格表现为个体与天地的和谐④。

中华传统美育精神包含以下四个层次⑤：一是以美兴人，二是以美化人，三是以美立人，四是以美和天。第一，以美兴人，这是让个体通过审美与艺术的媒介、符号形式等感染，从自然境界的“顺才顺习”中兴腾起来，产生一种向上的力量。第二，以美化人，这是让个体通过审美与艺术的形象体验，从功利境界的实

① 高洪．弘扬中华美育精神[N]．人民日报，2019-08-25(08).

② 高洪．弘扬中华美育精神[N]．人民日报，2019-08-25(08).

③ 王一川．中华美育精神的内涵和特质[N]．中国艺术报，2018-09-07(3).

④ 王一川．中华美育精神的内涵和特质[N]．中国艺术报，2018-09-07(3).

⑤ 王一川．中华美育精神的内涵和特质[N]．中国艺术报，2018-09-07(3).

际利益羁绊中解脱出来，向往无功利的想象力的自由游戏境界。第三，以美立人，这是让个体通过审美与艺术意蕴的领悟，从一般道德境界的束缚中超脱出来，力求在超道德境界中返身看待世界和自我，成就真正的完整人。第四，以美和天，这是让个体从审美与艺术的感发中最终达到与天和地和谐相处的境界。这是要求达成天、地、神、人之间的和谐，塑造和谐人格，最终达到“神人以和”的境界。

## 二、传承以陶行知为代表的中华美育精神道统

陶行知美学及美育思想与中华美育精神所独具的“天人合一”“美美与共”“和而不同”等的深厚情怀和伟大传统一脉相承，对人类文明做出了重要贡献。及至今天，包含陶行知教育思想在内的多姿多彩的中国文化正在走向世界。

1. 中华美育精神与世界美育文化的“美美与共”“和而不同”

传承中华美育精神中“美美与共”“和而不同”的文化观念，使中华民族“美美与共”的胸怀和品格在世界各地广泛传播，并用审美的眼光尊重和接纳各种文化和文明。用陶行知的话来说就是“大同与大不同”。“大同”是在宏观领域中，陶行知诉求的“大同世界”的社会理想；“大不同”是在微观领域中，陶行知呼吁的“百花齐放、百家争鸣”“姹紫千红”的“大不同”的“人”。简言之，在大同世界，培育“大不同”的人才。

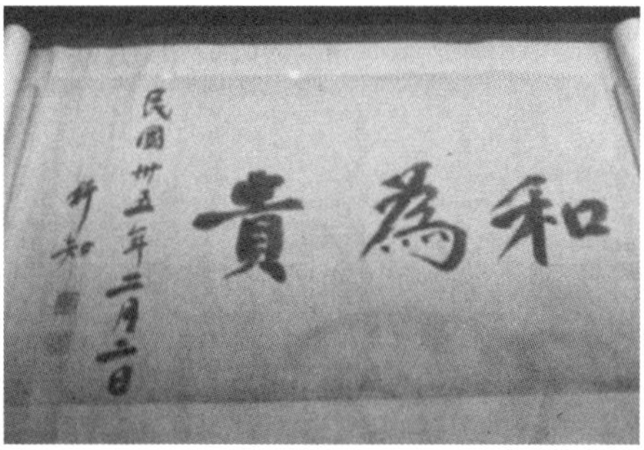


图 5-5 陶行知手书《和为贵》

2. 中华美育精神“天人合一”与新时代生态美育的合理融合

中国传统美育精神关于“天人合一”之论，蕴含着朴素的唯物辩证法的光辉。强调天与人的协调，肯定人与自然的统一，注重人与自然的相互依存，强调崇尚自然、归本于自然，肯定人与自然界的相互依存。这与西方近代工业社会所强调的人与自然的对立，强调人征服自然、战胜自然是截然不同的。面对人与自然之间存在的问题，有人提出要取资于中国式的“天人合一”的宇宙精神，用以协调人与自然之间的关系，这是中国在实现现代化的过程中应该予以借鉴的。在现代

化进程中，吸收中国传统的天人合一的伦理精神，发挥其强调人与自然的和谐统一，顺应自然发展规律的合理内核，有利于达到天人相融、同处共乐的理想境界。在此价值观导向下，教育旨在启发人的内在道德自觉性，教育人如何“做人”，又如何在现实生活中实现“治国平天下”的入世理想，教育人追求“同天人”“合内外”，在“天人合一”的境界中得到人生最高的、最智慧的幸福。教育的最大目的是追求人内心应具有的一种价值自觉能力，并在自我求取中达到人伦秩序与宇宙秩序的和谐统一。重内在、重自身，由内而外，并且崇尚自然。正如郭齐家老先生所说的那样：“‘天人合一’‘天人相应’这是最大的生命整体观。”①

此外，中华传统美育精神蕴含着“人与自然和谐共生”的观念，这与习近平总书记提出新时代的生态文明思想一脉相承。新时代的生态美育思想期待以生态环境高水平保护推动经济高质量发展，以生态文明之光照耀前行道路，推动中华民族实现永续发展，建设人与自然和谐共生的美丽中国。

① 郭齐家.论中国传统教育的基本特征及其现代价值[J].北京师范大学学报(社会科学版)，1995(5)：23-28.

# 第六章　建构“五育融合”的现代学校美育体系

陶行知的美育思想是一笔宝贵的遗产，在当前的教育实践中仍具有重要的现实意义。陶行知先生高瞻远瞩地认识到美育在培养具有“真善美”的人格以及改造社会中的重要作用，因而不遗余力地通过各种途径推行与落实学校美育并大力倡导社会美育，最终培养出了相当一批德智体美劳等各方面全面发展的人才。随着《关于全面加强和改进新时代学校美育工作的意见》出台，如何有效落实学校美育工作，构建具有中国特色的现代化学校美育体系，成为学校美育工作的时代命题。

## 第一节　美育要与“德智体劳”融合并进

陶行知美育将“学科融合”“五育并举”等理念融入全方位全过程的美育育人体系中来。结合《关于全面加强和改进新时代学校美育工作的意见》的文件精神，“全面深化学校美育综合改革，坚持德智体美劳五育并举，加强各学科有机融合，整合美育资源，补齐发展短板，强化实践体验，完善评价机制，全员全过程全方位育人，形成充满活力、多方协作、开放高效的学校美育新格局”，以及“树立学科融合理念”，“加强美育与德育、智育、体育、劳动教育相融合，充分挖掘和运用各学科蕴含的体现中华美育精神与民族审美特质的心灵美、礼乐美、语言美、行为美、科学美、秩序美、健康美、勤劳美、艺术美等丰富美育资源。有机整合相关学科的美育内容”。倡导整体设计、系统推进和加强学校美育工作的完善和提升。“学会审美、富有审美情趣的人,其美将渗透到心身的各个方面,渗透到教育的各个方面。我们的教育就是要按照美的要求造就心身和谐发展的人,即造就富有理想、品德优良、心理健康、知识丰富、举止文明、体魄健美的人,造就一个美的人。”①

## 一、以美怡人

健康人格是一种情感丰富、深刻和审美化的人格,也是美育的终极培育目标。首先,健康人格的情感丰富而灵敏,对自我和环境有着独特的情感体验。其次,健康人格的情感体验不仅仅是直感式的,而是回味式的,也就是说,它能对自己的某些情感经验做再体验,从而使情感上升到“沉思”的水平。最后,健康人格具有良好的审美鉴赏力和表现力,它能把握较高雅的艺术作品,又有能力把自己的内心生活恰如其分地表现出来。

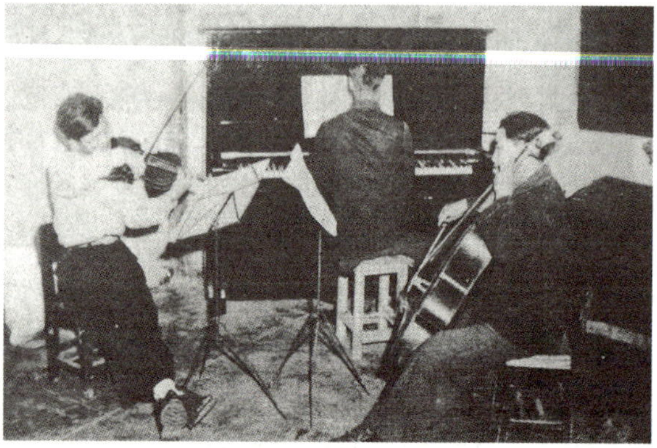

**图 6-1　育才音乐组在演奏**

“爱美之心,人皆有之。”美育的任务,在于从人这一现实主体方面着手,不断满足和提高人的审美需要,发展和完善人的审美感知力、想象力、理解力和情感力,以审美趣味、审美价值理想的塑造来规范人的审美需要,促进人的审美创造能力的提高;美育遵循美的规律,呵护爱美之心,指导爱美之心,引导儿童学会按照美的规律、美的眼光看待世界,欣赏人生,体验人生,创造人生,达到审美化生

① 班华.与班主任朋友谈班主任(八)帮助学生学会审美,以美育人[J].班主任,2011(2):9-11.

存；美育引导人们在艺术实践中认识美、发现美、创造美、追求美，提高审美水平、培养审美能力；引导人重体验、动真情、触心灵，陶冶高尚情操、塑造美好心灵；引导人善观察、爱想象、勤动手，培育创新精神、激发创造活力。

## 二、以美储善

图 6-2　上海育才首次演出

“美和道德是亲姐妹。”（别林斯基语）正是基于这样的关系，美育与道德教育有内在联系，美育与德育都是整体教育的不同方面。德美融合可促进整体素质的发展。王国维说：“美育者，一面使人之感情发达，以达完美之域；一面又为德育与智育之手段。此又教育者所不可不留意也。”虽然同是整个教育系统中的重要组成部分，但美育具有不同于道德实践的独特规律和价值。审美与道德的差别决定了美育与德育的差别。德育是培养学生思想政治观点与道德品质的教育，其特征和作用是将一定的社会行为准则和观念意识内化于受教者的思想、行为之中，以促进受教者自觉服从普遍的社会道德秩序和准则，使其成为一个有道德的人。

德育同美育既有区别又有联系，从性质上说，德育是一种规范教育，它注重发展受教育者的意志约束力，具有一定的强制性；而美育则是一种自由的感性教育和人格教育，它注重发展受教育者的审美感受力、创造力，使个性得到和谐而自然的发展。从方式上说，德育是一种理性的说教和灌输，尽管也可以采取一些生动活泼的形式，但它终究是理性化的，受教者也基本上处于被动地认识与接受的位置；而美育则是一种感性的引导和诱发，主要靠受教育者的人生体验与领悟，从趣味满足中获得认同和教益。从功能意义看，德育偏重于培养社会人格，以铸造人的理性自觉和遵从意识；而美育则偏向于培养个性人格，发展个体丰富的情感结构，养成人的自发性与创造性。

尽管德育与美育有不同的教育性能与目的，但是，二者之间也有一定的内在联系。由于美育包含审美理想和人生态度的教育，培养个体关于审美价值的自觉意识，在感性形式和趣味培养中包含丰富的理性内容和人文意向，有助于人的审美判断力和文化鉴别力的提高,因此,在人的理想教育和人生观的形成方面,它与德育有着相同的价值内涵。更为重要的是,美育的实施过程更偏重于培养高度的道德自觉性,使他律转化为自律。孔子所说的"知之者不如好之者,好之者不如乐之者",正是要求把道德意识和修养转化为个体的自觉要求,使人从内心深处自发地实践伦理原则,以达到"从心所欲,不逾矩"的境界。高尔基所说的"美学是未来的伦理学",席勒提出的"道德自由"的境界,正是对德育与美育内在价值统一性的充分揭示。

美育过程所内含的道德修养和理想教育的功能,对新的历史时期的德育实施来说,具有深刻的启发性和特殊的促进作用。从美育的角度去理解和思考德育,即如何把理性的灌输转化为理性的自觉,把德育实施中人格的被动接受转化为主体自觉的认同,似乎是当代德育实施的核心和难点所在。道德教育要适应新的时代要求,首先应当引进美育的情感体验机制,把德育也作为一个情感问题来对待,让受教者在情感的感染和熏陶下,不断增长对道德感的自觉意识,促使道德教育把一种普遍的社会道德要求逐渐转化为个体的情感要求。这样,就可以克服道德说教的强迫性和灌输性,克服道德教育在内容和形式方面的某些缺陷。人类的教育实践表明,只有建立在自觉接受和积极认同基础上的道德修养,才是比较全面和稳固的。其次,德育还应当引进美育的形象化和愉悦性机制,这样可以克服道德说教的枯燥与抽象的弊病。德育基本上是一种由外而内的灌输,旨在个体内心建立起道德的自觉和约束力,受教育者很容易处在一种被动接受的位置上,其心理状态常常是消极的。这就要求在德育过程中注意激发学生的兴趣和能动性,变消极被动为积极主动。在这方面,借助美育的手段,使学生在生动形象、愉悦有趣的活动过程中受到道德的教育,将大有可为。

## 三、以美促智

"求美与求真、艺术与科学、美育与智育是密切联系的。美以真为前提,科学知识是美的基础,因此智育对美育是必需的。科学的属性也体现了美:和谐、简洁、对称、新奇、崇高。审美活动对人的认识具有启发作用。美育对智的发展的主要作用是:培养敏锐的感知力、细致的观察力、深刻的理解力、丰富的想象力和科学的思维力。”[①]苏霍姆林斯基说：“智慧应当给人以享受文化财富和审美财富的幸福。”[②]

图 6-3 育才自然组活动

美育与智育的差别在于，智育是促进智力的教育，包括知识的积累和智力的发展；美育则是情感教育，旨在培养审美能力，促进情感的表现和升华。从最基本的意义上说，二者的区别主要有以下两点。第一，教育的内容和目的不同。智育过程是知识的教学过程，它以概念逻辑为特征的知识传授为依据，如公式、定理、概念、定义、法则以及判断和推理等过程和环节，其目的在于促进学生掌握科学文化知识与技能，发展受教育者的智力结构。它与受教育者的生命要求和情感需要并无直接的关联。美育主要是一种培养审美能力，使学生的情感得到表现和升华的过程，它以感性的审美对象和审美形式为根据。美育也包含知识的教学，但这不是最主要的，其主要目的是培养审美能力、陶冶情感。由于美育过程以受教育者的自发性为基础，因此它能直接满足个性生命的发展要求。第二，智育的任务是促进观察力、想象力和思维力的发展，其中以促进逻辑思维能力的进步为核心。皮亚杰的认知发展理论比较深刻地研究了逻辑思维能力的发展特征，这种研究的结果表明，逻辑思维能力的发展是一种抽象力的进步，是智力从具体表象向抽象逻辑的发展。这个过程与审美能力的发展有质的区别。美育始终不能脱离激发美感的感性世界，审美能力的发展虽然需要知识的辅助，但它在本质上不是由具体表象向抽象逻辑的发展，而是愈来愈深入到具体的感性形象中去。逻辑思维能力与审美能力的这种不同的发展方向，决定了智育与美育之间的重要差异。以发展逻辑思维能力为主要目的的智育，注重培养学生的逻辑判断和推理能力，有一个逐渐摆脱认识中的主观性、增进客观性的过程，它对情感和想象力的发展往往有抑制作用，而且，情感和感受力的退化还会危及理智本身。因此，无论是从智力的发展还是从

① 班华. 与班主任朋友谈班主任（八）帮助学生学会审美，以美育人[J]. 班主任，2011(2)：9-11.

② 瓦·阿·苏霍姆林斯基. 给教师的建议（上）[M]. 杜殿坤，编译. 北京：教育科学出版社，1980：113.

个性的全面发展来说,美育与智育的结合是必不可少的。

美育对智育的促进作用,首先在于它能有效地协调人的认识能力和审美能力,在个体成长的过程中,审美能力的发展为认识能力提供必要的基础和条件。因为从某种意义上说,审美能力本身也是种认识能力,不过它不同于逻辑思维的认识,而是一种特殊的悟解能力。从实质上说,对于审美对象或艺术形式的体验,就是对情感本质的悟解。任何审美形式都是个性情感的创造性表现,通过审美形式的体验,我们可以直接领悟到其中的情感生命。智育的教育过程是对规律的认识,是对知识体系的认识,而美育则使我们认识到主观世界的情感和情绪,是对人生智慧的一种特殊体悟。由于美育的对象是感性的、形象化的体系,因而认识的结果是一种不可言喻的情感意味和价值。而智育的认识过程是普遍、抽象的东西,认识的结果便是一些科学的判断和定义。由此可见,审美创造和欣赏能力的发展,也意味着一种特殊的认识能力的发展。美育的这种功能对人的智力的发展有非常重要的意义。其次,美育所具有的培养创造性思维的功能,对智力的发展也有积极的促进作用。创造性思维能力是智力的一部分,但它不同于一般的智力,而是在既有知识和经验的基础上有所发现和创新的能力,它是智力的高级形式,是人类智慧的集中体现。创造性思维的发展虽然以长期的经验归纳、逻辑分析和知识积累为基础,但是,由于审美教育具有心理的综合体验和整体性的品质,是人的感知、想象情感和理智等多种心理功能的统一,往往在感性直观的体验中能激发受教育者的思维,使其深入发现事物内部的本质联系,因而体现出整体性创造能力。所谓审美活动中的直觉思维,就是创造性思维能力的代名词。在智育课程的教学过程中,引进审美教育的形象性和趣味性,引进体验、启悟机制,引进审美教育的诸多方法,启发受教育者的观察力、想象力和体悟力,可以促进学生创造性思维能力的发展。

## 四、以美养体

艺术与现实都表明健与美是相互融合的,美育与体育是相互促进的。在指导学生的审美活动中,必然促进体的健康和发展。

体育作为普通教育的一个组成部分,是培养全面发展的个性的一个重要方面。它的主要目的是通过身体的教育,增进健康,增强体质,发展体能。与德育、

图 6-4 育才体育课

智育和美育相比，体育偏于身体方面，是促进身体发展的重要教育实践。所以，一般都把德、智、美划为一类，称为心的教育，把体育单独列出来，称为身体的教育。近代学者王国维在《论教育之宗旨》一文中，便是如此分类的。但是，正如不能把身与心分裂一样，体育与德育、智育、美育是不能完全分离开来的。在确认体育的独特性质和功能的同时，还应当看到身体发展与精神发展的联系，看到二者相互制约和相互促进的关系。体育不是无关精神的身体教育，它是包括身体在内的人的全面教育。自觉地把促进精神的发展作为体育的内在功能，有意识地把身体的发展与精神的发展有机结合起来，这是现代体育的发展趋向。

体育与美育之间有许多共同之处。首先，体育与美育以活动本身为目的，即体育和美育的教育过程本身就是一种生命活动，它本身就是目的。如果说，道德活动和认识活动是以目的的实现为满足的话，那么，体育活动与审美活动的满足在于活动过程本身。其次，体育与美育都是人的身心全面投入的活动。在体育活动中，身体的运动促进心理方面的发展和提高；在美育活动中，情感活动也有利于生理和心理的发展。身心全面协调发展的教育理想是体育与美育实践的基本前提和共同的基础，二者都直接体现了培养全面发展的个性的现代教育宗旨。美育与体育的这种本质联系，决定了美育对体育有着重要的促进作用。其一，在体育中引进美育原则，注意发掘体育实践和教学过程中的美育因素，可以克服单纯身体锻炼的片面倾向，把身体的协调发展与心理的协调发展结合起来。例如，在人体塑造方面，就不仅仅是运动技能和能力的提高，还应当贯彻健与美相结合的原则，以有效而全面地促进人的健康发展与成长。其二，从体育教学过程来说，必要的审美能力的培养，是掌握某些运动技能与技术的重要前提。例如，通过音乐教育就十分有利于发展学生的节奏感，通过舞蹈教育能够有效地增强学生身体的协调性。总之，从美育的方式入手，发掘学生的美感潜力，可以为体育实践打下良好的基础。其三，美育可以促进生理与心理的和谐与平衡，这本身就具有增进健康的意义，而良好的心理素质与状态也是体育运动的基础。无论是运动技能和技术的掌握，还是体育竞赛，都要求有稳定的心理素质。而美育所培养的心理状态，不是消沉、呆滞和麻木，而是活泼灵敏、自由和谐，富有激情与活力的心理状态。具有较高审美素养的人，往往能比较自如地调节内心的平衡，也能够使自己迅速地兴奋起来，这种心理能力正是体育运动非常需要的。

## 五、以美导劳

人的各种素质归根到底是在实践过程中发展起来的。离开了亲身经历的各种实践活动，人类在道德、认识和审美等方面的发展是不可能的。因此可以说，审美发展的根本途径在于审美活动的实践，而对处在成长期的青少年来说，参与和从事某些实践性较强的活动，其意义尤为重要。从这种理解出发，劳动教育就是一种实践性突出的活动。

**图 6-5　工学团学生与农友在田间劳动**

对于青少年的审美心理发展来说，劳育过程是一种重要的活动方式。它不同于日常性的物质生产劳动，而是一种物质与精神相协调、创造与制作相结合的活动；它也不同于一般的艺术观赏和体验，而是一种身体力行，强调参与与投入，突出亲历性和物质品格的活动。所以说，从全面发展的意义看，不应当把劳育作为简单的劳动实践（如打扫卫生、布置环境等）来对待，而应当在保持实践性的基础上，着重培养学生的创造性行为和艺术性趣味启发学生丰富的想象力，并尽可能地调动学生以身心的投入和各种能力的全面发挥来参与。劳育过程中的设计、制作和自发性的创造，对于发展青少年脑与手的协调性，培养他们自觉的审美意识和审美感知能力，具有十分积极的作用。而且，劳动制作与青少年的学习和生活密切相关，他们从中能体验到创造的艰辛与快乐，也能观照到自己的智慧、情感和才能，直接地享受自己劳动的成果。这对于激发他们的审美创造兴趣和热情，培养热爱生活和劳动的情操和情趣十分有利。

具体来说，劳育活动应充分利用和发挥美育的过程性特征，引导青少年在劳育过程中注意把握和体验某种丰富的意义内涵。

一方面，激励学生充分地表现和确证自己的能力与智慧，并逐渐掌握审美实践的内在规律，从而陶冶和培养新的审美能力；而审美能力的培养和形成，有助于个体创造性能力的完善。另一方面，劳育的过程性还要求学生的直接参与，突出实践的亲历性和内在感受性，只有这样，才能充分发挥学生的想象力、理解力和思维力，并促使学生建立起关于客观物体的感性形象与整体图式，不仅获得感受的直观性和体验性，也对培养学生整体造型能力和创造性思维有着十分重要的作用。总之，当代教育已经发展到一个新的阶段和水平，而当代青少年的心理成长也表现出极为复杂的状态，青少年的审美发展和全面进步已成为一个极为重要的问题。美育应以自己特有的性质、功能、方式和手段，直接影响和改变传统的教育模式与结构，创造和建立一种新的教育思维，在基础教育中发挥应有的作用。

## 第二节　加强学校美育体系的精细管理

### 一、美育目标指向学生的整体发展

美育的核心目标是以美育人、以美化人、以美培元，促进学生和谐发展。美育目标要依据人的整体性、教育的整体性的原则，也指向学生的整体性发展。正如陶行知所说："知情意的教育是整个的，统一的。"这种理念也体现了美育过程的认知、情感、意志的三位一体，互动交织，影响着人的审美经验和审美实践。陶行知的美育诉求是培养"知情意合一"的"完满的人格"，既体现了中国传统美育的"理想人格"思想的继承与发扬，又体现当下学校美育对人的全面发展的理性诉求。

《关于全面加强和改进新时代学校美育工作的意见》就指出要明确各级各类学校美育课程目标。"学前教育阶段培养幼儿拥有美好、善良心灵和懂得珍惜美好事物。义务教育阶段注重激发学生艺术兴趣和创新意识，培养学生健康向上的审美趣味、审美格调，帮助学生掌握 1 至 2 项艺术特长。高中阶段丰富审美体验，开阔人文视野，引导学生树立正确的审美观、文化观。职业教育强化艺术实践，培养具有审美修养的高素质技术技能人才，引导学生完善人格修养，增强文化创新意识。高等教育阶段强化学生文化主体意识，培养具有崇高审美追求、高尚人格修养的高素质人才。"[①]学生的整体发展是知、情、意的协调统一，当下学校美育要在学生知、情、意等方面进行整合性发展，使其相辅相成、和谐全面地发展，并最终完善学生"整个的、统一的"人格。

## 二、美育内容强调回归生活

依据美育目标指向知、情、意的整合性原则，美育的内容则强调要重视生活本身对学生审美旨趣等的影响。美育必须在生活中进行，必须在学校的集体生活、各种社会性活动和交往中进行。因此，要强调美育内容的生活化，一方面要在学生的生活中渗透美育，戏剧、音乐、博物馆、艺术品、自然风光、人文地理，时时处处都可以是美育之场所、美育之时空，要扩张生活的广阔空间，施以开放性的、包容性的生活美育；另一方面让美育内容回归生活，即美育内容应该贴近学生、贴近生活、贴近实际，美育的内容应是从生活中来，到生活中去，在生活中不断发掘美育因素，促进学生良好审美品质、审美修养、审美的形成。

《关于全面加强和改进新时代学校美育工作的意见》中明确提出"统筹整合社会资源"。"加强美育的社会资源供给，推动基本公共文化服务项目为学校美育教学服务。城市和社区建设规划要统筹学生艺术实践需要，新建文化艺术项目优先建在学校或其周边。鼓励学校与社会公共文化艺术场馆、文艺院团合作开设美育课程。整合校内、校外资源开展美育实践活动，作为解决中小学课后'三点半'问题的有效途径和中小学生课后服务工作的重要载体。有条件的地方和学校每年组织学生现场参观1次美术馆、书法馆、博物馆，让收藏在馆所里的文物、陈列在大地上的文化艺术遗产成为学校美育的丰厚资源，让广大学生在艺术学习过程中了解中华文化变迁，触摸中华文化脉络，汲取中华文化艺术精髓。充分挖掘学校艺术场馆的社会服务功能，鼓励有条件的学校将艺术场馆向社会

① 中共中央办公厅 国务院办公厅印发《关于全面加强和改进新时代学校体育工作的意见》和《关于全面加强和改进新时代学校美育工作的意见》[EB/OL].(2020-10-25)[2020-12-20].http://www.gov.cn/xinwen/2020-10/15/content_5551609.htm.

有序开放。”[①]

生活美育重视将生活中的美育资源进行开发、利用，主张通过生活实践进行美育实践，为改善学生的生活环境，引导和提升学生的美好生活而进行美育。让美与学生个体的学习生活、日常生活、交往生活、集体生活等紧密相连，让学生自主地建构审美经验，提升审美修养。

## 三、美育方法践行“教学做合一”

陶行知“教学做合一”理念是生活教育理论的基本原则，也是生活美育的基本原则。“教学做合一”的原则又突出了以“做”为中心，在做中学、做中教，所以“做”是“教”和“学”的中心和基础。美育是美育主体的一种实践活动，而开展生活美育是开展主体性美育的一种需要。因为美育过程的特殊性，需要审美体验，需要审美经验，也需要审美实践。所以，对于美育而言，单纯地说教、简单机械地灌输都是软弱无力的，必须坚持在做中学、在做中教，让学生到生活实践中去体验和感受，同时给予适当的指导，才会真正将美育落到实处。

《关于全面加强和改进新时代学校美育工作的意见》就提出建立“面向人人，建立常态化学生全员艺术展演机制，大力推广惠及全体学生的合唱、合奏、集体舞、课本剧、艺术实践工作坊和博物馆、非遗展示传习场所体验学习等实践活动，广泛开展班级、年级、院系、校级等群体性展示交流”。“加强国家级示范性大中小学校学生艺术团建设，遴选优秀学生艺术团参与国家重大演出活动，以弘扬中华优秀传统文化、革命文化、社会主义先进文化为导向，发挥示范引领作用”等的丰富艺术实践活动。

生活是一种实践、一种参与，也是一种体验。生活美育模式是现今道德教育实践切实可行的路径选择，以“生活”作为审美体验和审美实践的场域，可以让美育切实地回归生活，并最终引导学生审美化生活。

---

① 中共中央办公厅 国务院办公厅印发《关于全面加强和改进新时代学校体育工作的意见》和《关于全面加强和改进新时代学校美育工作的意见》[EB/OL].(2020-10-25)[2020-12-20].http://www.gov.cn/xinwen/2020-10/15/content_5551609.htm.

## 四、美育形式注重丰盈活泼

美育作为一种教学活动，与德育、智育、体育等其他教学活动相比，有其特殊性，应有针对性地从遵循审美过程的心理机制和美育过程的特殊性入手，注重美育形式的丰富性、趣味性和多元性。

《关于全面加强和改进新时代学校美育工作的意见》就提出以“艺术课程为主体”的课程体系，“主要包括音乐、美术、书法、舞蹈、戏剧、戏曲、影视等课程”。“学前教育阶段开展适合幼儿身心特点的艺术游戏活动。义务教育阶段丰富艺术课程内容，在开好音乐、美术、书法课程的基础上，逐步开设舞蹈、戏剧、影视等艺术课程。高中阶段开设多样化艺术课程，增加艺术课程的可选择性。职业教育将艺术课程与专业课程有机结合，强化实践，开设体现职业教育特点的拓展性艺术课程。高等教育阶段开设以审美和人文素养培养为核心、以创新能力培育为重点、以中华优秀传统文化传承发展和艺术经典教育为主要内容的公共艺术课程。”①

美育过程依赖一种特殊的学习方式——审美体验，它是一种综合性的心理反应，需要感知、想象、情感、思维等心理能力积极主动地参与和协同作用。审美体验需要让学生直接参与审美活动，而丰富多元、丰盈活泼的美育形式会激发学生的审美体验。审美也具有个性化特征，个体的审美需要多种多样，个人的审美创造和审美趣味也变化万千，只有用于美育的审美活动是丰富多彩的，才能满足学生的多方面、多层次的需求。总之，多样化的、丰富多彩的美育形式会促进学生审美的个性化发展，使学生接受多方面的审美熏陶，扩大审美视野，深化审美体验。

① 中共中央办公厅 国务院办公厅印发《关于全面加强和改进新时代学校体育工作的意见》和《关于全面加强和改进新时代学校美育工作的意见》[EB/OL].(2020-10-25)[2020-12-20]. http://www.gov.cn/xinwen/2020-10/15/content_5551609.htm.

# 第三节　学校美育的微观领域

## 一、布置美的校园

校园环境是校园文化的重要组成部分，要吸纳陶行知重视环境育人的重要观点，布置美的校园。校园环境包含物质环境和精神环境，因此，美的校园也包含物质环境的审美因素和精神环境的审美因素。具体来说，美的物质环境是校园的建筑、布局、设施以及花草树木等自然人文景观的美化；美的精神环境则是学校的校风、校训、教风、学风等人文因素。

图 6-6　今南京晓庄学院图书馆

“一个良好的校园审美环境是一部立体的、多彩的、富有魅力的、无声的‘教科书’，是相对于课堂开设的‘显性课程’而言的一种‘隐性课程’，它潜移默化地对学生进行着审美的熏陶、塑造，具有极大的美育功能。”[1]

① 杜卫. 美育学概论[M]. 北京：高等教育出版社，2001：246.

优美的校园环境可以丰富学生的感官刺激，提高他们的审美感受力；赏心悦目的校园环境可以使学生的身心获得松弛、安宁与愉悦；审美化的校园环境以直观的方式呈现着崇高的审美理想和高尚的审美情趣，从而净化学生的心灵，陶冶学生的情操，升华学生的道德，激励学生奋发向上。审美氛围浓厚的校园对学生还有某种自我约束的功能，学生们置身于优雅、宁静、整洁的校园，不少人会自觉约束自己，从而按照美的规律与要求规范自己的言行，养成良好的生活习惯。

## 二、营造美的关系

校园人际关系是指校园内师生之间、教师之间、学生之间、学校行政管理人员与师生之间在思想、学习、工作、生活等方面的交往、联系的关系。美好的人际关系主要是师生之间、生生之间心灵的沟通和情感的交融，它最充分地体现了学校教育的功能，美好的人际关系就成为综合性地有效地培养青少年完整、高尚人格的摇篮。正如著名美学家卡冈所指出的："它在根本上不是教训人，不是灌输什么东西，而是在整个精神上造就人，以个性的意识同自我意识、他对别人的关系同对自己的关系、他的世界观同心理气质、他的知识同理想的统一教育作为主体的人、作为自由和完整的个性的人。"①

图 6-7　育才师生讨论会

而在校园人际关系中，尤为重要的就是师生关系，师生之间要建立起一种相互信任理解、心灵交流、真诚对话的具有审美属性的关系。首先，师生关系应遵循审美交流的原则，注重教学过程中的互动交流，教师不应该是高高在上的"传教士"，而应该是学生的知心朋友；学生也不应是被动的接收者，而是教与学双向活动的积极参与者、教学信息的传递者、教学改革的推动者、教学效果的最

① 莫伊谢依·萨莫伊洛维奇·卡冈.美学和系统方法[M].凌继尧，译.北京：中国文联出版公司，1985：225.

后实现者。总之,教育(教学)的过程与艺术活动一样,是一个师生共同参与的心灵交流的双向运动的过程。正是这种师生的积极参与和双向的心灵交流,教育(教学)的功能最后才得以实现。其次,师生之间彼此理解。教师要理解与尊重学生的心理愿望、需要;学生则应理解与尊重教师的辛勤劳动以及爱护学生的一片赤诚。若要如此,关键在于师生之间内心的敞开与理解。教师是教育的主导者,应主动亲近学生,以真诚唤起真诚,以平等的朋友的姿态善待学生。最后,师生之间彼此信任。彼此信任是搞好校园人际关系的前提。师生之间在校园里离不开合作,离不开帮助与支持,这就必须彼此信任。在教育、教学活动中,当学生遇到某种困难与心理压力时,教师一个善意的眼神,一句亲切质朴的询问,往往会传递出一种对学生的莫大信任,常常会给学生以鼓舞,增强他们克服困难、搞好学习的勇气和信心。信任与鼓励是一种精神动力。

## 三、涵养美的心灵

心灵美又称精神美,是人的精神世界的美,主要包括思想意识、道德情操、精神意志、智慧才能的美。心灵美是真、善、美的统一,知、意、情的统一。它集中体现了社会文明对人的思想、感情、意志的要求,是行为美、语言美、仪表美的内在依据,并通过具体的感性形态被人们所感知。

图 6-8　育才学生看电影

涵养美的心灵,是提升教师和学生的审美修养、审美情操,能够依据一定时代、社会的审美理想,自觉进行的自我心性锻炼、陶冶、塑造和提高活动,以及通过这些活动所达到的审美境界。教师的审美修养的实质在于教师个体审美心理结构的自我塑造、自我完善,它表现为教师依据个人现有的审美水平,以个体自觉的形式而求得审美能力的提高、审美需要的形成、审美价值意识的确立和审美境界的呈现。这其中,既有个体理性与整个社会相统一的方面,又有个体在内在感性与理性相统一过程中对自我审美心理结构的调整。“一个人的审美修养意味着他的审美见解与他的直觉心理定向和在一切活动中的自我表现保持和谐一致。”①

在具有高雅情操和人格魅力的教师的影响之下，学生得以在教师指导下，通过美的欣赏与创造活动而真正得到启迪、充实和升华，实现“寓教于乐”。教师的审美修养，包括内在精神层面的审美需要、审美心理结构和审美价值意识的不断完善。在教师的审美修养过程中，教师个人方面需要有持之以恒的精神，不断自我激励、自我追求，要不断自觉地贴近时代和社会的脉搏，善于从周围生活中发现新的东西，并以此充实自己的审美需要、完善个人的审美心理结构、深化审美价值意识，进而不断走向一个较高的审美境界。

## 四、塑造美的身体

身体美学是“人类以身体美的塑造、欣赏和展现为中心的审美实践”②。美育塑造完满人格也包含对于美好身体的塑造，美育涵养好的心灵，也塑造好的身体，最终促成人的健全人格，以及身心和谐健康的发展。

**图 6-9　育才学生叠罗汉**

人类何以要塑造身体美？如何塑造身体美？这个问题，舒斯特曼给出了一种新的思考：“一是从动因看，他强调了身体的内在品格，即良好的身体意识，对于人类身心健康、幸福生存的意义；二是从方式看，培养、改良人的身体意识是塑造身体美的必要条件之一，即按照身体的外观与体验的统一论，一个美的身体外观形象虽然未必具有内在良好的身体意识，但良好的内在身体意识必然要显现

① 鲍列夫.美学[M].乔修业，常谢枫，译.北京：中国文联出版公司，1986：561.

② 方英敏.什么是身体美学——基于身体美学定义的批判与发展性考察[J].贵州大学学报（社会科学版），2016，34(1)：16-25.

于个体身体外在的耳目感官与形躯。”①

塑造美好身体要形成良好理性的身体意识和身体品格，从通俗意义上来说，就是形成正确的、健康的身体审美观念，以及了解人的身体健康对于幸福生存的意义，美好身体是美好精神和美好心灵的物质前提和基础。

美好身体应该是健康的美，包括体质的健康，以及外在形体的美好。这就要求塑造美好身体要形成健康的生活习惯、健康作息、合理运动。在学校教育中融入健康行为的教育与培养，探讨和研究健康相关行为，教会学生正确辨识各种健康相关行为对体质的影响，积极参与有利于改善和提高身体健康的行为，逐渐矫正不良生活习惯和方式，以健康的知识理念指导行为方式，提高自身综合素质。

## 五、成就美的生活

学校美育的最终目的是引导学生成就美好生活。美指向一种生活态度、一种人生态度，形成人们对于生活的审美，对自然风光的审美，对日常生活的审美以及对于艺术实践的审美。

引导学生树立美好的生活观。人的生活观是世界观在生活现实中的具体体现，正确的生活观能引导人们植根于现实生活的美好建设。因而，树立美好的生活观，从中体现出在一定社会生活方式和实践背景下逐步成长起来的人的生活味，体现理想与现实的统一，既是引导人的审美生活的内在要求，也是实现审美生活的主观条件。

图 6-10　陶行知和育才学生一起看书

引导学生亲近自然，欣赏自然的审美态度。从小培养对自然的亲近态度，鼓励人们从儿童时代就开始经常与大自然打交道，是引导审美生活的一个重要

① 方英敏. 什么是身体美学——基于身体美学定义的批判与发展性考察[J]. 贵州大学学报(社会科学版)，2016，34(1)：16-25.

途径。“儿童应该尽早，而且长时间地投身于大自然，从中吸取对它的印象，体验大自然在每个人的心中激发的思想和感受。”如此，便能逐渐养成人的良好的感受能力、健康的审美感情、活泼灵动的想象力，从而使人主动地发现、创造、享受审美生活，在生活中不断追求美的未来。

引导人们在日常生活中审美。在日常生活尤其是家庭生活中，处处有意识地造就一种审美氛围，是引导人们养成良好的审美习惯，自觉走向审美生活的现实途径。从家庭装饰设计到家庭精神生活气氛，这一切，都可以潜移默化地作用于人的审美趣味、审美价值理想。因而，注意家庭布置的外观形式，美化家庭群体间的亲切关系和精神生活内容，按照个性和美的规律来穿衣打扮、规范行为举止等，都能够直接影响人们生活中的审美态度。另外，家庭内部成员间经常性地开展一些有益、健康的文娱活动，如唱歌、跳舞，欣赏音乐、绘画，观看优秀电影、电视片，参加体育锻炼和旅游等，能够不断提高人们追求美、发现美、感悟美的生活实践能力，进而不断提高日常生活本身的审美质量。

引导人们以文艺、体育、游戏、劳动等多种审美实践的修养方式，塑造人们创造审美生活的能力。如游戏活动，可以培养人的机智、灵活、应变、联想能力，特别是不计功利的自由超越态度作为一种特定的审美实践行为，它不仅可以濡养人的性情，更可以提高人在生活中自由创造的能力，为审美生活的创造提供特殊手段。所以，经常开展审美实践活动，是引导人的审美生活的创造性方式。

# 第七章　向美而生——陶行知人格之美

在陶行知的生活教育中，美育既是思想，又是必须在学校、社会中付诸实践的行动；既是生活教育中的独立一环，又与德育、智育、体育、劳育紧密联系并相互渗透。在大力倡导素质教育与个体全面发展的当今，陶行知的美育理想与美育主张，以及他本人为普及大众教育鞠躬尽瘁、死而后已的一生，均是当代社会中生动的美育教材，值得深入研习与研究。

## 第一节　德性之美

陶行知这位倡导美术人生、美术精神以及诗化人教育的教育家，有着博大的胸襟、宏伟的气魄和傲岸伟大的人格。在其同时代的同学、同人、同道中人的眼中，陶行知是一位具有傲岸身姿的伟人，是一位卓越的盖世人物。

郭沫若对陶行知的评价很高，在1946年陶行知去世后不久，即撰文《陶行知最值得学习的地方》，讴歌和赞扬陶行知。其中提到了陶行知的大众立场，他信仰人民、忘掉自我、专门为人民谋利益；陶行知为教育的献身精神，他为教育事业劳心劳力、与穷苦青少年同甘苦、共命运；陶行知个人的傲然品质，毫不灰心、毫不畏缩、能屈能伸、不卑不亢；以及陶行知具有“真感情、真见识，摆脱了文人习气”的诗作。

## 陶行知先生最值得学习的地方①

郭沫若

一、他有信仰，不是信仰神，而是人民。

二、他能够把自己忘掉，专门替人民谋利益。把生活水准放得很低，与一般的穷苦青少年共同甘苦，但也并没有到狂简的地步。

三、替人民谋利益并不是盲目的、感情的，而是有目的意识、有计划的。他采取了教育事业，便在这一项事业上劳心劳力，献出了自己的一切。不必每一个人都要搞教育，但最值得学习的是这种明智的献身精神。

四、他能够经得起折磨、打击，毫不灰心，毫不畏缩。但他处事接物也并不躁进操切，总想减少阻碍，免使弄成僵局。能屈能伸，不卑不亢，最宜学，也最难学。

五、他的诗文是真感情，真见识，而能够摆脱文人习气，平易近人地用现成话表示。排除了不必要的矜娇持短饰，因而也就每每恰到好处。

七月三十日(1946年)

梁漱溟作为乡村建设实验的领袖，与陶行知、晏阳初共同开启了20世纪30年代的乡村教育运动，他们都试图从乡土中国内部来达到改造社会的目的。梁漱溟当时的乡村实验基地在山东邹平及菏泽等实验县，他也曾到当时在晓庄实验的陶行知那里进行交流访问，不同的根据地，却显露着教育家同样的济世情怀。

## 怀念我敬佩的陶行知先生②

梁漱溟

顷者戴自俺刘大作两位同志为陶行知先生诞生九十周年将出版纪念册事访问于我，要我写一些追怀回忆的文章。我少于陶先生一岁，今既八十有九，脑力衰颓，笔墨迟钝，然而我又何敢辞谢不敏呢？

想到我亲切结识的盖世人物而衷心折服者不外三个人。而陶先生实居其一，其他二人便是毛泽东主席和周恩来总理。其笑我把服务社会的教育家和秉国钧的政治家毛周二公相提并论为可怪，须知三位先生大有相同之处：这就是他

① 陶行知.陶行知全集(第12卷)[M].成都：四川教育出版社，2009：530.原载1946年8月15日《读书与出版》月刊第5期。

② 江苏省陶行知教育思想研究会.纪念陶行知[M].长沙：湖南教育出版社，1984：299-301.

们的襟怀气概都卓然的向着世界全人类，廓然没有局限，从而三位先生在我心目中实同一钦重的。

毛主席领导群众创建起新中国。周总理信乎为遗爱在民的好总理，却天生是毛主席身旁第二把手。陶先生终身奔波乡野之间，在教育界独辟蹊径，风动全国，论其业绩，固自不同。

当一九四六年陶先生在上海逝世时，我曾发表一篇悼念文章，有云：

“陶先生是一往直前地奔赴真理的一个人，好恶真切分明。有时不形于色，却力行不怠，沉毅踏实。许多人受他感动，就跟随他走……我简直要五体投地向他膜拜！”

陶先生不可及处：他本是游学外洋，回国后做大学教授的人，竟然脱去西装革履，穿起布衣草鞋，投身乡村要和农民打成一片。创办起晓庄乡村师范学校，志在以乡村小学为中心推进广大社会的改造。

对于昔年晓庄校内外“教学做合一”的一切措施，我在一九二八年初次访问时参观考察，一日之不足，次日再往，曾写有一篇较详的记述刊入我的教育论文集，今不复述。一九三一年我既在山东邹平县创行乡村建设运动，这次请于陶先生后，从晓庄借调杨效春、张宗麟等诸君来邹平帮助我工作。其后张治中将军到邹平参观，又聘请杨效春先生为他的家乡建起黄麓乡村师范学校。

一九三七年抗日军兴，国民政府初有国民参政会之设置，陶先生与我同膺选为参政员。然在第二届则政府视为左倾者多不入选，陶先生居其一。一九三九年我从华北华东巡历各游击区域之后回川，联合两大党以外人士共同发起统一建国同志会之组织，陶先生亦参加。但陶先生仍忙于其教育事业，在合川县澄江镇草街子古圣寺办起育才学校，收容战乱中流离失所的少年儿童百余人。一九四〇年春我亦送次子培恕入学。

其时培恕年十二岁，却于学校对陶先生为人而有深刻印象。据他举例诉说有如下几点：（一）全校师生员工百数十人和乐相处宛如一大家庭，使那些无家可归的儿童青年无复孤独之感。（二）学校经济困难，大家却清苦而愉快地生活着。（三）陶先生似乎很忙，难得来校，他一来时便面有喜色。他象是一位长者，却又是平等亲切一员。（四）学校与当地群众恍若相联相通，正亦改造着它所附近处社会环境。

行文至此，可以结束。陶先生为人可爱可敬……

1983 年 3 月 15 日

陶行知与梁漱溟两次比较重要的教育交集，一次是梁漱溟到陶行知的晓庄取经，然后在山东邹平开展自己的乡村建设实验；一次是梁漱溟将次子培恕送到了陶行知创办的重庆育才学校。根据梁漱溟的回忆，陶行知是个可爱可敬的人，他是一个卓然超越的盖世人物。他说，"陶行知的襟怀气概都卓然的向着世界全人类，廓然没有局限"。梁漱溟感慨，"陶先生终身奔波乡野之间，在教育界独辟蹊径，风动全国，论其业绩，固自不同"。他"一往直前奔赴真理""好恶真切分明""沉毅踏实"。总之，"陶先生为人可爱可敬"。

图 7-1　毛泽东痛悼陶行知

吴耀宗在纪念陶先生逝世三周年时撰写文字，记述了一个真实的、平民化的陶行知，以及他高山般的人格，站在人民的立场，为人民牺牲，同人民合一。陶行知是属于人民的。

**陶先生是属于人民的**[①]

陶行知先生的人格，就像一座高山；当你站在他的面前，他只是一堆堆平凡的泥土，一棵棵平凡的树木，但当你站远一点，看见他的全貌，你便觉得他的伟大。在过去三年中，我常常想到陶先生，常常看见他所造就的人才，和他所建立的事业。他的影响是愈来愈深远了。

陶先生是属于人民的，他站在人民的立场，同他们合一，向他们学习，宣达他们的呼声，指示他们的方向，而他自己却站在斗争的最前线，为他们牺牲。"高山仰止，景行行止，虽不能至，心向往之"，这就是我今天纪念陶先生逝世三周年的时候的感想。

刘清扬也在陶行知逝世两周年之际，撰写了文字以示纪念。他说陶行知有着"洁白的人格，真挚的人性，质朴的心田"，他始终是人民大众中的一员，爱护人民大众，胜过爱自己，他一生都是知行合一、实事求是、以行代言，他是一位象征真理，而有真正人性的真人。所以，陶行知"主办教育，争取民主，倡导学术，发挥诗意，也无不是真爱和真理的表现"。

① 陶行知. 陶行知全集(第 12 卷)[M]. 成都：四川教育出版社，2009：557.

## 纪念陶行知先生逝世两周年①

刘清扬

行知先生长眠地下转瞬已是两周年了。在这两年以来，中国大众的苦难流离，肝脑涂地的惨痛，行知如于地下有知，不知将会如何的沉痛和愤激！行知先生，他不但始终是人民大众中的一员，而且他的爱护人民大众，实远过于爱护他自己。行知先生自从有生以来，他的学习，工作，与奋斗，无不是为了广大的下层人民！他的知行合一，实事求是，以行代言的精神，始终是一贯的。谁能说这样的知识分子，是自外于大众人民，而肯自尊为四民之首的特殊阶级呢？

三十年来的老友，不但相知已深，而在事业的联系之下，永在共患难相策勉中努力。当前年的今日，一个突然的噩耗传来，使我如遭晴天霹雳！

从此后，在很长的岁月里，常使我在默念中，怀着一颗沉重而忧郁的心！在理智和感情上，至今我还不肯承认行知先生已经死去，因为他不但给我们留了不少的伟大事业，而且他更留给我们以永生的典型精神。所以每到了行知先生的祭辰，我以为如只写一纸空文的哀悼，是不足以挥洒我内心沉痛的热泪的，因在志同道合的知友中，而遭遇这样不能弥补的损失，实在不仅是个人的伤痛，所以我一再的沉默隐忍，总希望在环境许可之时，决志以继承他的精神，努力于教育事业，以培植优秀的青年而分担他遗留的责任，并永志不忘其为人。

与其说行知先生是教育家、民主战士、学者和诗人，毋宁干脆就说他是一位象征真理，而有真正人性的真人！凡是一位能有真正人性的人，他的爱与憎，必然也是真实的。所以他主办教育，争取民主，倡导学术，发挥诗意，也无不是真爱和真理的表现。我与行知先生有着将近三十年悠长的友谊，在他一切的公私生活和言行里，除了因他过分的热心为人，而践踏了自己的健康，不知爱惜自己而外，实在使我们找不出他有任何自私的劣迹，显然他与一些说着好听，做着丑恶！沽名钓誉的名流政客之类，不可同日而语，朋友们对于行知先生伟大的人格，生前的事业，以及留给社会人类永垂不朽的遗迹，在厚厚一册《陶行知先生纪念集》中，已有详尽的记述，似无需再多赘叙，但还有使我不能已于言者，乃是自从我与行知先生相识以来，他慈祥真挚，厚爱于人的精神，至足使人追忆。每逢"五四"纪念之日，我总不免要回忆到当时与行知先生开始的相识，他给我的印象是永远

① 陶行知.陶行知全集(第12卷)[M].成都：四川教育出版社，2009：543-547.

深刻不忘的。所以我常想，在一个时代转进的浪潮里，虽有优秀青年的奋起，也须要有优良导师的指引，然后才能给与热血青年以指南针和鼓励。因此使我常忆起"五四"时期，陶先生所给与当时我们那些青年的指导和协助。

"五四"时期陶先生已任东南大学教务长之职，我去拜访他时，他开始给我的印象是：冷静，沉着，诚挚，亲切的精神，而满怀着对青年热爱的真情，并给以正确的指示，我向他领教，当在我由北南下，鼓动起京沪学运蓬勃高潮以后，但他绝不以我之激起各地民运狂潮为罪大恶极，相反的倒给我以亲切诚挚的慰勉和奖励，所以更增加了我的自信和勇气。当时，行知先生所执行的教育，就是为求民族解放，而培植青年的民族浩然正气；为要争取民主自由，而鼓励青年有作主人的毅力。他深信，如青年学生不能获得自由发展而领导着人民大众向前进，欲要民族解放和民主自由，显然是不可能的。所以当时陶先生掌教的精神，实堪与北京大学的蔡孑民校长，遥遥相及。

行知先生的为人，以毕生的努力，纯以一个洁白的人格，真挚的人性，质朴的心田，爱护着广大人民，并且真真实实的从服务于人民大众做起，是言行合一的。他不承认人民大众应该长此作封建统治者和专制独裁压迫之下的奴隶，所以他不惜奋斗牺牲，数十年如一日，他努力于教育大众，培植人才，俾使人人能够翻身而起挺然自立。他以泛爱众而亲仁的伟大精神，始终不与人群大众分离，无论其言行举止，你找不出他有半点是由个人出发，而取巧投机，所以他才能获得广大人民的爱戴。他不只是人民的教育家和民主的教育家而已。他实在是身体力行，不言而教的模范，这也正是实行他自己的主张——"生活即教育"。

行知先生的热心教育事业，并不是专为给资产阶级的儿女造智慧，好使他们更便于压迫或剥削下层的贫苦人民。相反的，他格外注重于劳苦大众和农民的教育。所以他特别注重普及教育，更曾经亲自奔走于各省各县，推行平民教育工作。民国十六年在南京创办晓庄乡村师范学校，更切实注重农村，而普及训练农民，以提高其知识。陶先生的愿望，是不只培植农民的知识，提高其生产能力，尤其要解放全中国农民，以及东亚和全世界的农民，他是根本要使劳苦大众，努力于生产的人们站立起来，再不要忍受统治者或资产阶级的压迫和剥削。像陶先生这样专为劳苦大众服务的知识分子，他是迥然不同于那些自尊自贵，自命为优等民族的名流志士们的。所以他才能以毕生的奋斗，努力于提高劳苦大众的知识，改善他们的生活，以促进社会制度的革新。如果所有的知识分子，都能像陶先生这样服务于人民，为大众谋福利，便是把智力劳动者和体力劳动者看为同类而无高下的分别，他们都能为了被压迫的同类而奋斗，也就不会成为统治者或剥削者的帮凶工具。尤其在这急剧变化进步革新的阶段里，也就不会有什么知识分子、自由主义等等的争执，而且若是知识分子，都能有了像陶先生这样的思想认识，社会上也就不会再有知识分子特殊名称的存在，世界也就成了理想的世界了。

在“五四”运动的十八年后，我们又重在抗战流亡的患难之中，共同努力，为了追求民族解放，民主自由，真理和正义，时时都在坚忍不拔，流着无尽的血汗，向前迈进。但在光明的前夕，黑暗而荆棘的长途是艰苦的！无论在任何环境里，都不免有鱼目混珠、口是心非、投机取巧之辈，专对着实干苦干者，施行种种阴谋诡计，侮蔑、忌妒、倾轧和排击。为此只有行知先生常常以正义和同情心，给与切实苦干者以安慰和鼓励，是尤其使人感念的。

回想在战时大后方的重庆，我因困苦劳累过度，将要病倒之际，也只有行知先生深切的体味到我的痛苦，他怀着满腔的热血，和一颗真挚的热心，用严肃的态度，命令我必须立即停止工作，要我绝对休息，并且要加增我的营养，他竟不断补助我的经济，赠我药品。凡这一切，不但是本着他一贯服务于人的精神，更为了追求光明，所以他诚心诚意的爱护和协助着他所深知而相信的同志。这实不是普通的友情，或假冒伪善的前进者所能作得到的，我曾屡屡身受此厚惠，既感且愧！当答谢他的殷望，誓必鞠躬尽瘁于社会，而发扬行知先生的遗志。

行知先生经常穿着一身旧蓝布的中山装，一件褪了色的外衣，一双毛底布鞋。每日的奔走活动，常是以步代车，至多是乘坐公共汽车，而绝不乘坐人力的交通工具。他为了负担着育才全校师生三四百人的生活教育经费，所以必须耗尽心血，终日奔驰。因在抗战时期，物价腾贵，学校竟无固定的经济来源，所以行知先生纯以武训乞讨兴学的精神，竭尽全力，努力撑持。他的物质生活，衣着既如上述的俭朴，饮食在学校中，是与同人、学生吃着一样的粗菜淡饭，如在外面奔走到饥饿疲劳之时，也只是进到小饭馆，吃一餐贱价的饭食，这是我常常亲眼看到的。一个人的精力是有限的，何况在经常过度的消耗之中，而竟无补充营养的可能。因此在抗战的末年，行知先生的精神，已颇有颓萎难支之势，并且又患血压高的病症，所以每在一聚会的场合，他常是少有意见发表，而在打瞌睡。我早已深切感到，为他的健康担心。但为了他的责任重大，无人能以代替，虽然他常关怀到别人的健康，但竟不能爱惜到自己，还依然是力疾从公，不肯稍为休息。并且再加上内战烽火弥漫，反动力量的横暴无忌，而在连续的惨案压迫刺激之下，他竟不能支持，而致造此不可补偿的损失。

行知先生一生的奋斗努力，实象征了博爱与真理！他是完全为了大众而生，更为了大众而死的。他为了扶持人民大众的解放不遗余力！他的言行不但是理论与实践合一，尤其更充满了为世界人类爱好和平的精神，所以他的友好很多，并不限于中国国内，凡是国际间爱好自由和平的人士，更多崇敬其为人。但在今日，中国抗战胜利以后已近三年，反而遭受了更严重内战的摧毁，国际上美国帝国主义者称霸的野心，竟加紧扶持欧亚德日及一切法西斯残余的重复兴起，它既危害了我们中国人民的生存，更威胁了世界人类的安全。凡这一切的罪恶，无不是美国帝国主义者所赐予！所以我们中国人民的呼吁反美扶日运动，不但为了拯救自己，而更是为了世界人类的灾害，在如此风云险恶之际，我们实应群策群力，以挽此危机！凡是行知先生生前的友好，如欲追忆其伟大的人格，能不努力完成其扶持人民的力量，争取自由民主，及反帝国主义的侵略，消灭法西斯残余，而造福于被压迫人群的遗业。

一九四八·七·廿 于北平

## 第二节 精神之美

有学者将陶行知的精神品格总结为如下几点[①]：爱满天下的博大胸襟，乐于奉献的伟大情操，炽烈真诚的教育激情，不屈不挠的刚毅品质，求真务实的思想作风，开拓求新的创造精神。这六种精神是一个有机的整体。其中，爱国精神和献身精神是陶行知精神的两大基石。教育激情是陶行知精神的原动力，求真精神是陶行知精神的核心，艰苦奋斗精神、创造精神是献身精神和求真精神的重要体现。正是这六种精神，构筑了陶行知丰富而深邃的精神世界，为他在中国现代文化诸多领域进行开拓和创新，提供了巨大的精神动力。

这六种精神之下承载着一个血肉丰满、伟大真实的陶行知和他的伟大人格，

① 周洪宇．陶行知生活教育学说[M]．武汉：湖北教育出版社，2011：276．

而这样的精神世界和伟大人格正体现出一个诗意的观照人生，用审美理想来观照教育，以美术为生存方式的陶行知。陶行知个人道德的完善，及其自己对自身道德修养的诉求，体现在陶行知在教育的征程之中，他的教育目的观的阐发，从"农夫的身手、科学的头脑、改造社会的精神、康健的体魄、艺术的兴趣"，到"追求真理的小学生、自觉觉人的小先生、手脑双挥的小工人、反侵略的小战士"，都集中体现了"千教万教教人求真，千学万学学做真人"的教育目的，并且陶行知始终把道德教育放于教育之首。陶行知著名的《每天四问》，其中一问就是"我的道德有没有进步？"指出道德是做人的根本，建筑好人格长城，管理好自己的私德与公德，等等，这些都折射出陶行知不凡的精神品格。陶行知的美术精神、科学精神、大丈夫精神以及仁爱的胸怀及品格，在他的美育人生中又显得格外的突出。

## 一、美术精神

1924 年 12 月 8 日，陶行知发表《南京安徽公学办学旨趣》，他在文中指出，安徽公学是"用最少的经费，办理相当的教育"的一个试验。因为它建立在同情的基础上，所以师生能共同生活，同甘共苦，实现精神上的沟通，这是一种真正的教育；它尊重学生的兴趣和需要，实行因时、因地制宜，因材施教；在方法上采用教学合一，教师一面教，一面学，以教人者教己，以期教学相长。安徽公学能有如此成绩和办学之道，陶行知认为是因为全校师生有共同的奋斗目标，即用科学的精神研究学问，用美术的精神改造社会，用大丈夫的精神来为人处事。实现这三个目标要以实际生活为中心，不断地试验，不断地前进。"活一天，走一天；活到老，走到老。"陶行知说：

> 我们是物质环境当中的人。我们对于四周的环境，最忌是苟安，同流合污，听天由命，不了了之。有进取性的人，对于环境总想加以改造。但是驱着乌合之众，叫嚣乱斫，何能算得改造呢。我们应该秉着美术的精神，去运用科学发明的结果，来支配环境，使他们现出和谐的气象。我们要有欣赏性的改造，不要有恐怖性鬼脸式的改造。换句话说，我们改造环境，要有美术的精神[①]。

陶行知的"美术精神"是一种创造精神。美育的最终目的是通过人格的全面

① 陶行知. 陶行知全集(第 1 卷)[M]. 成都：四川教育出版社，2009：37.

完善来缔造一个更加美好的人生世界。促进人的审美创造(包括创造欲望和创造能力),则是其不可缺少的任务。在陶行知的美育体系中,我们看到一个高频词频繁出现,它就是——“创造”。实际上,陶行知教育思想一直是具有创造性价值的教育思想体系,陶行知本人也是一位具有创造性的教育家。他试图构建“时时是创造之时,处处是创造之地,人人是创造之人”的创造教育体系,陶行知对于创造精神极为推崇。

其一,陶行知的创造精神体现在——创造一个好的社会交给后代,陶行知在《创造一个四通八达的社会》中,慷慨陈词:

“我们生在此时,有一定的使命。这使命就是运用我们全副精神,来挽回国家厄运,并创造一个可以安居乐业的社会交与后代,这是我们对于千万年来祖宗先烈的责任,也是我们对于亿万年后子子孙孙的责任。”

陶行知呼吁“创造四通八达的社会”“创造人间天堂”“创造新中国”“创造将来”。陶行知本就是一个“第一流的教育家”,具有开拓意识和创造精神,他说:“我们常见的教育家有三种:一种是政客的教育家,他只会运动,把持,说官话;一种是书生的教育家,他只会读书,教书,做文章;一种是经验的教育家,他只会盲行,盲动,闷起头来,办……办……办。第一种不必说了,第二第三两种也都不是最高尚的。”[①]在他看来,今日的教育家可以算为第一流的人物,应具备两种要素:一是“敢探未发明的新理”,一是“敢入未开化的边疆”。对于这两种要素,他进一步阐释说:“在教育界任事的人,如果想自立,想进步,就须胆量放大,将试验精神,向那未发明的新理贯射过去;不怕辛苦,不怕疲倦,不怕障碍,不怕失败,一心要把那教育的奥妙新理,一个个的发现出来。”还有“要晓得国家有一块未开化的土地,有一个未受教育的人民,都是由于我们没尽到责任。责任明白了,就放大胆量,单身匹马,大刀阔斧,做个边疆教育的先锋,把那边疆的门户,一扇一扇的都给它打开。”只有这样才是值得我们崇拜的,有魄力的人。此外,“敢探未发明的新理,即是创造精神;敢入未开化的边疆,即是开辟精神。创造时,目光要深;开辟时,目光要远。总起来说,创造、开辟都要有胆量。在教育界,有胆量创造的人,即是创造的教育家;有胆量开辟的人,即是开辟的教育家,都是第一流的

① 陶行知.陶行知全集(第12卷)[M].成都:四川教育出版社,2009:21-22.本篇在1919年4月21日《时报教育周刊·世界教育新潮》第9号发表的,让专栏主笔蒋梦麟有如下按语:“陶先生,你讲的一席话,我读了便觉精神提起来。这种话我久不听见了,可算是教育界福音。”

人物。大丈夫不能舍身试验室,亦当埋骨边疆尘,岂宜随便过去!但是这种人才,究竟要到什么时候才能出现?究竟要由什么学校造就?究竟要用什么方法养成?可算是我们现在最关心的问题。"①

当陶行知满怀激情写下《第一流的教育家》,并为自己的教育梦想努力奋斗时,也诗一样地书写着自己的人生。一流的教育家,有着与众不同的教育家情怀;一流的教育家就应该将困苦诗化,将人生诗化,将教育诗化。在探索未发明的新理时,在进入未开化的边疆时,是何等的气度卓然和何等的诗人气魄。这探索、这创造、这一流教育家的一切行动,本就是一首生命诗歌。

其二,创造精神的养成要通过创造教育。创造教育是陶行知教育思想体系的重要组成部分,陶行知关于创造教育的观点集中体现在他的《仿我者死 创我者生》《创造宣言》《创造的教育》《创造的儿童教育》《创造的社会教育》等文章中。

1933 年,陶行知发表《创造的教育》,指出创造教育的含义,他说"创造"有两层含义,一是"物质的创造",一是"心理的创造"。在陶行知看来,"由行动而发生思想,由思想产生新价值",这就是物质创造的过程;而产生新价值和新观念则是"心理的创造"。创造教育是行动的教育,这种行动教育要你能行动,行动才生困难,想法解决了困难,才是真知识的获得。陶行知还特别介绍了杜威的"思维五步法",分别是:(一) 感觉困难;(二) 审查困难所在;(三) 设法去解决;(四) 择一去尝试; (五) 屡试屡验,得出结论。陶行知在第一步"感觉困难"前加了一个"行动",构成了他的创造教育的过程。创造教育还要求"手和脑在一块儿干",这是创造教育的开始,而"手脑双全",则是创造教育的目的。创造教育要解放小孩子的自由,让他做有意思的活动,趁着小孩子还没有沦丧他们行动的本能,开发他们的无限潜能,如果给小孩子自由行动,小孩子就可以成为一个科学家,一个创造者,一个发明者,就像爱迪生和牛顿。陶行知还专门写了四首小诗《小盘古》《小孙文》《小牛顿》《小工人》来鼓励孩子们,勇于创造、勇于发明和行动。

在学校教育中,陶行知也提倡创造的教育,他倡导活动中心,倡导学生们在活动中找寻知识,解释困难,贡献他所求得的知识,而教师主要是起到指导和帮助的作用。如果学校教育是这种行动的教育,就可以被视为是"创造的教育","有行动才能得到知识,有知识才能创造,有创造才有热烈的兴趣"。所以,陶行

① 陶行知.陶行知全集(第1卷)[M].成都:四川教育出版社,2009:21-22.

知还主张“行动”是中国教育的开始，“创造”是中国教育的完成。

陶行知指出，创造的教育是以生活为教育，就是生活中才可求到的教育。教育是从生活中得来的，虽然书也是求知之一种工具，但生活中随处是工具，都是教育。况且一个人有整个的生活，才可得整个的教育。陶行知要求教育者们，一是“要能够做，做的最高境界就是创造”；二是“要能够学，学从生活中去学，只知学而不知做，就不是真的学”；三是“要能够教，教要教得其所，要有整个的教育，平等的行动的教育，不要像现在畸形的教育”。而这些才是真正的创造的教育。

其三，创造精神最终要进行真善美的创造，并创造真善美的活人，并与老百姓共同创造。陶行知要进行的学校美育是艺术的创造、人的创造、自由的创造和真善美合一的创造。陶行知热爱各项艺术，对绘画、戏剧、诗歌、音乐、书法、文章、书信、演讲多有涉及，从个人爱好和学校教育课程体系的创建的角度而言，晓庄时期构建了“艺术的兴趣”的培养目标体系，育才时期构建得力特殊人才的多元课程体系。陶行知对于诗歌尤为偏爱，一生写诗 1000 多首，致力于建“诗的学校”，进行“诗的教育”，培育具有“诗的人生观”的“诗意的人”，引导他们“过诗的生活”。陶行知说：“唤起兴趣，学生有了兴趣，就肯用全副精神去做事情，所以‘学’和‘乐’是不可分离。”陶行知在真善美的学校中，真善美地创造，乐观、诗意、向上、向美、向真、向善的教育贯穿他教育生涯的始终。

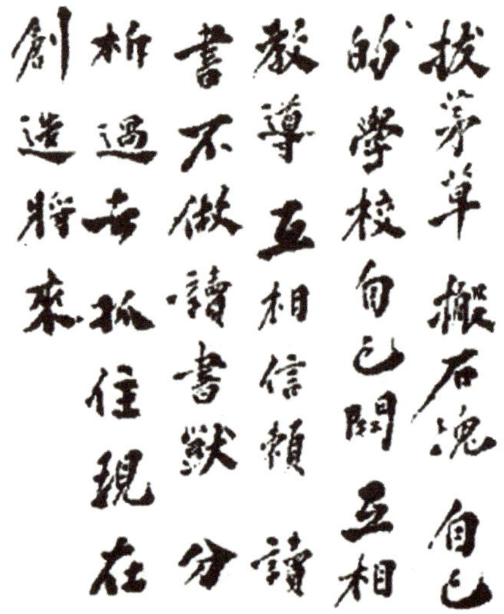

**图 7-2 陶行知改作黄金时代歌**

陶行知的创造精神是一种精神的创造、艺术的创造、爱国者的创造和教育者的创造。正所谓"处处是创造之地,天天是创造之时,人人是创造之人"。创造好的社会交予后代,创造好的教育交予学生,创造出会创造的人,真正达到"开创造之花,结创造之果,繁殖创造之森林"。

可以说,美术精神是陶行知留给我们最大的精神财产。首先,陶行知完满的人格理想,使其形成了美术的、诗意的、诗化的人生观——乐天、达观、积极,向善、向真、尚美,用美与真善、乐观与诗性、积极与豁达来建构自己的人生观。其次,陶行知用美术的精神改造环境、改造社会,用美术的观念办教育,培育真善美的健全人格。陶行知同时教化以诗,寓"诗"于教,试图构建兼具真善美的诗的学校,诗化学生和民众,并践行"诗的教育"。陶行知作为诗人教育家、教育家诗人,在现实世界实现着自己诗化学校、诗化教育的人生理想,虽然充满困难,但不变初衷,他的教育活动本身就是一首教育抒情诗、是一部生动的美育教材,动人心魄、精彩纷呈。陶行知改变传统教育对诗性的束缚,注重学生精神世界和情理世界的建构,践行诗化教育和美的教育。最后,陶行知的人生理想实际是"诗的生活"或者说诗意的栖居,他向往一种美好的生活、美术的人生和美术的生活,他将精神层面的追求视为人生更高的追求,他希望学生、民众、农人"都过着诗的生活"。"诗的生活""美的生活"应该是人们最终的生存方式和精神家园。

## 二、科学精神

陶行知认为:"科学试验乃新教育之必由之路。新国家的建设必依赖于新教育之实施。"他在《南京安徽公学办学旨趣》一文中指出:

"我们都是学生,教师的一部分生活也是学生——就要负学问的责任。做学问最忌的是玄想,武断,尽信书;以差不多自足,以一家言自封。我们要极力地锻炼学生,使他们得到观察,知疑,假设,试验,实证,推想,会通,分析,正确,种种能力和态度,去探求真理的泉源。简单些说,我们研究学问,要有科学的精神。"①

陶行知明确指出,科学精神就是学生要具有观察、知疑、假设、试验、实证、推想、会通、分析、正确等种种能力和态度,这是探求真理的泉源的该有的态度。

① 陶行知.陶行知全集(第1卷)[M].成都:四川教育出版社,2009:37.

1927年3月15日,晓庄乡村试验师范学校成立,陶行知指出晓庄办学的五条宗旨:康健的体魄、农夫的身手、科学的头脑、艺术的兴趣和改造社会的精神。其中,科学的头脑作为陶行知健全人格思想和整全教育的重要组成部分。1931年,陶行知倡导科学下嫁,创办自然学园,编写科学丛书,创办科学通信学校,将科学与学校教育联系起来,培养科学的孩子、好问的孩子、热爱大自然的孩子、求真探理的孩子,引导人们过"科学的生活"。

1932年4月,陶行知写信给时任广东省政府主席兼琼崖特区长官的伍朝枢,提出"培养科学儿童以利创造科学中国之始基"。陶行知指出,当时的中国科学不振,而且中学的科学教育偏重书本,而小学的科学教育抹杀自然科学,不能教导小孩用手与脑在大自然里去追求真知识,所以,约集同仁躬亲实验,并将实验结果编成儿童科学丛书一百种,"志在引导家长及小学教师培养科学的儿童,以立创造科学中国之始基"。为此,陶行知形成了一系列科学教育读物,进行了一系列科学教育的探索和实践,为提升儿童的科学素养进行可喜的尝试。

## 二、大丈夫的精神

陶行知《南京安徽公学办学旨趣》中指明其教育的培养目标是培养"人中人",而"人中人"需要一定的行为品格和精神支撑,他将这些精神内涵统称为"大丈夫精神"。他说:

我们不但是物质环境当中的人,并且是人中人。做人中人的道理很多,最要紧的是要有"富贵不能淫,贫贱不能移,威武不能屈"的精神。这种精神,必须有独立的意志,独立的思想,独立的生计和耐劳的筋骨,耐饿的体肤,耐困乏的身,去做那摇不动的基础。近今国人气节,销磨殆尽,最堪痛心。倘不赶早在本身和后辈身上培植一种不可屈挠的精神,将何以为国呢?至于今日,少数具有刚性的领袖,又因缺少容量,自取失败,并以此丧失国家的元气,至为可惜。那末推己及人的恕道,和大公无私的容量,也是做人中人的最重要的精神。把这几种精神合起来,我找不到一个更好的名词,就称他为大丈夫的精神罢。我们处世应变,要有大丈夫的精神[①]。

① 陶行知.陶行知全集(第1卷)[M].成都:四川教育出版社,2009:37.

陶行知在告诫学生培养不屈不挠的、具有"独立的意志，独立的思想，独立的生计"的"大丈夫"的同时，他自己何尝不是具有"大丈夫精神"的仁人志士。1946年5月，陶行知代生活教育社同人撰《挽杨潮》："你的生，是黑夜一盏巨灯！照着战士前进，为自由而斗争。你的死，是平地一阵雷雨！告诉世界知道，中国尚未民主。"[①]仔细研读其诗，虽是陶行知为他人所写，又何尝不是陶行知自己一生的真实写照。他在世，如黑夜中的一盏巨灯，"照着战士前进，为自由而斗争"；他离世，犹如"平地一阵雷雨，告诉世界，中国尚未民主"。教师肩负着的是对一代人的教育使命，有了斗志和决心，就有了一切，就能汇成一股不可阻挡的教育力量。

## 四、仁爱精神

教育爱是教师之大德，师爱，就是一切为了学生。为人师者，当为仁爱之师。学生，无论智力高低、长相美丑、性格刚柔、成绩优劣、家境贫富，都是一尊未诞生的雕像。"爱满天下"是陶行知作为一个师者崇高的情理世界和内心情怀，这体现了他追求民主、教育为公的教育理想。"爱满天下"也是"陶行知诗教思想的活的灵魂。他诗化教育思想，诗化教育实践，诗化抽象说教，均出自崇高的大爱、博爱。'捧着一颗心来，不带半根草去'，始终与中国的传统教育、与平民人民大众、与儿童打成一片，至情忘我，构筑了陶行知诗教的情感之美，理趣、情趣、诗趣、妙趣、谐趣浑然一体，知能、涵养、思想、胸襟、抱负妙趣天成"[②]。陶行知将学生的生活、教师的生活、学校的生活转化为一种富有精神的、无畏的、始终向上进取的艺术化的生活，用诗的活力、生命的活力、教育之爱超越传统的腐朽、创新教育的艰辛，通过诗情唤醒学校、学生、教师、农民的活力和生命力，融真、善、美为一体，化"教学做合一"为一身，孜孜追求生存的

图7-3　陶行知手书《爱满天下》

① 陶行知. 陶行知全集(第7卷)[M]. 成都：四川教育出版社，2009：987. 本篇原收于《行知诗歌集》，1947年大孚出版公司版。

② 顾伟. 陶行知诗教美学探微[J]. 文学教育，2010(10)：28-29.

终极目标。

教育有爱才有魂，教育有爱才有希望。教育不能功利，更不能势利，教育是爱的事业，以爱育爱，就是教师要通过行为的感染、情感的迁移、教育的智慧，唤起学生爱的共鸣，最终教会学生理解爱，主动体验爱，自觉付出爱。教师虽然常常无力去做伟大的事，但教师可以用伟大的爱去做学生生命中的贵人，用一颗热爱学生的博爱之心为成长中的学生点亮心灯，把每个学生的一生变成一个成功而精彩的故事，让自己的生命也能达到一种酣畅淋漓的状态。爱是心灵与心灵的沟通、灵魂与灵魂的交融、人格与人格的对话。做一个好老师，就要用爱培育爱、激发爱、传播爱，通过真情、真心、真诚拉近同学生的距离，用爱打开学生的知识之门，让每个学生都感受到教育的温暖，让每个学生都有人生出彩的机会。

陶行知曾写出一对楹联，表达他对教育事业的爱，和对儿童，对农人，对青年学子、人民大众的一腔真情：

为破坏牺牲 为建设牺牲 中华国民应背两个十字架

向儿童瞄准 向农人瞄准 乡村教师献来一颗双瓣心

爱是一切创造教育的源泉，没有爱，便没有教育。陶先生办晓庄师范，放弃了一切高官厚禄，脱下了西装革履，穿布衣草鞋，下乡来，住在牛棚里。创办山海工学团，住在农民家里。创办育才学校，住在庙宇里。有人说，陶行知是傻瓜，有官不当、有福不享、有利不图、损己利人，真是傻瓜。陶先生作诗乐观自信地回答："傻瓜种瓜，种出傻瓜，惟有傻瓜，救得中华。"陶先生还说："这十几年来，我有时提倡平民教育，有时提倡乡村教育，有时提倡劳苦大众的教育，不知道的人以为我见异思迁，欢喜翻新花样；其实我心中只有一个中心问题，这问题便是如何使教育普及，如何使没有机会受教育的人可以得到他们所需要的教育。"爱国爱人民是陶行知献身于人民教育事业的动力和源泉。陶行知曾说："晓庄是从爱里产生出来的，没有爱便没有晓庄，爱之所在即晓庄之所在。"陶行知将爱在学校中的作用诗化了，同时也升华了。

"人生最大的目的还是博爱"这是陶行知1943年写给陶宏的信中的一句话，他说：

"近来我们深刻的了解，人生最大目的还是博爱，一切学术也都是要更有效的达到这个目的。一天谈及你，冯先生说你曾为着要帮助一位苦学生，而节省吃鸡蛋的钱来完成这任务。这种行动是高贵的，所以冯先生至今还记得。以后我们仍当向这个方向努力。”①

人生最大的目的还是博爱，因此，陶行知他“捧着一颗心来，不带半根草去”；陶行知他“爱满天下”、兼济苍生、乐育英才。陶行知的一生就是“向上、向善、向美、乐观、诗意”的教育生涯。从永远不会完稿的诗集——晓庄，到乡村的乐园——工学团，再到兼具真善美的诗的学校——育才，最后到秉承“新大学之道”的无形大学——社会大学，“诗意”“真善美”构成陶行知教育生涯的内在逻辑。

# 第三节　行动之美

陶行知是一位真正的教育家，一位真正躬行实践的教育家，他在他的教育生活中实践着、奋斗着，他的战场就是学校。不论是早期的晓庄师范学校，还是晚期的社会大学，贯穿始终的不仅有其系统化、体系化的生活教育理论，还有就是他的“美的人生观”及其“审美理想”。作为一个人民教育家，回顾“陶行知壮怀激烈的教育生涯”，即陶行知的教育活动、教育理论与实践的历程进行整理和总结。我们发现，无论是教育阶段的发展变迁，还是各个教育实体的教育活动，陶行知的教育思想和教育活动都凸显其教育思想的“实践性”特征，也都体现着陶行知的实践、行动之美。可以说，陶行知用个人的行动表征一位教育家的情理世界，那么在这行动与言行之下，是一个兼济天下的完满的道德人格在支配着他的处事风格。

**图 7-4　陶行知上海北站欢送人民代表赴南京请愿大会**

## 一、教育思想与教育活动的发展变迁

陶行知教育思想的发展变迁，主要经历了五个发展阶段，分别是平民教育、

① 陶行知. 陶行知全集(第 9 卷)[M]. 成都：四川教育出版社，2009：271.

乡村教育、普及教育、国难教育以及民主教育的发展嬗变。短短五十五年的生命历程，一直在路上，一直在谋求中国教育改革与创新的路上，坚韧、沉毅，为中国教育奉献一生，鞠躬尽瘁、死而后已。

### （一）平民教育运动的先声

1923 年陶行知与朱其慧、晏阳初等发起成立了“中华平民教育促进会”，积极从事平民教育运动。他在《平民教育概论》中说：“平民教育运动是一个平民读书运动……今日之平民教育就是将来普及教育的先声。”平民教育运动是陶行知为人民大众的教育而上下求索的起点。他怀着满腔的热情为平民教育奔走呼号。为成功地实施平民教育，他与朱经农合编了《平民识字课本》，力图使不识字的人在四个月内读完这套课本。自 1923 年到 1926 年的几年里，他的足迹踏遍大江南北，他到处发表演讲，广泛地接触贫苦大众，在家庭、街道、商店、工厂、机关、军营、监狱、寺院、蒙古包，到处可以看见他忙碌的身影。为实践平民教育的理想，他甚至在自家的门口挂上“笑山平民读书处”的牌子，给人们识字读书提供方便。为了接触平民，教他们识字读书，陶行知放下大学教授的架子，脱去西装，换上中式棉裤棉袄；脱去礼帽，换上中国传统的西瓜小帽；脱去皮鞋，换上布鞋、草鞋，亲自与老妈子、洋车夫、小摊贩等贫苦民众倾心交谈、通信，指导他们学习。

### （二）开展乡村教育运动

二十世纪二十年代末，陶行知提倡乡村教育，致力于乡村教育改革，谋求中国乡村社会的发展与进步，并提出了他著名的“生活教育”理论。1927 年春，他与赵叔愚在南京和平门外晓庄创办了晓庄试验乡村师范学校(1929 年更名为晓庄学校)。陶行知著名的“生活即教育”“社会即学校”“教学做合一”等主张，就是在这个时候确立起来的，并在晓庄学校加以试行[①]。陶行知首发乡村学前教育之先声，创建中国第一所乡村幼稚园，指出中国教育的三大病，即“外国病、花钱病、富贵病”，致力于创造中国的、省钱的、平民的乡村幼稚园，积极进行乡村学前教育的探索。

① 郭齐家. 中国教育思想史[M]. 北京：教育科学出版社，1987：423.

（三）致力于普及教育运动

1930 年 5 月，“晓庄”为国民党反动政府封闭，陶行知受通缉，避居日本。1931 年春，陶行知由日本回到上海，从事科学普及教育，提倡“科学下嫁运动”，创办了“自然科学园”，组织编写“儿童科学丛书”，搞教育救国、科学救国。1932 年，在上海市郊办起了“山海工学团”。与此同时，他提出并实行推广了即知即传的“小先生制”[①]。在普及教育运动中，陶行知主要开展普及教育和儿童教育相结合，他发现“小孩子有不可思议的力量”，“小孩可以教小孩”，他们可以做“即知即传”的小先生。在师资匮乏、教员紧缺的时代，小先生对于教育普及起到了不可估量的作用。

（四）国难教育的实践探索

1934 年，陶行知创办《生活教育》半月刊。1935 年 12 月，他与马相伯、沈钧儒、胡愈之等 270 余人联名发表《上海文化界救国运动宣言》，响应中国共产党“停止内战，一致抗日”的号召，随后参与发起组织“上海文化界抗日救国联合会”。1936 年 1 月，陶行知组织国难教育社，被推选为社长，起草《国难教育方案》。同年 5 月与宋庆龄、何香凝、沈钧儒等发起成立“全国各界救国联合会”，被推为常务委员和执行委员，大力开展国难教育运动。1936 年 7 月，受全国各界救国联合会之命，荣任国民外交使节，同时应世界新教育会议邀请，出席在伦敦召开的第七届大会，其间遍游欧、美、亚、非十八国，宣传抗日，因而再次遭到通缉。1938 年回国，12 月在桂林主持“生活教育社”成立大会，被推为理事长，出版《战时教育》杂志。1939 年 7 月，陶行知到重庆办育才学校，做培养人才幼苗及分组实习实验。

进入国难教育和战时教育之时，陶行知主要致力于贫困儿童、弱势儿童、难童、流浪儿童、乞儿的救济和教育，他创办的育才学校就是一所保护幼童、培养天才幼苗的难童教育学校。通过育才学校的教育，陶行知积极致力于健全人格的培养，培养全面发展的人才幼苗以备后来建国之需。

---

① 郭齐家．中国教育思想史[M]．北京：教育科学出版社，1987：424．

### （五）对民主教育的呼吁

1944年以后，陶行知积极投身民主运动，当时成立民盟，陶行知被选为常务委员兼教育委员会主任委员。1945年，他协助民盟主编《民主》星期刊，将《战时教育》杂志改为《民主教育》，提出民主教育和普及民主教育的口号，大力开展民主运动及民主教育运动。1946年，与李公朴、史良等在重庆创办社会大学，以提高在职青年现代知识文化水平，做高等教育的补充。1946年4月后，由重庆回到南京、上海，继续进行反内战、反独裁的斗争。1946年7月，民主战士李公朴、闻一多先后被特务暗杀，当时陶行知被列为上海黑名单之首。7月24日晚，整理诗集十万字。次日12时因劳累过度，患脑溢血，不幸逝世①。

## 二、扎根实践，乐育英才

实践性取向要求教育理论要植根于实践的土壤，进行严格的理论思辨。陶行知的生活教育理论根植实践，根植教育改革与创新，坚持"教学做"、坚持"劳力上劳心"的教育实践观。在陶行知践行生活教育理论的教育实体中，最具代表性的教育实体，就是晓庄师范学校、山海工学团、育才学校和社会大学，这些教育实体的创办经过、办学宗旨、培养目标就是陶行知教育实践的主要历程。

### （一）根植"晓庄"，坚持"教学做"的教育实践观

1927年3月15日成立的晓庄试验乡村师范学校是陶行知乡村教育的主战场。晓庄学校的办学经验和教育实践对陶行知的教育思想产生了很大影响，不仅拓展了陶行知生活教育的广度与深度，也提升了生活教育的理论品质与价值内涵。陶行知的生活教育理论正是晓庄时期逐渐萌芽、形成与发展的。生活教育理论根植于晓庄的教育实践，重视"教学做"，重视创新精神和实践能力的培养。陶行知极其重视实践，提出"行是知之始，知是行之成"的观点。在教育方法论上，重视学生对知识的运用，指出："在劳力上劳心，是一切发明之母。事事在劳力劳心，便可得事物之真理。" 真的做是在劳力上劳心，真的教是拿做来教，真

① 郭齐家.中国教育思想史[M].北京：教育科学出版社，1987：425.

的学是拿做来学。生活教育理论注重教育与生活实践的结合,注重直接经验与间接经验的结合,注重理论与实践的结合。教法据学法,学法据做法,学有所用,用为所学,是种教育法;同时把教育扩大到生活的全部,把方法融于教学做合一中,亲事、亲物,以生活为中心,从生活中产生问题,在做上用功夫教、学,并最终解决问题。

### (二)开创工学团教育模式,坚持"工以养生、学以明生、团以保生"

1931 年春,陶行知回国,一种崭新的教育模式——"工以养生、学以明生、团以保生"的山海工学团拉开帷幕。陶行知首创"小先生制"。他在上海先后创办"山海工学团""报童工学团""晨更工学团""流浪儿工学团"等。陶行知在《普及什么教育》一文中从理论上阐述了他所构想的教育模式——工学团教育模式,即"工是工作,学是科学,团是团体。说得清楚些是,工以养生,学以明生,团以保生。说得更清楚些是,以大众的工作,养活大众的生命;以大众的科学,明了大众的生命;以大众团体的力量,保护大众的生命。工学团是一个小工场,一个小学校,一个小社会。在这里面包含着生产的意义,长进的意义,平等互助、自卫卫人的意义。它是将工场、学校、社会打成一片,产生一个富有生活力的新细胞。"

### (三)选拔特殊才能儿童的难童学校

1939 年 7 月 25 日,为使在抗战中失去父母或家庭的难童能够受到教育,陶行知在四川重庆附近的合川县凤凰山古圣寺,创办了一所难童学校——育才学校,选拔有特殊才能的儿童。育才理想是为抗战建国培养"追求真理的小学生;即知即传的小先生;手脑双挥的小工人;反侵略的小战士"。学校除设普修课之外,另外设有音乐、戏剧、绘画、文学、社会、自然、舞蹈等组,因材施教,培育人才幼苗。学校办得有声有色、名闻中外,为革命培养了不少专门人才。1940 年 9 月,周恩来、邓颖超同志专程访问了育才学校,给学生留下了"一代胜似一代"的题词。

### (四)社会大学的生活教育实践

1946 年 1 月,陶行知在重庆创办社会大学,自任校长,李公朴任副校长兼教务长。社会大学的宗旨是"人民创造大社会,社会变成大学堂"。陶行知说,"大学之道，在明民德，在亲民，在止于人民之幸福”。这是陶行知生活教育理论的又一次成功实践，社会大学之命名与陶行知生活教育理论“社会即学校”相契合，是陶行知大学教育理念的实践与延伸，是生活教育本体论“社会即学校”的最高表现形式，以“民主与创造”为最大特色。

从永远不会完稿的诗集——晓庄，到乡村的乐园——工学团，再到兼具真善美的诗的学校——育才，最后到秉承“新大学之道”的无形大学——社会大学，扎根实践、乐育英才，陶行知的探索与革新的实践活动，构成陶行知美与诗意的教育历程与人生轨迹。

# 结　语

2010年，我们慕名来到陶行知先生创办的晓庄工作。在师陶学陶研陶的氛围中，一直想对陶行知先生的美育思想进行梳理。但多次动笔却又不得不停下，因为总感觉对陶行知先生美育思想的把握还不够，领会还不深。2020年，国家颁布《关于全面加强和改进新时代学校美育工作的意见》(下文简称《意见》)，将美育工作提升至前所未有的高度。在领会学习国家文件的过程中，我们愈加确定系统研究陶行知美育思想的必要性和时代性。《意见》所提的一些精神和要求，如"学校美育课程以艺术课程为主体，主要包括音乐、美术、书法、舞蹈、戏剧、戏曲、影视等课程"；"加强美育与德育、智育、体育、劳动教育相融合，充分挖掘和运用各学科蕴含的体现中华美育精神与民族审美特质的心灵美、礼乐美、语言美、行为美、科学美、秩序美、健康美、勤劳美、艺术美等丰富美育资源。有机整合相关学科的美育内容，推进课程教学、社会实践和校园文化建设深度融合，大力开展以美育为主题的跨学科教育教学和课外校外实践活动"[①]，正是陶行知先生当年大力倡导并推动实施的。2021年是陶行知先生诞辰130周年，也是我们入职晓庄第11年。我们开启了陶行知美育思想研究之航，希望依循从美学到美育的研究路径，对陶行知先生的美育思想做一次全面的归纳与整理。

在研读、吸收和消化陶行知先生美育思想的过程中，我们深感先生的站位之高和思想之深邃。陶行知先生充分认识到审美是人们的生活需要，他借穆罕默德的话语"你手里如果有两片面包，你会拿出一片换成水仙花"来表达人们追求物质生活的同时也追求精神生活，并因此而提出"人人有工作，人人有饭吃，人人

① 中共中央办公厅 国务院办公厅印发《关于全面加强和改进新时代学校体育工作的意见》和《关于全面加强和改进新时代学校美育工作的意见》[EB/OL].(2020-10-25)[2020-12-20]. http://www.gov.cn/xinwen/2020-10/15/content_5551609.htm.

有水仙花看"的社会理想。为了实现这一理想,陶行知先生坚持在教育中践行美育,并强调中国的美育应该走中国特色的道路。他批判了旧中国美育的弊端"弹的是外国的钢琴,唱的是外国的歌,讲的是外国的故事",提出美育应该走人民之路。"今后必须调转方向,恢复正流,一切以人民为本位,一切走向人民……集体学习,集体工作,集体表现,集体享受,集体保存,集体发扬的人民艺术。"[①]在实践美育的过程中,陶行知先生始终坚持"真善美合一"的方针,并建构了一套适合当时国情的美育方法,如"小先生制""艺友制"等。这些教育方法在短时期内被国内二十多个省广泛使用,而且传播到日本等海外地区[②]。陶行知先生不仅将美育作为育人化人的手段,还将美育与救国密切关联在一起。他带领师生自选自编《锄头歌舞》等爱国歌曲作品,极大激发了青少年的爱国热情。他支持新安小学成立"新安旅行团",到全国各地教唱救亡歌曲,希望"能将民族自救的声浪打到每一个听众的心里"。可以说,陶行知先生不仅将美育与个体的艺术素养和审美能力联系在一起,更将美育与国家和民族的命运联系在一起。这样的思想高度与气魄,使陶行知先生无愧于"万世师表"的美誉。

在国家大力推动美育的今天,先生的美育之思和美育之行,以及先生的人格魅力,都值得我们深入研学。最后,用陶行知先生的一首诗结束全书:"写诗作画慰劳人,惟有劳人识味真。日持一卷随身看,不觉世间有风尘。"《读〈板桥全集〉》诗里所言说的,不正是艺术和美带给人们的滋养吗?希望我们每个人都能像陶行知先生那样——向美而生,向美而行!也希望我国的美育事业蓬勃发展!

---

① 胡晓风.陶行知教育文集[M].成都:四川教育出版社,2005:739.

② 徐文武.陶行知的音乐教育思想与实践初探[J].交响:西安音乐学院学报(季刊),1999(1):35-38.

# 参考文献


[1] 曹廷华,许自强.美学与美育[M].北京:高等教育出版社,1997.

[2] 杨辛,甘霖.美学原理[M].北京:北京大学出版社,1983.

[3] 朱立元. 美学大辞典[M].上海:上海辞书出版社,2014.

[4] 孙宇刚,钟玉林,李正芳. 21 世纪创新学生健康审美素质新概念(中)[M]. 通辽:内蒙古少年儿童出版社,2000.

[5] 滕守尧.审美心理描述[M].成都:四川人民出版社,1998.

[6] 孙志宜,付琳.西方美术教育史[M].合肥:合肥工业大学出版社,2014.

[7] 弗里德里希·席勒.审美教育书简[M].冯至,范大灿,译.北京:北京大学出版社,1985.

[8] 单世联,徐林祥.中国美育史导论[M].桂林:广西教育出版社,1992.

[9] 蔡元培.蔡元培美学文选[M].北京:北京大学出版社,1983.

[10] 郭声健.艺术教育[M].北京:教育科学出版社,2001.

[11] 胡晓风.陶行知教育文集[M].成都:四川教育出版社,2005.

[12] 杜卫.审美功利主义——中国现代美育理论研究[M].北京:人民出版社,2004.

[13] 安徽省陶行知教育思想研究会.人民教育家陶行知[M].上海:上海教育出版社,1984.

[14] 陶行知.陶行知全集(第 2 卷)[M].成都:四川教育出版社,1991.

[15] 陶行知.陶行知全集(第 6 卷)[M].成都:四川教育出版社,2009.

[16] 陶行知.陶行知全集(第 1 卷)[M].成都:四川教育出版社,2009.

[17] 胡晓风.陶行知教育文集[M].成都:四川教育出版社,2007.

[18] 陶行知. 陶行知全集(第 8 卷)[M]. 成都:四川教育出版社,2009.

[19] 谭斌. 文化冲突视野下的陶行知[M]. 合肥:安徽教育出版社,2011.

[20] 杜卫. 美育学概论[M]. 北京:高等教育出版社,2001.

[21] 陶行知. 陶行知全集(第 7 卷)[M]. 成都:四川教育出版社,2009.

[22] 周洪宇. 陶行知生活教育学说[M]. 武汉:湖北教育出版社,2011.

[23] 郭齐家. 中国教育思想史[M]. 北京:教育科学出版社,1987.

[24] 陶行知. 陶行知全集(第 2 卷)[M]. 成都:四川教育出版社,2009.

[25] 陶行知. 陶行知全集(第 12 卷)[M]. 成都:四川教育出版社,2009.

[26] 胡晓风. 陶行知教育文集[M],成都:四川教育出版社,2009.

[27] 华中师范大学教育科学研究所. 陶行知全集(第 1 卷)[M]. 长沙:湖南教育出版社,1985.

[28] 杨冰. 陶行知的诗意人生[M]. 长春:吉林文史出版社,2014.

[29] 潘知常. 美学的边缘——在阐释中理解当代审美观念[M]. 上海:上海人民出版社,1998.

[30] 汝信,王德胜. 美学的历史:20 世纪中国美学学术进程[M]. 合肥:安徽教育出版社,2000.

[31] 北京大学哲学系美学教研室. 中国美学史资料选编(下册)[M]. 北京:中华书局,1981.

[32] 王国维. 人间词话[M]. 上海:上海古籍出版社,2007.

[33] 姚淦铭,王燕. 王国维文集(第三卷)[M]. 北京:中国文史出版社,1997.

[34] 高平叔. 蔡元培美育论集[M]. 长沙:湖南教育出版社,1987.

[35] 席勒. 美育书简[M]. 徐恒醇,译. 北京:中国文联出版公司,1984.

[36] 朱狄. 当代西方美学[M]. 北京:人民出版社,1988.

[37] 杜威. 艺术即经验[M]. 高建平,译. 北京:商务印书馆,2005.

[38] 陶行知. 陶行知全集(第 4 卷)[M]. 成都:四川教育出版社,2009.

[39] 陶行知. 陶行知全集(第 3 卷)[M]. 成都:四川教育出版社,2009.

[40] 费孝通. 乡土中国[M]. 北京:人民出版社,2008.

[41] 付文芯. 演员的诞生:中国百年戏剧表演教育[M]. 上海:上海社会科学院出版社,2018.

[42] 杜卫. 美育论[M]. 北京:教育科学出版社,2000.

[43] 肖川. 主体性道德人格教育[M]. 北京:北京师范大学出版社,2002.

[44] 齐振海. 人的价值问题探索[M]. 北京:教育科学出版社,1995.

[45] 瓦·阿·苏霍姆林斯基. 给教师的建议(上)[M]. 杜殿坤,编译. 北京:教育科学出版社,1980.

[46] 莫伊谢依·萨莫伊洛维奇·卡冈. 美学和系统方法[M]. 凌继尧,译. 北京:中国文联出版公司,1985.

[47] 鲍列夫. 美学[M]. 乔修业,常谢枫,译. 北京:中国文联出版公司,1986.

[48] 陶行知. 陶行知全集(第9卷)[M]. 成都:四川教育出版社,2009.

[49] 莫先武. 梁启超美学思想研究[M]. 北京:社会科学文献出版社,2020.

[50] 伍必端. 刻痕——画家伍必端自述[M]. 北京:生活·读书·新知三联书店,2006.

[51] 陶行知. 陶行知全集(第3卷)[M]. 长沙:湖南教育出版社,1985.

[52] 陶行知. 陶行知全集(第2卷)[M]. 长沙:湖南教育出版社,1985.

[53] 江苏省陶行知教育思想研究会. 纪念陶行知[M]. 长沙:湖南教育出版社,1984.

[54] 方与严. 方与严教育文集[M]. 成都:四川教育出版社,1995.

[55] 李泽厚. 孔子再评价[J]. 中国社会科学,1980(2):77-96.

[56] 周红. 蔡元培美育思想及其对我国中小学艺术教育的启示[J]. 江苏教育学院学报(社会科学版),2006,22(5):7-9.

[57] 阎喜杰. 陶行知先生与审美教育[J]. 佳木斯教育学院学报,1989(3):50-57.

[58] 周红. 陶行知美育思想研究述评[J]. 江苏师范大学学报(哲学社会科学版),2017,43(4):142-146.

[59] 王文岭. 陶行知政治思想历史探原[J]. 中国矿业大学学报(社会科学版),2013(2):105-110.

[60] 杨冰. 文化自觉与陶行知教育思想的"本土现代性"[J]. 社会科学战线,2017(8):227-233.

[61] 程功群. 陶行知的美育思想、实践及现实启示[J]. 南京晓庄学院学报,

2021(2):1-5,124.

[62] 顾伟.陶行知诗教美学探微[J].文学教育,2010(10):28-29.

[63] 周志俊,魏名国.试论陶行知的美育思想[J].安徽师大学报(哲学社会科学版),1985(4):39-45.

[64] 吴春香.陶行知审美教育思想探析[J].湖北函授大学学报,2009,22(4):70-71.

[65] 肖晓玛.陶行知先生的美育理念及其实践[J].苏州科技学院学报(社会科学版),2011,28(4):66-69.

[66] 陈福翔.陶行知美育思想初探[J].教书育人:校长参考,2005(1):52-53.

[67] 刘广伊.陶行知音乐教育思想和实践对音乐教育改革的启示[J].生活教育,2007(9):18-21.

[68] 陈爱民.陶行知的书法教学做[J].生活教育,2010(3):44-49.

[69] 闫引堂.从两类知识的矛盾看“教学做合一”思想的形成与转向[J].生活教育,2012(12):14-17

[70] 板俊荣.《晓庄歌曲集》研究[J].南京晓庄学院学报,2007,23(2):86-94.

[71] 郭齐家.论中国传统教育的基本特征及其现代价值[J].北京师范大学学报(社会科学版),1995(5):23-28.

[72] 班华.与班主任朋友谈班主任(八) 帮助学生学会审美,以美育人[J].班主任,2011(2):9-11.

[73] 方英敏.什么是身体美学——基于身体美学定义的批判与发展性考察[J].贵州大学学报(社会科学版),2016,34(1):16-25.

[74] 徐文武.陶行知的音乐教育思想与实践初探[J].交响:西安音乐学院学报(季刊),1999(1):35-38.

[75] 郝斌.从幼苗到大树——陶行知育才教育对伍必端艺术人生的塑造[J].中国文艺评论,2019(7):80-89.

[76] 杨冰.重寻陶行知的诗意历程[J].南京晓庄学院学报,2020,36(3):6-11.

[77] 邹华.杜威美育思想简论[J].首都师范大学学报(社会科学版),2010

(5):65-68.

[78] 许向峰. 苍凉时代的"人民经"——浅谈陶行知诗歌的"教育气韵"[J]. 生活教育,2006(3):14-15.

[79] 易晓明. 寻找失落的艺术精神——儿童艺术教育新论[D]. 南京:南京师范大学,2004.

[80] 张建中. 论陶行知的生活美育理论及其当代启示[D]. 贵阳:贵州大学,2007.

[81] 任亚军. 中国近代美育思想及其当代意义[D]. 成都:四川省社会科学院,2008.

[82] 王振君. 卢梭的美育思想及其当代意义[D]. 济南:山东师范大学,2007.

[83] 张世英. 人生的四种境界[N]. 光明日报,2009-12-31(10).

[84] 高洪. 弘扬中华美育精神[N]. 人民日报,2019-08-25(08).

[85] 王一川. 中华美育精神的内涵和特质[N]. 中国艺术报,2018-09-07(3).

[86] 朱少伟. 抗战烽火中的新安旅行团[N]. 联合时报,2015-08-07.

[87] 国务院办公厅印发《关于全面加强和改进学校美育工作的意见》[EB/OL]. (2015-09-28)[2020-12-20]. http://www.gov.cn/xinwen/2015-09/28/content_2939833.htm.

[88] 习近平在全国教育大会上强调坚持中国特色社会主义教育发展道路培养德智体美劳全面发展的社会主义建设者和接班人[EB/OL]. (2018-09-10)[2020-12-20]. http://www.moe.gov.cn/jyb_xwfb/s6052/moe_838/201809/t20180910_348145.html.

[89] 落实全国教育大会精神,推进新时代高校美育工作——教育部印发《关于切实加强新时代高等学校美育工作的意见》[EB/OL]. (2019-04-11)[2020-12-20]. http://www.moe.gov.cn/jyb_xwfb/gzdt_gzdt/s5987/201904/t20190411_377509.html.

[90] 中共中央办公厅 国务院办公厅印发《关于全面加强和改进新时代学校体育工作的意见》和《关于全面加强和改进新时代学校美育工作的意见》[EB/OL]. (2020-10-25)[2020-10-20]. http://www.gov.cn/xinwen/2020-

10/15/content_5551609.htm.

[91] 教育部举行学校美育改革发展及全国第六届大学生艺术展演活动发布会[EB/OL].(2021-05-06)[2021-06-30]. http://www.scio.gov.cn/xwfbh/gbwxwfbh/xwfbh/jyb/Document/1703388/1703388.htm.

[92] 刘继兴.陶行知诗讽胡适[EB/OL].(2013-07-16)[2020-10-20]. http//blog.ifeng.com/article/29118318.html.